모험의 서

모험의 서

손태장 지음 — 김은혜 옮김

AI 시대, 무엇을 배우고 어떻게 살 것인가

위키북스

노는 것처럼 배울 수 있다면

인생을 돌아보면 '나는 이론가가 아닌 실천가다'라고 생각하며 오히려 자부심을 느껴왔던 저는, 긴 글을 써본 적도 없을뿐더러 쓰고 싶다고 생각한 적이 단 한 번도 없었습니다.

그럼에도 코로나19 팬데믹이 한창이던 2020년 초부터 약 3년 동안 나름대로 생각한 것들을 모아 이 책을 썼습니다. 처음에는 전혀 책을 출간할 생각이 없었고, 하고 싶다고 해도 출간해 줄 출판사가 없을 거라고 생각했기 때문에, 한국어판이 출간된다는 사실이 지금도 믿기지 않습니다.

무엇보다 대한민국은 제게 매우 중요한 나라이며, 이 책을 쓰게 된 직접적인 계기를 제공한 나라입니다. 그런 의미에서 정말 감회가 깊고, 기쁘고도 감사한 마음으로 가득 차 있습니다.

몇 년 전, 한국의 교육 시스템이 세계적으로 앞서 있다는 평가를 자주 들었기 때문에, 교육 현장에서 정보 기술을 어떻게 활용하는지 배우고 싶어 한국의 초등학교와 중학교를 방문한 적이 있습니다. 그곳에서 다른 나라에서는 보기 드물 정도로 IT 활용 수준이 높은 것을 보고 '대단하다! 역시 한국이야!'라고 감탄했던 기억이 납니다. 그 자체로는 매우 인상적이었지만, 동시에 제 마음에 남은 것은 그곳에서 공부하는 아이들의 얼굴이었습니다.

방문한 몇몇 학교에서 만난 아이들에게 제가 생각 없이 "나중에 무엇을 하고 싶니?", "꿈이 뭐야?"라고 물었을 때, 아이들 중 누구도 분명한 꿈이나 목표에 대해 말하지 못했습니다. "그런 것에 대해서는 생각해 본 적이 없어요", "생각해 봐도 별 의미가 없는 것 같아요" 같은 대답만이 돌아왔지요.

물론 저는 꿈이나 목표가 특별히 없어도 괜찮다고 생각하는 사람이고, 모르는 사람이 갑자기 그렇게 물어오면 저 자신도 잘 대답할 수 없을 게 뻔합니다. 하지만 대답을 하던 순간, 아이들의 얼굴에 떠오른 표정을 잊을 수 없습니다. 좀 과격하게 표현하자면 마치 물에서 건져 올려져 생기를 잃은 물고기처럼 보였습니다.

제가 편견에 차 있었거나 잘못 생각했을지도 모릅니다. 그럼에도 아이들이 즐거워 보이지 않는다는 것에 저는 충격을 받았습니다. 제 자식이 그런 얼굴로 매일 학교에 가고 있다는 사실을 알게 된다면 부모로서 어떤 심정이 들까요? 다른 부모들은 이 상황을 어떻게 받아들일까요? 그런 생각이 들어 어쩔 줄 몰랐습니다.

그때 제 안에서 잔뜩 꼬인 냉소적인 생각이 속삭였습니다.

'어쩔 수 없는 일이잖아? 어른인 우리도 그런 얼굴로 직장에 가는데 뭘 그래?', '후후 그래, 정말 그렇지.'

그런 비웃음 섞인 대화가 머릿속에서 울려 퍼질 때 저 자신에 대한 분노와 같은 감정이 일어났습니다. 그 감정이 어제 일처럼 생생합니다.

앞으로 급변할 세상에서 아이들은 즐겁게 살 수 있을까요? 장난으로라도, 어른인 제가 이런 비꼬는 말이나 하고 있는 것이 정말 괜찮은 걸까요?

그런 생각이 바탕이 되었기에 코로나19 팬데믹으로 세상이 불안과 슬픔으로 가득 차 있을 때에도, 아니 그래서 더욱, 진심으로 즐거운 탐구를 해보자고 생각했습니다. 그리고 그 분노의 감정이 저를 탐구로 이끄는 원동력이 되었습니다.

이 책을 쓰기 시작했을 때를 돌이켜보면 저는 단지, 제 안에 있던 소박한 의문을 풀고 싶어 제 나름으로 탐구를 해보았을 뿐입니다. 그 의문을 낳은 과거의 경위가 조금씩 밝혀지면서 그 사실을 같은 관심사를 가진 사람에게 전하고 싶어서 견딜 수 없게 되고, 그래서 그 내막을 이야기하는 것처럼 써 내려갔을 뿐입니다.

일단 쓰기 시작하자 놀랄 만큼 많은 단어가 쏟아져 나와서 매일매일 뭔가를 쓰지 않고는 못 배기게 되었고, 어느새 제가 쓰면서도 남의 일처럼 '이 글의 다음 부분이 빨리 읽고 싶다!'고 생각하게 되었습니다. 그 이후로 집에서 한 발짝도 나가지 못하는 답답한 일상이 즐겁고 설레는 날들로 바뀌었습니다. 이런 경험은 제 인생에서 처음이었습니다. 이 책을 쓰는 것이 제게는 아이들이 마음껏 놀듯이 마음속으로 완전히 몰두할 수 있는 일이었습니다.

물론, 중간에 글이 잘 진행되지 않아서 짜증이 나거나 너무 돌아가는 길 같아 극도로 지쳐버릴 때도 있었지만, 글을 쓰면서 생각이 명확하게 정리되어 가는 것을 느낄 때마다 그것이 너무 기분 좋아서 3년이라는 시간을 계속해 올 수 있었습니다. 그렇게 매일매일 이어가다 보니 어느 날 문득 이런 생각이 떠올랐습니다.

'와! 노는 것처럼 배우는 게 최고다!'

저는 이 책에서 '놀이'의 중요성, 정확히는 '놀이와 구별되지 않는 학습'의 중요성을 이야기하고 있지만, 바로 제 자신이 이 책을 쓰는 과정 자체를 크게 즐겼습니다. 그래서 더 많이 배울 수 있었다고 생각합니다.

제가 즐겁게 마음대로 쓴 이야기이기에 읽는 사람에 따라 인용이 거칠거나 전개가 강제적이라고 느낄 수도 있습니다. 또한, 학문적인 관점에서 볼 때는 말도 안 되거나 저자의 주장에 전혀 공감할 수 없다고 생각할지도 모릅니다.

하지만, 저는 그것으로 괜찮습니다.

저는 공감받고 싶어서 이 책을 쓴 것이 아니기 때문입니다. 그보다는 이 책을 손에 든 여러분이 '이게 정말인가?',

'왜 이렇게 공감할 수 없지?' 하며 스스로 독립적으로 생각하기 시작하는 계기를 마련했으면 좋겠다는 것이 제 진짜 목적이고, 마음속의 바람입니다.

이 책이 탄생한 특별한 나라, 대한민국. 한국어를 전혀 못하는 재일 한국인 3세인 저에게, 한국은 가까우면서도 멀게 느껴지는 매우 중요한 나라입니다. 그래서 이 책이 한국어로 출간되는 것에 말로 다 할 수 없이 특별한 감정이 듭니다. 우리나라 사람들이 이 책을 어떻게 읽어줄지 정말 기대가 됩니다. 그와 동시에, 이 책이 우리나라에 도달하기까지 많은 분이 노력해 주신 것에 대해 어떤 말로도 다 할 수 없을 정도로 감사드립니다.

이 책을, 저는 유언장처럼 영혼을 담아 썼습니다. 독자분들이 책을 읽고 나만의 탐구에 나서 준다면 정말로 행복할 것입니다. 너무나 마음에 들어서 이 책을 소중한 사람에게 건네준다면 저자로서 더 이상의 기쁨은 없을 것입니다.

마지막으로, 그날의 아이들은 지금 어떻게 지내고 있을까 궁금합니다. 부디 기쁨으로 가득 찬 즐거운 날들을 보내고 있기를 바랍니다. 또한, 이 책이 그 아이들처럼 아직 충분히 즐거운 일을 찾지 못한 사람들이 각자의 '놀이'와 만나는 계기가 되었으면 좋겠습니다. 그러길 진심으로 바라고 있습니다.

'능력'이란 무엇일까?

저는 기업가로서 지금까지 새로운 일에 수없이 도전해 왔습니다. 그리고 수많은 실패를 경험했습니다. 많은 돈과 신용을 잃었던 쓰라린 경험도 있습니다. '그때 이렇게 했으면 좋았을까?', '왜 그때는 이렇게 하지 못했을까?' 후회하며 재능도 능력도 없는 것만 같아 자기혐오에 빠지기도 했습니다. 그런데도 새로운 아이디어가 떠오르면 가만히 있을 수가 없었습니다. 몇 번이고 실패를 반복하다 어쩌다 한번 성공을 거두면, 그때마다 사람들은 '재능이 엄청나다', '매우 뛰어나다'며 추켜세웠습니다. "성공의 비결이 무엇입니까?", "성공하기 위해서는 어떤 능력이 필요한가요?"라는 질문을 자주 받았는데 그때마다 "저도 알고 싶어요"라고밖에 대답할 수 없었습니다. 겸손이 아니라, 딱히 할 수 있는 말이 없었기 때문입니다. 성공에 필요한 '능력'은 무엇일까요? 아니 애초에 '능력'이란 건 무엇일까요?

학교 교육도 마찬가지입니다. 저는 인공지능AI을 개발하는 전 세계의 수많은 회사와 함께 일하고 있지만, 인공지능의 힘과 발달 속도에 매번 눈이 휘둥그레집니다. 한편으론 이대로 괜찮을까 싶어 불안도 느낍니다. 가까이에서 최첨단 인공지능을 접할수록 학교에서 이루어지는 교육의 의미가 점점 퇴색하고 있다는 느낌을 받아서입니다.

시대가 달라졌지만 여전히 학교 교육은 제가 받았던 40년 전과 내용이나 방식이 거의 똑같습니다. 당시의 저조차 '이렇게 재미없는 공부를 해봤자 어디에 써먹겠어?'라고 생각했을 정도인데 지금의 아이들은 더더욱 그렇겠지요.

> 배움은 원래 즐거운 것인데
> 왜 학교 공부는 재미가 없을까?
> 인생은 원래 행복한 것인데
> 왜 항상 불안을 느끼며 살아가야 할까?

이런 의문이 머릿속에 가득 찼습니다. 의문의 답을 찾아 목적지를 정하지 않고 탐구 여행을 떠났습니다. 여행을 하면서 이미 많은 여행자가 모험이 가득한 여행을 했다는 사실을 알게 되었습니다. 때로는 그들의 여행을 간접적으로 체험하고, 잠시 들여다보기도 하면서 마음껏 여행을 즐겼습니다.

이 책은 그 여행을 기록한 것입니다. 결론보다는 어떤 질문을 던졌는가, 어떤 탐구를 했는가 등 결론에 다다르는 과정 자체를 자세히 기록하는 데 집중했습니다. 같은 의문을 품고 여행을 떠나는 사람들에게 조금이라도 보탬이 되고자 하는 마음에서였습니다.

여행 과정에서 크게 영감을 준 이들의 위대한 생각을 가능한 한 놓치지 않고 소개하려고 노력했습니다. 그들이 스스로의 인생을 걸고 깊게 파고들어 깨달은 진리들을 천천히 음미하는 것만으로도 이 책을 읽을 가치가 충분합니다.

여행을 시작하기에 앞서 한 가지 당부하고 싶은 말이 있습니다. 책을 읽다가 '어! 나도 그렇게 생각했었는데!'라고 공감한 부분이 있다면 얼마든지 제 허가를 받지 않고 인용하셔도 좋습니다. 이 글 또한 누군가의 말을 어딘가에서 접하고 거기에 제 말과 생각을 더한 것입니다. 제가 만든 이론이라기보다는, 직접 가르침을 받진 않았지만 말과 글로 만난 스승들이 추구한 가치를 마음속으로 존경하고 깊이 탐구해 나누고자 한 결과물입니다. 이 흥미진진한 여행에 이제 여러분도 함께하실 시간입니다. 부디 즐거운 여행이 되시길!

손태장

차례

진정한 여행이란

새로운 풍경을 찾는 것이 아니라

새로운 눈으로 보는 것이다.

_마르셀 프루스트, 《잃어버린 시간을 찾아서》

아 버 지 로 부 터 의 편 지

내 아이에게,

이 책은 제목 그대로 모험가를 위한 책이란다.

사전에 모험이란 '위험을 무릅쓰고, 성공 여부를 따지지 않으며 해보는 일'이라고 쓰여 있더구나. 나는 네가 인생의 모험을 다녀온 후에 읽어보길 바라는 마음으로 이 책을 썼어.

그러니 지금 말해두겠는데, 아직 모험을 떠나지 않았다면 이 책을 덮길 바란다.

이 책은 실제로 모험을 떠나 몸으로 체험했을 때에야 비로소 느낄 수 있는 내용이 담겨 있거든. 미리 알고 머리로 이해할 것 같은 기분이 들면, 진짜 여행을 떠났을 때 놓쳐서는 안 될 매우 중요한 일들을 간과할 수 있어.

기억할지는 모르겠지만, 네가 초등학교에 다니던 어느 날 아침에 내게 했던 말을 듣고 난 이 책을 쓰기로 마음먹었단다. 조금 더 꾸물대다간 지각을 면치 못하겠다 싶은데도 넌 게임에 푹 빠져 도무지 움직이지 않았지. 내가 "빨리 학교 가야지!" 하며 재촉하자, "조금 더 놀고 싶어요!" 하고 뭉그적거릴 뿐이었어. 그러다 나를 뚫어지게 쳐다보더니 울먹거리며 이렇게 물었어.

"아빠, 왜 학교에 가야 해요?"

그때 나는 아무런 대답도 해주지 못했단다. 네 물음에 대답하지 못하고 있는 나를 발견했을 뿐이었지.

아빠도 어릴 땐 그런 단순한 궁금증이 많았어.

그런데 어느새 그런 궁금증들이 '당연한 일'이 되어 자연스럽게 사라지고 말았단다.

당연한 일로 받아들이기까지 적지 않은 갈등을 겪었지만 언젠가부터는 그 물음조차 잊어버리고 만 거야.

네가 학교에 가고 싶지 않았던 이유는 간단해. 게임이 훨씬 더 재밌으니까. 그럼 왜 학교 공부는 재미가 없는 걸까?

어른들은 이렇게 말한단다.

"공부 안 해서 나중에 고생할 사람은 바로 너야, 그걸 어떻게 못 본 척할 수 있겠니. 공부 때문에 인생의 선택지가 좁아지면 얼마나 슬프겠어? 그러니까 지금은 마음 독하게 먹고 공부해야 해."

이 말을 듣고 네가 이렇게 생각할지도 모르겠구나.

'그래, 아직은 학생이니까 참고 열심히 공부해서 언젠가 자유를 쟁취해야지.'

그 마음도 충분히 이해한다. 나도 그랬었거든. '좋은 대학에 들어가기만 하면 인생의 선택지가 늘어나고, 자유로워질 거야.' 그렇게 믿었어.

공부의 의미를 '시험 합격'으로만 생각했던 수험 생활은 괴롭기 짝

이 없었지. 신경증에 걸리기 직전까지 갔던 나는 대학생을 부러워하고 사회를 원망하며 내 운명을 저주했었어.

그로부터 30여 년의 시간이 흘렀지만, 당시의 나를 돌이켜보면 '정말로 그 생각이 맞았을까?' 하는 생각이 든단다. '무언가를 새롭게 알게 된다는 건 원래 굉장히 즐겁고 가슴 설레는 일이지 않았을까?' 그런 소박한 의심이 좀처럼 걷히지 않았어. 그런데 왜 그렇게 괴로웠을까?

괴로움의 끝에 정말 '자유'가 있을까?

애초에 왜 아이는 학교에 가야 할까?

왜 열심히 공부해야 할까?

왜 좋아하는 일을 하면서 어른이 될 순 없을까?

그런 의문이 꼬리에 꼬리를 물어 도무지 견딜 수 없을 지경이 되자, 나는 나만의 답을 찾아 탐구 여행을 떠났단다.

여행을 다니면서 깨달은 건 바로 이거야. 내가 만약 지금 너와 같은 학생이라면 학교에 안 갈 거야. 그 대신 가장 좋아하고 하고 싶은 일을 하겠지.

학교가 시시하다거나 학교에 갈 의미가 없다는 게 아니라 지금 당장 하고 싶은, 지금 아니면 할 수 없다고 생각하는 일에 전념하고 싶다는 말이야.

하고 싶은 일을 언제든지 할 수 있는 것처럼, 공부도 언제든지 하고 싶을 때 할 수 있으니까.

"지금 공부하지 않으면 어른이 되어서 고생할 거야"라는 말은 세상을 바꿀 생각이 전혀 없는 어른들의 헛소리일 뿐이거든.

하고 싶은 일이 있는데 왜 참아야 해?

좋아하는 일이 있는데도 왜 하루 종일 그것만 할 수 있는 환경으로 바꾸지 못해?

사실 이게 자신을 바꾸는 것, 즉 세상을 바꾸는 것인데 말이야.

"아버지는 어른이고, 한번 경험했으니까 그렇게 생각하는 거 아니에요?"라고 할지도 모르겠구나. 그런데 실은 전혀 그렇지 않아. 나도 얼마 전에야 일을 그만두고 모험을 떠났으니까. 나에게 일은 너에게 '학교'와 마찬가지 의미야.

나이와 상황에 구애받지 않고, 세상의 상식에서 '어른'이라 하는 사람들이 하는 말에 휘둘리지 않고, 나의 감각을 믿고 모험을 떠나기로 결심한 뒤에, '위험을 무릅쓰고, 성공 여부를 따지지 않으며 해보는 일'을 시도한 거야.

하고 싶지 않은 일을, 자신을 속여가면서까지 계속할 수는 없었어. '이러고 있을 때가 아니야'라고 생각하게 됐거든. 즉, 무언가를 시작하거나 배울 때, 나이와 시기는 아무런 상관이 없단다. 몇 살이든, 언제든, 지금 당장이라도 자신을 바꿔 행동할 수 있어. 나는 삶이 계속되는 동안 최선을 다해 세상을 바꾸기 위한 모험을 할 거란다.

우리가 두 번 다시 만나지 못한다면 이 책이라도 네게 꼭 남겨야겠다는 마음으로, 네가 실제로 모험을 떠나겠다고 결심해 위대한 첫걸음을 내디뎠을 때를 떠올리며 온 마음을 담아 이 책을 썼어.

너는 너, 나는 나야. 너를 내가 만든 틀 안에 가두려는 생각은 조금도 없단다. 너는 네가 지닌 것을 마음껏 발휘하면 돼.

불안과 흥분으로 잠들지 못할 때 큰맘 먹고 앞이 보이지 않는 길을 가보렴. 힘들어서 포기할까 망설여질 때도 있겠지. 솔직히 두렵다는 생각이 들지도 몰라. 두려움을 뛰어넘을 용기로 자신의 길을 헤쳐 나갈 결심을 했다면 부디 이 책을 읽길 바란다.

만약 지금이 그때라면 꼭 이 책을 읽어주길. 여기에는 아버지가 여행하며 얻은 세상의 비밀이 다 적혀 있으니까.

아버지가

제1장

봉인 해제

학교란 무엇일까?

왜 학교 공부는 재미없을까?
나의 모험은 그런 소박한 물음에서 시작되었다.

왜 재미가 없는 걸까?
무엇 때문일까?

그런 질문에 쉽게 대답하지 못했지만,
그 답을 찾는 과정에서
거대한 모험을 떠나게 해준 사람을 만났다.

어느 모험가의 신탁

누구나 한두 번쯤은 '아, 학교 가기 싫다……'라고 생각한 적이 있을 것입니다. 시험 보기 전, 못하는 과목의 수업을 앞두고, 싫어하는 친구 때문에 등등 이유는 다양하지만 모두 싫어하는 일, 하고 싶지 않은 일을 해야만 하기 때문이겠지요.

하지만 가기 싫다고 해서 안 갈 수는 없습니다. '학교에 안 간다고 하면 부모님과 친구들이 걱정하겠지?'라는 두려움이 앞서면 더 이상 그런 생각이 들지 않기도 하고, '힘들다고 학교에 안 가다니 내가 괜한 투정을 부리는 게 아닐까?', '걱정해 주는 사람들의 친절한 마음을 이용하려는 건 아닐까?'라는 죄책감과 자기혐오에 빠져 자신을 채찍질하게 되기도 합니다. 이런 사회적 분위기 때문에 학교에 갈 수밖에 없고요.

'그런데 가기 싫은 마음을 철없는 투정일 뿐이라고 치부하며 너무 쉽게 포기하는 게 아닐까? 정말 참고 가야만 할까? 아니면 힘들어도 맞서야 할까?'

저는 줄곧 이 질문에 대해 생각해 왔지만 좀처럼 답을 찾지 못했습니다. 그러던 어느 날 문득 이런 생각이 들었습니다. 전혀 다른 관점에서 다시 생각해 보면 어떨까 하고 말이죠. 이어 '만약 아무런 제약이 없다면, 어떻게 배우는 것이 가장 좋을까?' 하는 생각이 떠올랐습니다. 그리고 이 질문에 대한 저의 대답은 명확했습니다.

하나의 학교가 아닌 다양한 학교에서 마음대로 공부하면 좋지 않을까? 학교 단위가 아니라 선생님별로 수업별로 나눠 작은 단위로 선택하는 편이 좋지 않을까?

조금 더 자세히 이야기해 보자면 배우고 싶은 내용이나 사람이 많이 모여 있는 최전방의 '현장'이나 하나의 내용을 오랜 시간에 걸쳐 여러 사람이 탐구해 온 '본고장'에서 배우는 것입니다. 환경문제에 대해서 배운다면 오염이 심한 지역이나 쓰레기처리장에 가고, 농업을 배우려면 논과 밭에, 임업을 배우려면 산에, 수산업을 배우려면 강이나 바다에 가는 겁니다. 음식에 대해 배운다면 식당이나 레스토랑를 찾는 것이 좋겠지요. 과학이나 테크놀로지를 배우고 싶다면 연구소나 공장으로, 예술이나 공예를 배우고 싶다면 미술관이나 작업실, 공방으로 향하는 것이 가장 좋을 겁니다.

꼭 교사가 아니더라도 그 분야를 잘 아는 사람에게 배우면 어떨까? 강의도 좋지만 프로젝트를 실행하면 더 많은 것을 배울 수 있을 테고, 배우기 위해 회사를 만든다면 더 열심히 배울 수 있을지도 몰라. 아이든 어른이든 배우고 싶은 게 있다면 무엇이든 함께 배우면 좋을 거야.

~~~~~~~~~~~~~~~~~~~~~~~~~~~~~~~~~~~~~

또한 배움의 형태도 하나일 필요는 없습니다. 이 방법이 배움의 다양성이나 즐거움 측면에서 지금보다 훨씬 좋을 것입니다. 하지만 지금까지의 교육 시스템에서는 그런 맛보기식 교육은 성립할 수 없었습니다. 대학에서는 원하는 강의나 연구를 선택하면서 왜 초등학교와 중학교에서는 허용하지 않는 걸까요? 애초에 좋아하지도 않는 내용을 억지로 가르쳐봤자 도움이 되기는커녕 싫어할 수밖에 없는데 왜 관심도 없는 분야를 배우도록 하는 걸까요? 저는 이 '당연한 교육 시스템'에 항상 의문을 느끼고 있었습니다.

사실 맛보기식 교육을 할 수 없는 이유는 운영 효율이 떨어지고 실제로 적용하기가 어렵다는 것입니다. 즉, '맛보기식 교육 시스템은 귀찮고 곤란하다'는 이유입니다.

이런 상황에 의문을 느끼는 사람은 거의 없지요. '교육이나 배움은 원래 이런 것이다'라는 사고가 굳어져 있기 때문입니다. 모두에게 똑같은 교육을 똑같은 형태로 제공하는 것이 가장 효율적이고 관리하기 쉽다고 생각해서입니다. 해보지도 않고 할 수 없다는 선입견에 사로잡혀 있는 것이죠. 제가 생각하는 교육의 진짜 문제는 우리가 교육 서비스의 손님

이 되어 있다는 점입니다. 대부분의 부모는 '어느 학교에 입학시킬까?', '어느 학원에 보내고 과외를 받게 할까?' 생각하며, 아이들 또한 '어느 학교 졸업장을 손에 넣는 게 좋을까?' 하는 생각뿐 다른 선택지가 있다는 사실조차 모릅니다.

애초에 제가 이 일에 관심을 갖게 된 이유는 아이다 다이야라는 친구 덕분입니다. 아이다는 미술관에서 자유롭게 배움을 익히는 뮤지엄 에듀케이터로 일하고 있습니다. 직업상 그림과 철학에 해박한 그는 "이 책, 재미있어요"라며 시점이 날카롭고 독특한 선인들을 틈틈이 소개해 주는, 저에게는 아주 소중한 존재입니다. 그러던 어느 날 오랜만에 아이다를 다시 만났습니다. "사실 지금 이런 것들을 고민해 보고 있는데……" 하며 제가 품고 있던 의문들을 그에게 털어놓았습니다.

"답을 찾을 때까지 철저히 탐구할 생각이야. 그런데 이런 생각을 처음 하다 보니 어디서부터 손을 대야 할지 잘 모르겠더라고, 어떻게 하면 좋을까?"

살짝 흥분한 목소리로 이렇게 말하자, 가만히 듣고 있던 아이다가 부드러운 눈빛으로 제게 말했습니다.

"오호, 드디어 타이조(태장) 씨도 모험가가 된 모양이군요."

"모험가……." 당황한 제게 책을 한 권 내밀었습니다.

"모험가에겐 다른 모험가의 목소리가 들리거든요. 모험을 떠날 결심을 한 사람만이 이 《모험의 서》를 읽을 수 있어요. 《모험의 서》는 전 세계에 흩어져 있지만, 모험을 하지 않는 사람에게는 그냥 한 권의 책에 불과할 뿐이죠. 이 책은 분명 타이조 씨에게 중요한 지도가 되어줄 겁니다."

어리둥절해 있는 나를 힐끗 보며 그 말을 남기고 아이다는 자리를 떠났습니다. 뭐랄까 평소의 그와는 조금 달랐지요.

어쨌든 집으로 돌아온 저는 가방에서 그가 준 책을 꺼냈습니다. 1658년에 나온 책으로 표지에는 《세계도해》라고 쓰여 있었습니다. 저자는 요한 아모스 코메니우스, 지금으로부터 약 400년 전의 보헤미아 역사학자이자 근대교육학의 아버지라 불리는 사람이었습니다.

"《모험의 서》라고 했는데, 이 책이⋯⋯?" 그때였습니다.
새하얀 빛이 천천히 주위를 감싸기 시작했고 저는 조금씩 정
신이 몽롱해졌습니다. 시커먼 그림자와 지금까지 본 적 없던
풍경이 엄청난 기세로 뒤섞이더니 한 줄기 날카로운 섬광이
솟구쳤고 그 빛에 눈앞이 캄캄해졌습니다.

정신을 차려보니 눈앞에는 고딕풍의 높은 탑이 우뚝 솟은
성이 있었습니다. 주변은 수많은 사람으로 시끌벅적했고요.
누군가가 큰 소리로 외치며 성 위쪽의 창문을 가리켰습니다.
시선을 돌리자, 창문에서 청결한 옷차림을 한 사람들이 차례
로 떨어졌습니다.

"아악! 이게 도대체 무슨 일이야!!"

저도 모르게 소리를 질렀습니다. 두려움에 도망치려던 순
간, 등 뒤에서 신음하는 듯한 목소리가 들렸습니다. 뒤를 돌
아보자 한 노인이 비통한 표정으로 탄식하며 서 있었습니다.
주위는 어두컴컴했고 노인은 미간을 잔뜩 찌푸린 채 고개를
숙이고 있어 얼굴이 잘 보이지 않았습니다. 길게 기른 곱슬
머리와 멋들어진 수염만 간신히 확인할 수 있었습니다.

멍한 얼굴로 노인을 보고 있던 나와 눈이 마주치자 그는
살짝 놀란 표정으로 저에게 말했습니다.

"내 목소리가 들리는가? 새로운 모험가인 건가?"

입술이 바짝 타들어 갔지만, 다행히 목소리는 나왔습니다.

"저기, 모험가인지는 잘 모르겠고요. 친구에게 탐구를 시

작했다고 이야기했더니 이 책을 주더라고요…….”

그렇게 답하고 있는데 노인이 제 말을 가로챘습니다.

“창문으로 던져진 사람은 신성로마 황제를 섬긴 가톨릭 신자라네. 떨어진 사람들은 강압 정치에 반대하는 개신교 사람들이지. 훗날 ‘프라하 창문 밖 투척 사건’이라 불린 이 일이 끔찍한 30년 전쟁의 방아쇠가 되었지.”

이것이 ‘최후이자 최대의 종교전쟁’으로 인류 역사상 가장 비참한 전쟁 중 하나라 불리는 30년 전쟁의 시작이로구나.

그는 조용히 그 사건을 지켜보고 나서 안쪽을 가리켰습니다.

“보게나.”

그가 말하자, 사방에 영화처럼 다양한 장면이 흐르기 시작했습니다. 다양한 깃발을 든 사람들이 서로 싸우며 생명을 앗아가는 모습이 반복적으로 재생되었습니다.

“보다시피 인간은 끊임없이 전쟁을 해왔지. 어느 때는 믿음이 다르다는 이유로, 어느 때는 피부색이 다르고 언어가 다르다는 이유로 말이야. 그 결과 내가 사는 지금의 유럽은 끊임없이 전쟁이 이어지는 혼란의 시대가 되었다네.”

그리고 그는 낮은 목소리로 덧붙였습니다.

“교육 없이 인간은 인간이 될 수 없다네.”

저는 눈앞에 펼쳐진 끔찍한 광경에 숨이 막힐 뻔했습니다. 그 노인은 바로 책의 저자인 코메니우스였습니다. 순간 이렇게 혼란스러운 상황에서 코메니우스는 왜 교육에 주목한 걸까 의문이 들었습니다.

그는 지그시 저를 보면서 잠시 생각에 빠지더니 조용히 이야기를 이어갔습니다.

"세상을 정확하게 인식한 후 올바르게 이야기하고 행동할 수 있는 인간이야말로 사회의 혼란에 종지부를 찍고 새로운 사회를 창조하며 실행하는 자가 된다네. 세상에서 일어나는 가슴 아픈 전쟁을 끝내기 위해서는 바람직한 세상을 알려주고 인간을 인간답게 만드는 것 말고는 다른 방법이 없어. 그렇게 생각하지 않는가?"

'아무래도 세상을 정확히 알지 못한 채 행동하면 새로운 혼란을 일으킬 수 있겠지. 그래서 코메니우스는 모든 사람에게 세상의 모든 것을 알려주며 훌륭한 인간으로 키워야 한다고 생각한 걸까.' 여러 생각이 떠오르는 동안 그는 입을 꾹 다문 채 변화하는 광경을 지켜봤습니다. 코메니우스의 의견에 동의하고 싶은 마음이 드는 한편, 아직 물어봐야 할 것이 남아 있었습니다. 모든 사람에게 모든 것을 가르쳐 훌륭한 인간으로 키우는 일이 정말 가능할까, 하는 의문이었죠.

그는 한차례 저를 쳐다보고는 신에게 기도하듯 하늘을 우러러보며 말했습니다.

"가능하지, 가능하고말고. 나는 그렇게 믿고 있다네……."

표정은 험궂었지만, 눈빛만은 온화했습니다.

"인간이란 드넓은 '대우주Macrocosmos'를 내포한 '우주의 축소

요한 아모스 코메니우스 Johann Amos Comenius(1592-1670)

판Universali Epistome'이니까. 인간은 이 우주의 모든 것을 갖고 있다네. 그러니까 우리는 모든 것을 알아야 하고, 아는 것 또한 가능하지."

그는 천천히 이야기를 이어갔습니다.

"그래서 나는 아이들이 이 세계를 알아갈 수 있도록 입문서로서 자연과 문화를 배우기 쉽게 그림책을 썼지. 배움의 계기가 되는 책은 단순히 정보만 실어서는 안 돼. 그보다 훨씬 더 실용적이고 재미있게, 즉 우리 삶의 기분 좋은 전주곡에 어울리게 만들어야 하지."

그림책과 교과서는 이러한 큰 생각을 바탕으로 만들어졌구나, 코메니우스는 위대한 사상가인 동시에 뛰어난 크리에이터였군, 하는 생각이 들었습니다. 그런데 코메니우스는 왜 이런 것을 만들려고 했을까요?

"나는 오래전 가톨릭교를 강요하는 데 반대한 모라비아 교회의 리더였다네. 게다가 30년 전쟁으로 조국을 빼앗겨 다시는 고향 땅을 밟지 못했지. 그 전쟁으로 부인과 아이를 잃기까지 했다네."

어떤 말이라도 건네고 싶었지만 할 수 없었습니다.

"나는 매우 절망했어. 그리고 그 절망의 바닥에서 생각했지. 어떻게 하면 슬프고도 혼돈한 시대에 종지부를 찍을 수 있을까. 그리고 마침내 알았다네. 인류의 파멸을 구할 방법은 청소년 시기에 올바른 교육을 받는 것 말고는 없다는 사실을. 그래서 교육에 희망을 걸었지."

그랬던 거구나, 하는 깨달음이 왔습니다. 30년 전쟁이 끝나고 보헤미아와 모라비아의 인구가 300만 명에서 90만 명으로 급감했다고 하는데, 그런 시대였다면 어쩔 수 없었겠지요.

"나는 내가 해야 할 일을 했을 뿐이라네. 그 일이 이후에 어떤 결과를 가져올지는 모르지만, 자네처럼 모험가가 이따금 찾아오는 걸 보면 좋은 방향으로 가고 있다는 증거겠지."

그 말을 남기고 코메니우스는 스르륵 사라졌습니다.

그는 엄청난 결의로 그림책과 교과서, 백과사전의 시초가 된 《세계도해》를 만든 것이었습니다. 그 발명이 후대에 미친 영향은 엄청났지만, 신념이 너무 강했던 탓에 이후의 교육은 다소 강제성을 띠게 되었을지도 모를 일이었지요. 복잡한 마음을 가다듬고 정신을 차렸을 땐 제 책상 앞이었습니다.

'모든 사람에게 세상의 모든 것을 가르쳐주고 싶다'는 코메니우스의 생각은 충분히 이해했습니다. 하지만 시대가 바뀌고 사회적 상황이 크게 달라졌습니다. 그렇다면 그의 사고방식이 앞으로도 계속 옳을 거라고 말할 수 있을까요?

앞으로의 교육을 생각할 때는 현재 교육의 뿌리인 코메니우스의 생각을 거슬러 올라가야 합니다. '모든 사람에게 모든 것을 가르쳐 인간답게 만든다'라는 대전제에 의문을 품는 것부터 시작해 보는 거지요.

《세계도해》와 코메니우스

'사회를 바꾸려면 교육을 바꿔야 한다.'
'모든 사람에게 세상의 모든 것을 가르쳐
홀륭한 인간으로 키운다.'
코메니우스의 이 신탁이
지금까지 이어져 온 교육의 뿌리였다.

그리고 이 신탁을 충실하게 지킨 곳이 바로 학교다.
하지만 지금의 학교는 그 존재만으로도
다양한 문제의 원인이 되고 말았다.
학교는 이대로 괜찮을까?
아니면 바꿔야 할까?
애초에 학교란 무엇일까?

여기서 나는 '학교란 무엇인가'를 출발점으로 정하고
그 답을 찾는 여행을 떠나기로 마음먹었다.

300년을 이어온 주문

관심도 없고 좋아하지도 않는 내용을 억지로 배운다고 해서 내 것이 되지는 않습니다. 오히려 그것을 싫어하게 되는 역효과만 일으킬 뿐이죠.

그런데 왜 우리는 지금까지 숙제처럼 하고 싶지 않은 공부를 해왔을까요? 하고 싶지 않으면 안 하면 그만일 텐데 스스로 받아들인 이유는 무엇일까요?

이런 질문에 대해 생각하던 중 유명 대학 학장의 인터뷰를 보게 되었습니다.

"앞으로의 시대에 살아남기 위해서는 무엇을 익혀야 할까요?"라는 질문에 그는 다음과 같이 답했습니다.

"지금까지처럼 누군가로부터 가르침을 받고 그것을 외우는 방식의 배움은 더 이상 통하지 않을 것입니다. 자신이 배우고 싶은 것을 스스로 선택하고 공부해야 합니다. 알려주는 것을 잘 외우기만 하는 사람들은 인공지능에 대체될 것입니다. 그런데도 학교는 좀처럼 바뀌지 않고 있죠. 이런 교육을 받은 학생들이 10년 후, 20년 후에 직면할 혹독한 현실을 상상하면 정말로 걱정스럽습니다. 21세기는 답이 없는 시대입니다. 따라서 '가르친다'라는 개념도 사라지게 될 것입니다."

이 답변을 듣고 기자는 "인공지능을 능숙하게 구사하기 위해서는 어떤 능력을 익혀야 할까요?"라고 질문했습니다. 그러자 이번에 그는 이렇게 대답했습니다.

"리더십. 결코 인공지능으로 대체할 수 없는 능력이자 세계 어디에서든 통용되는 능력이죠. 더불어 자신의 머릿속으로 구상하고 그려온 세계를 '가시화'하는 능력, 즉 시스템을 설계하고 프로그램의 기초를 세우는 능력을 익혀야 합니다."

이 인터뷰를 보고 저는 위화감을 느꼈습니다. 인터뷰는 줄곧 '앞으로의 시대에 살아남을 사람은?', '살아남기 위해서 어떤 능력을 몸에 익혀야 하는가?' 같은 질문뿐이었기 때문입니다.

이 기자의 질문 배경에는 '필요한 능력을 익히지 않으면 살아남을 수 없다'라는 인식이 깔려 있는데, 저는 이 사고방식이야말로 세상을 망친다고 생각합니다.

의무감으로 배운다고 내 것이 될 리 없고, 프로그래밍을 배워도 실제로 사용하기는커녕 다른 곳에 활용하지도 못합니다.

미디어에는 '생존을 건 서바이벌'이라든가 '이기는 팀, 지는 팀', '승자가 모든 것을 손에 넣는다The winner takes it all'와 같은 말들이 넘쳐납니다. 어른들은 '사회는 약육강식의 생존경쟁이자, 이기지 않으면 살아남지 못한다'라고 당연하다는 듯 이야기합니다.

?

그렇게 하지 않으면 정말로 사회에서 살아남지 못할까? 만약 그렇다면 왜, 언제부터 우리는 그렇게 생각하게 됐을까?

여러 방면으로 찾아본 결과, 사람들이 그렇게 생각하게 된 뿌리에는 영국의 철학자 토머스 홉스의 생각이 있었습니다.

여느 때처럼 책상 옆에 있는 소파에 앉아 곧바로 《시민론》(1642)을 펼쳤습니다. 그 순간 소파 주변에 새하얀 빛이 퍼졌고, 한순간 섬광에 눈이 먼 저는 저도 모르게 몸을 웅크렸습니다.

따스한 공기가 살결에 닿는 것 같아 조심스럽게 고개를 들자 어느샌가 벤치에 앉아 있었습니다. 눈앞에 펼쳐진 모습은 옛 유럽의 아침 거리였습니다. 잔뜩 찌푸린 하늘 아래 오래된 교회가 시야에 들어왔습니다. 그 옆에서는 저보다 나이가 조금 많아 보이는 남성이 판자 위에 종이를 놓고 글을 쓰고 있었습니다. 저의 존재를 알아챈 그는 연갈색의 눈동자를 가늘게 뜨고 한차례 저를 쳐다본 후 다시 시선을 옮겨 글을 써 내려가며 말했습니다.

토머스 홉스 Thomas Hobbes(1588-1679)

"새로운 모험가여! 어떤가, 영국의 아름다운 날씨가?"

커다란 체구에 어울리는 쾌활하고 굵은 목소리, 거기에 영국인다운 농담, 넓은 이마와 불그레하게 말린 구레나룻은 토머스 홉스가 확실했습니다. 언뜻 보기에 무서워 보였지만 어딘가 친근함이 느껴지는 말투였습니다. '새로운 모험가'라, 나 말고 이전에 다른 사람이 왔던 걸까?

그는 여전히 종이에 시선을 둔 채 이번에는 진지한 어조로 이야기했습니다.

"이보게, 모험가 양반. 자네 알고 있는가? 지금 유럽은 내

전의 소용돌이라네. 종교도 인간의 생존을 보장해 주지 않지. 인간은 정말로 무서운 존재라네."

코메니우스도 이야기했던 30년 전쟁을 말하는 걸까……. 인간이 무섭다니 무슨 말이지?

"인간이 가장 욕심을 내는 것은 명예와 이익이라네. 내버려 두면 인간은 자신의 이익을 위해 싸움을 멈추지 않지. 인간은 인간에게 늑대이니 말일세."

그의 목소리가 점차 고조되기 시작했습니다.

"사회는 동료에 대한 사랑이 아닌 자신에 대한 사랑으로 엮여 있다네. 즉 자연 상태에서 사회는 모두가 적인 '만인의 만인에 대한 전쟁'이 되어버리지. 이쯤에서 자네에게 질문 하나 하겠네. 세계에 평화를 가져다주는 것은 무엇이라 생각하나?"

"코메니우스는 교육이라고 했는데……"라고 말을 꺼내자 그는 자신의 저서 《리바이어던》(1651)을 펼치고 이렇게 말하기 시작했습니다.

"이건 내가 '리바이어던'이라고 부르는 국가의 존재라네. 개개인이 가진 힘을 한곳으로 모아 '권력common power'을 형성해 만인의 만인에 대한 전쟁을 억제하는 것이지. 평화와 질서를 지키는 방법은 이것밖에 없다네. 나는 이것을 과학적으로 설계하고 증명할 방법을 생각하고 있어."

부릅뜬 두 눈 안에서는 붉은 불꽃이 타오르고 있었습니다.

다음 순간 교회의 종소리가 거리에 울려 퍼졌습니다. 그 소리가 너무 커 저도 모르게 몸을 앞으로 숙이고 귀를 막았습니다. 잠시 후 조심스럽게 눈을 뜨자 어느샌가 제 방 소파에 몸을 누이고 있었습니다.

평화는 쉽게 얻을 수 없습니다. 그래서 우리는 더욱 현실주의자가 되어야만 합니다. 그런 생각을 바탕으로 홉스는 사회를 '만인의 만인에 대한 전쟁'으로 표현했습니다.

하지만 저는 인간의 본질은 이기적이지 않다고 믿고 있습니다. 홉스의 '세계는 경쟁의 축으로 돌아간다'라는 생각은

자신이 만드는 디스토피아

밖에 유토피아가 있다

하나의 견해에 불과할 뿐이죠. 하지만 실증도 반증도 할 수 없기에 18세기경부터 많은 사람이 홉스의 견해를 받아들였고, 이후 이 생각은 300년 가까운 세월에 걸쳐 우리를 얽매어 왔습니다.

이쯤에서 저는 강하게 말하고 싶습니다. 현실 세계는 이미 홉스가 말하는 세계가 아닙니다. '원래 인간은 자신만을 생각하는 동물이다'라는 관점에도 동의할 수 없습니다. 우리가 그렇게 생각해 왔기 때문에 현실이 그렇게 되어버린 것이죠.

우리 마음속에 깃든 '생존 전쟁에서 이겨야만 한다'는 강박관념을 버려야 합니다. 지금이야말로 우리는 이 저주에서 벗어나 전혀 다른 관점으로 생각해야 합니다.

"아니, 나는 강박관념 따윈 없어", "우리 부모님은 그렇게 생각하지 않아"라고 말하는 사람들의 발언을 저는 쉽게 인정하지 않습니다. 정말로 그렇게 생각한다면 그들에게 묻고 싶습니다.

그렇다면 왜 입시를 준비하고 학원에 다닐까? 왜 검정시험을 보거나 자격증을 딸까? 왜 부모는 자식을 학원에 보낼까?

분명 쉽게 대답하지 못할 것입니다. '당연한 일'이라고 생

각할 테니까요. 그리고 이 '당연'하다고 생각하는 근거에는 불안과 강박관념이 있습니다.

강박관념이 가득한 사회의 사람들은 마음이 황폐하고 예민해집니다. 이를 '디스토피아dystopia'라고 합니다.

세상의 흐름에 휩쓸려 자신이 디스토피아를 만들어가는 데 일조하고 있다는 사실을 알아야 합니다. 반대로 모든 사람이 조금씩이라도 스스로 생각한다면, 즉 '사고정지'를 멈춘다면 세상이 확연하게 바뀔 것입니다. 상식에 얽매여, 불안에 휩싸여, 속마음을 억누르며 사는 것을 멈추면 모두 즐겁게 살아갈 수 있습니다.

원래 이기적인 인간은 내버려 두면
자신의 이익을 위해 끊임없이 싸운다.

그렇게 직감한 홉스 자신은 '공포와 쌍둥이'로 태어났으며,
'어머니는 공포와 함께 나를 낳았다'고 말했다.

그의 주문은 300년이 지난 지금도 살아 있다.
그 영향을 가장 크게 받은 것 중 하나가 학교다.
그리고 그 학교에는 엄청난 비밀이 숨겨져 있다.

파놉티콘의 우울

배움이란 본래 스스로 '배우고 싶어서 배우는' 행위입니다. 하지만 학교는 배움을 '가르침을 받는' 수동적인 형태로 바꿔 아이들을 '교육 서비스의 소비자'가 되게 했습니다.

특히 의무교육은 '모두에게 공평하게 교육해야 한다'는 평등주의가 나쁜 의미로 널리 퍼지면서 엄격하고 융통성 없게 변했습니다. 게다가 아이들을 교사의 감시와 지도 아래 두고 배움의 자유를 빼앗았습니다.

사실 교사도 이 방법을 바라지 않을 텐데.
어쩌다 이렇게 된 걸까…….

이 의문을 파헤치기 위해 저는 닥치는 대로 많은 사람을 찾아다녔습니다. 좀처럼 알아내지 못해 어려움을 겪던 중, 마침내 힌트를 가진 사람을 만났습니다. 프랑스의 철학자 미셸 푸코와 오스트리아의 철학자 이반 일리치입니다.

저는 일단 미셸 푸코의 책을 펼쳤습니다. 그는 《감시와 처벌》(1975)에서 충격적인 사실을 밝혔습니다. 그의 말에 따르면 교육과 의료 같은 공공서비스에서 흔히 볼 수 있는 관리 시스템의 시초는 '파놉티콘panopticon'에 있습니다.

파놉티콘은 19세기 영국의 법학자 제러미 벤담이 발명한 둥근 형태의 교도소로 모두pan와 본다optic라는 그리스어에서 따온 말입니다.

푸코의 책을 중반까지 읽었을 즈음이었습니다. 다시 한번 강한 섬광에 휩싸여 시야가 하얗게 변했습니다.

이어서 제 눈에 들어온 건 가로막혀 있는 철책이었습니다. 뭐지, 이건? 당황해서 뒤를 돌아보자 철책이 건물 안쪽부터 바깥쪽까지 쭉 이어져 있고 중간에 비슷한 철책이 있어 바깥의 높은 담장만 보였습니다. 매우 좁은 방. 어떡하지? 여긴 감옥이잖아!

아악! 소리를 지르고 싶었지만 들키면 안 될 것 같아 숨을 죽였습니다. 설마, 여기가 그 파놉티콘?!

천천히 주변을 둘러보니 이곳은 지붕이 돔 형태로 된 거대한 원형 건물이었습니다. 돔 중심에는 커다란 창문이 열린 탑이 있었습니다. 감시탑인가? 제가 있는 곳에서 볼 때는 역광의 영향을 받아 그곳에 누가 있는지 알 수 없었습니다.

독방에는 창문이 두 개 있는데, 하나는 안쪽으로 열려 탑

파놉티콘식 교도소

의 창문과 마주 보고 있고 하나는 바깥쪽을 향하고 있어 독방 구석구석까지 빛이 들어왔습니다. 건물 안에는 감시탑을 중심으로 똑같은 모양의 독방이 나선형으로 늘어서 있어 각각의 독방에 갇힌 죄수들의 실루엣이 빛 속에서 선명히 드러나 보였습니다.

일단 여기에서 도망치자. 그렇게 생각한 저는 바깥쪽 철책을 살펴보다 깜짝 놀랐습니다. 제 모습이 감시탑의 교도관에게 그대로 노출되고 있었기 때문입니다. 무언가를 하려면 그들에게 들키지 않는 틈을 노려야만 했습니다. 하지만 이쪽에서는 교도관 탓에 빈틈을 찾기가 어려웠습니다.

아아, 어쩔 도리가 없군! 이미 저는 일방적으로 보일 수밖에 없는 존재였습니다. 정체를 모르는 스토커에게 일상을 감시당하고 있는 듯한 섬뜩함에 소름이 끼쳤습니다.

그때였습니다. 등 뒤에서 느껴지는 인기척에 뒤돌아보자 팔짱을 끼고 안경 안쪽으로 날카로운 빛을 뿜어내는 인물이 서 있었습니다. 미셸 푸코였습니다.

"맞아, 이곳이 파놉티콘이라네. 이 교도소는 죄수들에게 '자신은 언제나 감시를 당하고 있다'는 느낌을 들게 해 얌전히 복종하게 하는 구조로 되어 있지."

푸코는 안경을 벗고 정성스럽게 렌즈를 닦으며 이야기하기 시작했습니다. 그의 목소리에서 자신감과 강한 힘이 느껴졌습니다.

"스스로 규율을 지키는 인간, 교도관이 없이도 명령을 따르는 인간, 즉 '기계화된 인간'을 만들어내는 구조라네. '최대 다수의 최대 행복을 추구해야 한다'고 주장한 제러미 밴덤이 발명했지. 정말 완벽한 구조야."

그는 감탄한 표정으로 말을 이어갔습니다.

"죄수를 감시하는 데 가장 효율적이면서 가장 저렴하고 우수한 교도소. 그게 바로 파놉티콘이지. 잘 들어, 학교도 마찬가지야. 학교는 감시 · 상벌 · 시험이라는 세 가지 메커니

미셸 푸코 Michel Foucault(1926~1984)

즘의 복합체야. 규율과 훈련으로 아이들을 질서에 끼워 맞추
고 교묘하게 학생 스스로 복종하도록 만들지."

저는 깜짝 놀라 아무 말도 하지 못했습니다.

"아이의 자주성을 끌어낸다는 교육적 배려가 사실은 규율
과 훈련을 통해 스스로 복종하는 인간이 되게 하는 권력 메
커니즘의 일부일 뿐이야. 그렇게 형성한 권력으로 사람들의
손에서 교묘하게 자유를 빼앗아 가는 거지. 사람은 스스로
자신을 다스리는 존재인 동시에 자신의 자유를 내려놓고 현
재 질서에 복종하는 존재이기도 해."

이게 무슨 소리지, 파놉티콘과 학교 그리고 권력이 얽혀 있다니……. 잠시 그 생각에 잠겨 있다 정신을 차렸을 때는 이미 익숙한 방에 돌아와 있었습니다.

푸코의 말을 돌이켜 생각하니 안타까운 기분이 들었습니다. 또한 '어쩌다 학교가 이런 곳이 되어버린 걸까'라는 의문을 지울 수 없었습니다.

그때였습니다. 느긋한 말투의 다른 목소리가 방 안에 울려 퍼졌습니다.

"학교가 이렇게 안 좋아진 이유는 기능훈련과 인간 형성을 억지로 결합했기 때문이에요."

깜짝 놀라 주변을 둘러보았지만, 어디에도 사람의 모습은 보이지 않았습니다. 하지만 목소리는 이반 일리치의 《절제의 사회》(1973)에서 나오는 것이 확실했습니다.

저는 일리치의 책을 집어 읽기 시작했습니다. 그의 주장에 따르면 학교는 다음의 세 가지 목적이 결합한 장소입니다.

1. 제대로 먹고살 수 있는 노동자로 만들기 위한 기능 훈련
2. 사회의 일원으로서 규율을 지키는 인간이 되게 하기 위한 훈육
3. 좋은 인격을 지닌 훌륭한 인간 만들기

그러니까 우연히 시험 성적이 좋았다, 나빴다는 말이 어느새 '성적이 우수한 사람은 나쁜 사람보다 훌륭하다'라는 상하 관계를 만든 것입니다. 나쁜 성적을 받은 학생은 '학력이 낮다=머리가 나쁘다=낙오자' 취급을 당하고, 교칙을 어긴 학생에게 '규율을 지키지 않는다=태도가 나쁘다=반항적'이라는 불량학생 딱지를 붙이는 탓에 학생들은 학교를 어려워하거나 학교에서 괴롭힘을 당하게 되기도 합니다. 학교가 이 세 가지 목적을 결합한 장소이기 때문에 생기는 문제입니다.

그리고 학교에서 생긴 이러한 생각이 사회 전체로 퍼진 결과 '전문가가 아마추어보다 훌륭하다'는 상식이 굳어졌습니다. 이반 일리치는 사람들이 스스로 생각하기를 멈추고 전문가가 만든 제도에 완벽히 의존하게 되었다고 지적했습니다.

아니 이거, 마음에 짚이는 일들이 몇 가지 떠오르는데? 코로나19 대책으로 '감염병 전문가의 의견을 따르자'며 스스로는 아무 생각도 하지 않는 사람이라든가, 스스로 생각하고 행동하려는 사람에게 '아마추어인 주제에 제멋대로 하지 마!'라고 비난하는 사람이라든가…….

또한 부모와 교육자 중에는 규율을 가르치는 것이 중요하다고 강조하는 사람이 있습니다. 그런 사람들은 "사회에서는 네 멋대로 할 수 없어. 그러니까 사회에 나오기 전에 학교에서 이런 훈련을 받는 것이 중요해"라고 하지요. 언뜻 보기에는 맞는 말 같지만, 저는 잘못되었다고 생각합니다.

아이들을 현재 사회에 맞추는 것이 아니라 오히려 아이들이 사회를 바꿔나갈 수 있도록 현재 상황에서 벗어날 수 있는 교육을 해야 해.

자기 생각을 억누르고 사회에 맞추도록 하는 옹졸한 사회를 만든 것은 다름 아닌 저를 포함한 어른들입니다. 바꿔야 할 것은 우리 어른들이지 아이들이 아닙니다.

권력이 자동화된 시스템, 파놉티콘.
이것이 미셸 푸코가 알려준 학교의 정체였다.

학교란 현재 질서를 유지하기 위해
학생 스스로 복종하도록 하는 교묘한 곳이다.

그렇다면 언제부터 그렇게 된 것일까?
누가, 어떤 의도로 이곳을 만든 것일까?

그 뿌리를 찾아가던 중 한 젊은 혁신가를 만났다.

재발명되어야 할 발명

어느 날, 친구 집에 방문했을 때의 일입니다. 여섯 살짜리 꼬마가 우주에 관한 다큐멘터리 방송을 보고 있었습니다. 마침 저도 관심이 있던 터라 "오! 재밌는 거 보고 있구나!" 하고 아이 옆에 앉았습니다. 우주를 좋아하는 것은 이미 알고 있었고 여섯 살 아이가 보기엔 조금 어려울 텐데 하는 생각이 들었지만 일단 함께 방송을 보기로 했습니다.

다큐멘터리는 우주에 대해 쉽게 설명하면서 최신 정보까지 담고 있었는데, 제가 모르고 있던 최근에 새롭게 발견된 것부터 현재 진행 중인 프로젝트까지 다양하게 소개하고 있었습니다. '아저씨도 우주에 관심이 많아. 함께 보니까 더 재밌다'라는 마음을 표현하고 싶어 새로운 주제가 소개될 때마다 다소 과장되게 "우와! 멋지다! 진짜로?"라며 일일이 반응하자, 아이는 마치 자신이 그 사실을 발견한 사람처럼 "멋지죠?"라며 우쭐한 표정을 지었습니다.

"우와! 이런 발견이 있었어? 아저씨는 몰랐어! 너는 알고 있었니?"하며 아이를 쳐다보자 아이는 눈길도 주지 않은 채

"네, 알고 있었어요!"라고 말하고 코딱지를 후볐습니다. 그런 대화를 여러 번 반복하다 매우 놀란 저는 아이를 물끄러미 쳐다보며 말했습니다.

"어떻게 이런 내용까지 알고 있는 거야? 아까 나왔던 것 중에 아직도 잘 모르겠는 부분이 있는데 설명해 줄 수 있어?"

그러자 아이는 "음, 그러니까, 그건 말이죠……" 하며 신이 난 듯 설명을 시작했습니다. 아이는 이 다큐멘터리를 여러 번 돌려본 듯 매우 친절하게 알려주었습니다. '초보자'인 저를 위해 어떤 질문을 해도 귀찮아하지 않고 반복해서 알려주는 아이의 이런 점을 저는 굉장히 좋아합니다. 그리고 이것은 이 아이뿐만 아니라 많은 아이에게서 공통으로 볼 수 있는 멋진 부분이기도 하지요.

설명이 서툰 부분도 있지만 대부분의 내용이 정확했고, 특히 이름이나 숫자 정보는 매우 정확했습니다. 수많은 목성의 위성 이름과 로켓의 모델번호를 자세히 설명해 줘서 하나하나 검색해 보니 모두 정확히 맞았습니다. 정확하고 섬세한 기억력에 깜짝 놀랄 정도였죠.

그때까지 저는 48세의 어른인 제가 6세 아이보다 지식과 경험과 지혜가 훨씬 뛰어나다고 여기고 있었습니다. 그 생각이 완전히 뒤바뀌는 순간이었죠. 물론 제가 더 오래 살았으니 아이보다 아는 게 많은 건 사실이지만, 이제는 아이의 관심 분야만큼은 아이에게 배우는 것이 일상이 되었습니다. 무슨 일이든 '아이보다 내가 낫다'라고 생각하는 일은 완전히 사라졌지요.

'일이 바쁘다'라는 핑계로 아무것도 배우지 않는 저에 비해 관심이 생기면 끝까지 파고드는 아이에게서 배울 것이 많은 건 어찌 보면 당연한 일입니다. 그때 저는 문득 이런 생각이 들었습니다.

'10년 만에 모든 게 달라질 정도로 변화무쌍한 세상에서 아이들이 지금 배워야 할 것은 무엇일까? 그건 세상을 좋게 만드는 데 필요한 걸 거야. 그리고 현재진행형으로 세계와 직결된 일일 테니 굉장히 재미있을 게 분명해. 새로운 일을 시작할 때는 모두 초보자야. 그렇다면 아이든 어른이든 관심 있는 사람들이 책상에 나란히 앉아 즐겁게 배우면 되지 않을까? 왜 그렇게 하지 못했을까?'

이런 의문에 빠진 저는 우선 학교의 기원과 역사를 살펴보았습니다. 그리고 마침내 원인을 찾아냈습니다. 그것은 현재 교육 시스템의 중요한 '학급' 구조에 있었습니다.

학급의 기원에 대해 찾다 저도 모르게 잠이 들었습니다.

잠시 졸다가 갑자기 눈부신 빛이 나타나 눈을 떠보니 제가 큰 직사각형 모양의 방에 있었습니다. 열 명 남짓한 사람이 나란히 앉을 수 있는 긴 책상이 쭉 배열되어 있는 그곳은, 바닥이 완만하게 경사가 져 있어 맨 뒤에서도 제일 앞의 교단까지 볼 수 있었습니다. 거기에 검소한 옷차림의 소년들이 빼곡히 앉아 있었고요. 아이들이 석판에 무언가를 쓰는 소리가 또각또각 울려 퍼졌습니다.

"어서 와요, 모험가 친구!"

뒤돌아보자 맞은편에서 몸매가 탄탄한 젊은 사람이 걸어왔습니다. 그건 그렇고 여기는 어디지? 제가 묻기도 전에 그는 손을 펼치고 전체를 둘러보며 이야기했습니다.

"어때요? 멋지지 않나요? 이곳은 나, 조지프 랭커스터가 만든 완전히 새로운 학교랍니다! 여기에서는 내가 고안한 획기적인 교육법을 도입하고 있어요. 잘 보세요. 뭔가 특이한 점이 있지 않나요?"

 그의 재촉에 자세히 살펴보니 책상이 세 줄씩 나뉘어, 각
각 'I'부터 'Ⅷ'까지 숫자가 적힌 표지판으로 구분되어 있었
습니다. 각 그룹 옆에는 가장 나이가 많은 듯한 학생이 서
있었습니다.

 "가르치고 있는 사람은 학생이랍니다."

 그는 자랑스러운 듯 어깨를 활짝 폈습니다.

"이곳에서는 먼저 배운 저 학생이 다른 학생들을 가르쳐요. 그들을 '조교monitor'라고 부르죠. 또한 배움의 효율을 높이기 위해 학생들은 학력별로 나눈답니다. 이 그룹의 이름을 '학급class'이라고 지었습니다."

아, 표지판에 적힌 숫자는 학급번호였구나. 어? 그렇다면 이게 학급의 시작?!

먼저 배운 조교 학생이 같은 학급의 다른 학생을 가르친다
_조지프 랭커스터, 《영국의 교육 시스템The British System of Education》(1810)에서

"조교는 열 명 남짓한 학생을 담임하며, 학생이 학습 내용을 터득했는지 확인해요. 시험에 합격한 학생은 위 학급으로 올라갈 수 있죠. 이것이 내가 발명한 새로운 교육 시스템, '조교 제도monitorial system'랍니다."

그의 열변은 최고조에 달했습니다. 누구도 시도하지 않은 독창적인 시스템을 만들고 그 시스템이 잘되고 있다는 것에 흥분과 기쁨을 느끼는 모습이 역력했습니다.

그런데 랭커스터는 왜 이런 시스템을 만들었을까요?

그는 한 차례 심호흡을 한 다음 먼 곳을 바라보며 이야기하기 시작했습니다.

"나는 열네 살에 집을 나와 자메이카에서 선교사가 되길 꿈꿨어요. 하지만 여기 런던의 빈민가 아이들이 교육을 받지 못한다는 사실을 알고 아이들을 위해 학교를 세울 결심을 했죠.

그리고 스무 살 무렵에 마침내 염원하던 학교를 열게 됐어요. 가난한 아이들이 빈곤에서 벗어날 수 있게 해주고 싶다, 아니 이 아이들뿐만 아니라 전 세계의 아이들에게 교육의 기회를 주고 싶다, 이런 마음에서 이 시스템을 고안했죠."

스무 살에 학교를 만들었다? 설마 지금 20대라고?!

"덕분에 아주 잘되고 있어요. 유력가들의 기부를 받아 이렇게 훌륭한 학교가 만들어졌죠."

오, 지금으로 치면 신생 스타트업이네. 어쩐지 제가 지원하는 기업인들과 닮아 있는 기분이 들었습니다. 대단해. 저는 랭커스터가 자신의 이상을 실현하는 힘에 혀를 내둘렀습니다. 그는 계속해서 이야기를 이어갔습니다.

"많은 학생을 가르치기 위해 교사의 수를 늘리면 그만큼 비용이 많이 들어요. 그래서 학생이 학생을 가르치는 방법을 고안했죠. 아이가 아이에게 알려주는 만큼 가르치는 방법은 가능한 한 단순해야 해요."

저는 다시 한번 강당 전체를 둘러보았습니다. 오른쪽 벽 앞에는 여러 학생이 긴 의자에 앉아 있었습니다. 자신들의 수업이 시작되기를 기다리는 듯한 모습이었습니다. 한편 왼쪽 벽에는 일정한 간격으로 교재가 붙어 있고 조교인 아이가 읽는 법이나 암산 등 석판을 사용하지 않는 교과목을 가르치고 있었습니다.

그때 일반 조교라 불리는 학생이 '교대!'라고 외치는 목소리가 강당 안에 울려 퍼졌습니다. 다음 순간 긴 책상에 있던 아이들이 일제히 일어나 조교 아이를 선두로 오른쪽 벽에 있는 긴 의자 쪽으로 이동했습니다. 그리고 오른쪽 벽에 앉아 있던 아이들은 왼쪽 벽의 의자로, 왼쪽 벽의 교재로 공부하던 아이들은 긴 책상으로 옮겨 가 앉았습니다.

"읽기와 계산에서 학급이 바뀌어서 이렇게 한 번에 교대해요."

규칙적으로 빠르게 움직이는 아이들을 보고 깜짝 놀란 제게 그가 이렇게 말했습니다.

"굉장하죠? 마치 최신 자동 줄감기 기계 같지 않나요? 학급 조교가 학생을 관리하고 일반 조교가 질서를 관리하며 교사가 구조 전체를 관리하는 이 조교 제도에는 군더더기가 없답니다."

그는 신이 나서 책 한 권을 보여주었습니다. 책에는《교육의 개선Improvements in Education》(1803)이라고 쓰여 있었습니다.

"이 시스템 이면에 있는 제 생각을 이 책에 담았으니 꼭 읽어보길 바라요. 끊임없이 찾아오는 견학자들처럼 당신도 분명 감탄할 거예요. 실은 지금도 새로운 아이디어를 시험하는 중이니 이 책도 금방 고전이 되겠지만요."

사무엘 와일더스핀이 개발한 교육법 '갤러리 방식'
_사무엘 와일더스핀, 《유아 교육 시스템A system for the education of the young》(1840)에서

랭커스터는 함박웃음을 지으며 그 말을 남기곤 빠르게 사라졌습니다. 저는 여전히 답답한 마음이 풀리지 않아 고개를 숙였습니다. 고개를 들었을 땐 낯익은 방에 있었습니다.

조교 제도는 당시 최첨단을 달리던 공장의 분업 시스템을 교육에 응용한 것으로 뛰어난 효율 덕분에 단번에 유럽 전역으로 퍼졌습니다.

이후 영국의 교육자 사무엘 와일더스핀Samuel Wilderspin이 '갤러리 방식'이라 불리는 새로운 교육법을 개발했습니다. 계단식 강의실에 수십 명의 학생이 앉아, 정면에 있는 교사에게 수업을 받는 방식입니다. 이로 인해 교사는 모든 학생을 볼 수 있고 학생도 다른 친구들의 행동을 보며 배울 수 있습니다.

그리고 1862년 영국 정부는 이 두 개의 시스템을 결합했습니다. 학생의 출석 일수와 학력에 따라 국가가 학교에 보조금을 주는 제도가 생기자, 학생을 고르게 구성하는 편이 교육에 효율적이고 보조금을 받기도 쉬워 같은 나이의 아이들로 학급을 꾸리는 '학년 제도grade system'가 탄생했습니다. 그렇게 같은 학년의 아이들이 같은 교육과정을 함께 배우는 형식이 완성되었습니다.

이후 21세기가 된 지금도 같은 형태가 이어지고 있습니다. 그래서 아이와 어른이 함께 배울 수 없는 것입니다.

학교의 뿌리가 인간을 공산품처럼 대량생산하는 공장이었다니……. 그러니까 공부가 재미없지…….

랭커스터와 와일더스핀이 발명한 시스템이 당시에 얼마나 획기적이었는지는 그림만 봐도 알 수 있습니다. 교육을 받지 못하던 많은 아이가 교육을 받을 수 있게 되었다는 점에서 이 교육법은 엄청난 영향을 미쳤습니다.

그들의 공적은 빛이 바랜 것일까? 문제는 이와 같은 대량생산 방식의 교육이 이미 시대에 뒤떨어졌음에도 200년이 지난 지금도 전혀 달라진 게 없다는 거야.

위대한 발명가이자 혁신가인 그들의 정신을 바탕으로 우리는 200년 만에 교육 시스템을 바꿔 학급과 학년을 재발명해야 하는 게 아닐까요?

아이와 어른이 함께 배울 수 없는 이유.
이것은 조지프 랭커스터가 발명한 '학급'과
사무엘 와일더스핀의 '학년' 시스템에 있었다.

문득 떠오른 의문에서 시작한 '학급'의 뿌리를
찾는 여행에서 또 한 가지 학교의 비밀을 알게 되었다.

하지만 이유는 이뿐만이 아니었다.
또 한 가지 전혀 생각하지 못했던 부분에서도
뿌리 깊은 이유가 있었다.

그 사실은 내 안에 커다란 변혁을 일으켰다.

매듭을 풀어라

아이와 어른이 함께 배우지 못하는 이유를 찾던 중 또 한 가지 커다란 이유가 있다는 것을 알았습니다.

바로 인간의 일생을 '소년기', '청년기', '중년기' 등 몇 가지 단계로 나누어 생각하는 '발달단계stages of psychosocial development' 개념에 맞춰 사회제도가 설계되었기 때문입니다. 학교에 다녀야 할 나이가 정해져 있는 의무교육제도를 비롯해 일을 시작할 수 있는 나이가 15세로 정해져 있는 노동법, 수십 년에 걸쳐 갚아야 하는 주택담보대출, 지급 연령이 정해져 있는 연금 등이 그 예입니다. 우리의 인생은 법률에 따라 다양한 '경계'로 구분되어 있습니다.

너무 당연한 이야기라 의심해 본 적도 없는데 이런 구분은 왜 생긴 걸까? 언제, 어떻게 만들어진 걸까?

뿌리를 찾는 일에 재미를 붙인 저는 경제학과 심리학, 생물학 등 다양한 학문의 세계를 찾아보았습니다. 그 답은 1950년대에 만들어진 '심리사회적 발달이론theory of psychosocial development'에 있었습니다.

이론을 만든 사람은 미국의 심리학자 에릭 홈부르거 에릭슨Erik Homberger Erikson 박사입니다. 에릭슨은 유대인의 아들로 독일에서 태어났으나 금발에 눈이 파란 보통의 유대인과는 다른 모습이었기에 유대인 교회에서는 '이방인', 동네 학교에서는 '유대인'이라 불리며 양쪽의 차별을 받았습니다.

'도대체 나는 누구인가?'라며 괴로워하던 에릭슨은 세계 최초로 지금은 누구나 아는 '나다움', '개성'을 의미하는 '정체성identity'의 개념을 만들었습니다.

그는 《유년기와 사회Childhood and Society》(1950)에서 인간의 일생을 여덟 단계로 나누고 각각의 단계별 특징을 나타낸 '발달단계 모델'을 발표했습니다.

에릭슨 박사는 '각 단계에는 해결해야 할 위기와 과제가 있으며, 그것을 잘 해결하면 유능감과 건전한 인격이 형성된다. 그러나 과제를 해결하지 못하면 불완전함을 갖게 된다. 물론 이후에 해결하지 못하는 건 아니다'라고 설명했습니다.

이 모델은 당시에 매우 획기적인 내용이었기 때문에 정확한 분류로 많은 사람의 지지를 받았고 회사와 공장에서 일하는 방법이나 보험과 주택담보대출 등을 설계할 때 사용되었습니다. 그리고 마침내 법률과 연금 등 사회제도에도 반영되었습니다.

이 '라이프 스테이지life stage' 사고방식은 지금도 유효하게 사용되고 있습니다. 사회로부터 각 단계의 특징에 맞춰 살아야 한다고 강요받고 있다는 사실조차 몰랐기 때문에 거부할 수 없었던 것입니다.

그렇네. '아이면 아이답게 굴어'라든가 '다 큰 어른이 유치하게, 부끄럽지도 않아?', '나이에 맞게'라는 말들이 항상 주변을 맴돌았어. 그래서 나도 모르는 사이에 튀는 행동을 하지 않으려고 했던 거구나…….

단계와 단계 사이에 세워진 '구분'은 단단해서 좀처럼 깨뜨리기 어렵습니다. 유아기에서 청년기인 20세까지는 학교에서 공부를 해야 하는 시기이므로 "지금은 배우고 싶지 않으니까, 학교에 가지 않을래"라는 말이 통하지 않습니다. 학교를 졸업한 후에는 자신의 힘으로 살아가기 위해 일을 해야 한다는 이유로 무언가를 배울 수 있는 시간이 없어집니다. 그리고 연금을 받을 나이가 되면 그때는 일자리가 사라져 아무것도 하지 않은 채 일상을 보내는 사람이 많아집니다.

	긍정적인 부분	성장시키는 부분	부정적인 부분
노년기	통합	지혜	절망·혐오
장년기	생산성	배려(케어)	침체
성인 초기	친밀감	사랑	고립
청년기	정체성	충성심	역할 혼란
학동기	근면성	유능감	열등감
유아기	주도성	목적	죄책감
유아 초기	자율성	의지	부끄러움·의심
영아기	기본적 신뢰	희망	기본적 불신

에릭 홈부르거 에릭슨 박사의 '발달단계 모델'

저 같은 경우도 경제학부에 진학했지만, 사회 경험이 적었던 탓에 경제학의 내용을 이해하기 어려웠고 무엇을 위해 공부를 해야 할지 몰랐습니다. 완전히 흥미를 잃었지만 그렇다고 해서 학교에 가지 않을 수는 없었기에 학위만이라도 취득하자는 생각으로 하고 싶지 않은 공부를 이어갔습니다.

그런데 정작 사회인이 되고부터는 일을 하면 할수록 아무것도 모른다는 느낌이 강하게 들었습니다. '더욱 깊이 있게 배우고 싶지만' 시간이 없다는 이유로, '이제 와서 대학에 갈 수는 없다'는 이유로 배움을 포기했습니다. 원래 대학에 가지 않아도 언제 어디서나 배울 수 있는 것인데 라이프 스테이지로 '구분'되어 있는 탓에 엄두조차 내지 못한 것입니다.

의료의 발달과 함께 수명이 길어지면서 라이프 스테이지는 이미 현실과 크게 동떨어졌습니다. 정년 후의 삶을 '여생'이라고 하기엔 너무 긴 시간이 되었습니다. 한편 젊은이들 사이에서도 학교가 재미없다, 재미없어서 배우고 싶지 않다, 배우고 싶은 마음이 없으니까 따라가지 못하겠다며 포기하는 학생들이 늘어나고 있음에도 그들이 즐겁게 살아갈 수 있는 선택지는 거의 없습니다.

이 문제를 해결하기 위해서는 인간이 일생을 살아가는 방법에 관한 생각을 근본부터 바꿔야 한다. 바꿔야 한다고 이야기했지만, 어디부터 손을 대야 할까…….

저는 이 질문에 대해 계속 생각했습니다. 다양한 방면에서 탐구도 이어갔습니다. 그 결과 매우 심플한 아이디어가 떠올랐습니다.

학교가 재미없다면 억지로 가지 않는다. 하고 싶지 않은 공부를 억지로 했다가 더 싫어졌다면 하지 않는 편이 낫다. 놀고 싶으면 놀고, 배우고 싶으면 배우면 된다. 일하고 싶으면 일한다. 만약 무언가에 지쳤다면 잠시 쉬어간다.

　즉 '구분' 따위 걷어치우고 사람은 언제든지 놀고 싶을 때 놀고, 일하고 싶을 때 일하며, 배우고 싶을 때 배우면 됩니다.

　'아이들에게 기초를 가르치는 학교'로 알려진 초등학교와 중학교를 과감하게 없애도 괜찮지 않을까요? 학교가 가장 큰 '구분'이니까요. 초등학교와 중학교를 없앤다는 건 어떤 의미일까요? 물론 무턱대고 없애도 된다는 의미는 아닙니다. 제가 떠올린 새로운 아이디어는 지금의 초등학교와 중학교를 없애는 대신 '초보자를 위한 배움의 장'을 새롭게 만드는 것입니다. 아이든 어른이든 상관없이 같은 주제에 관심이 있는 초보자라면 누구든지 함께 즐겁게 배울 수 있는 장소를 말입니다.

거기에 '기능 훈련'이나 '훌륭한 어른 만들기'처럼 우리가 지금까지 학교에 요구해 왔던 목적을 더는 바라지 않아야 합니다. 즉, 학교에 걸린 '저주'를 푸는 겁니다.

'노동자가 되기 위한 기능 훈련소'라는 재미없는 목적 내세우기를 멈춰야 해. '규율을 지키는 인간을 만들기 위한 가르침'이라니 애초에 설정부터 이상하잖아. '훌륭한 인간 만들기'라니 도대체 누가 할 수 있다는 거야? 이건 본인이 스스로 깨달아야 할 문제지, 학교에 요구해야 할 게 아니야.

여기에서 제가 하고 싶은 말은 '형편없어 보이는 학교 자체가 나쁘다'는 것이 아닙니다. 정말로 바꿔야 할 건 학교가 아니라 우리 한 사람 한 사람이 학교에 바라는 점과 의식입니다.

'학교란?'이라는 목적에 얽매여, '의무교육'이라는 제도에 묶여, 나이에 얽매여, 기간에 얽매여, 돈에 얽매여…… 여러 상황에 얽매여 있다 보니 재미가 없어진 것입니다. 이때 학교를 결박에서 풀어주면 모든 것이 잘될 것입니다.

이러한 생각은 줄곧 찝찝하게 제 머릿속에 끼어 있던 안개

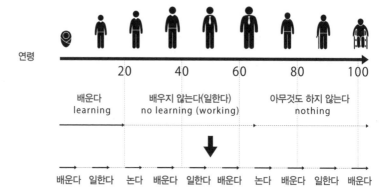

연령	20 40 60	80 100

배운다
learning

배우지 않는다(일한다)
no learning (working)

아무것도 하지 않는다
nothing

배운다　일한다　논다　배운다　일한다　배운다　논다　배운다　일한다　배운다

인생 100세 시대, 나이를 불문하고 배우고 놀며 일할 수 있는 인생을 다시 만들자.

를 싹 걷어주었습니다.

온갖 매듭에 걸려 있는 학교를 보고 나니 왠지 모르게 불쌍한 마음이 들기 시작했어.

우리는 다시 한번 인생을 보내는 방법, 특히 배우는 방법에 관한 생각을 완전히 바꾸고 처음부터 다시 시작해 가야 합니다. 저 또한 앞으로 아이들과 함께 "알았어! 우와!", "우와! 진짜? 대단한걸!", "으음~! 생각처럼 잘 안 되네", "하지만 그래서 더 인생이 즐거운 거 아니겠어? 그렇지?" 하면서 재밌게 배움을 이어가고 싶습니다.

아이와 어른이 함께 배울 수 있는 곳 만들기.
즉, 라이프 스테이지라는 벽을 허물기.
그러려면 우리가 인생을 보내는 방법을 바꾸는 수밖에 없다.

이 깨달음은 나를 다시 태어나게 했다고 할 수 있을 정도로
새로운 사고방식이다.

이런 깨달음을 얻게 되자 이 외에도
수많은 '당연한 것'에 의문을 느끼게 되었다.

천천히 배우자

지금까지 새로운 교육을 펼쳐온 사람들의 생각을 배우고, 현재 교육을 실행하고 있는 사람들과 많은 대화를 나눠왔습니다.

수많은 사람의 다양한 생각에 모두 관심이 생겼는데, 특히 어린아이를 가르치는 선생님 중에서 이렇게 말하는 사람이 제법 있었습니다.

"외국어는 어릴 때 시작하지 않으면 말하기를 잘 못해요. 운동과 음악처럼 몸을 써가며 센스 있게 표현해야 하는 분야일수록 일찍 시작하지 않으면 프로 수준에 도달하기 힘들죠."

주로 외국어 발음이나, 절대음감이 그렇다고 하던데 정말로 그럴까. 프로들이나 예술가들은 대부분 어릴 때 시작했다는 말을 많이 들어왔고, 그런 사람들이 실제로도 많을 것 같긴 한데……

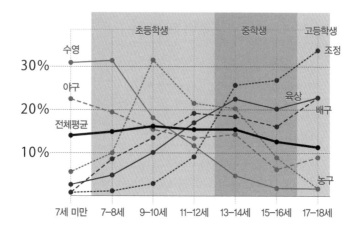

2004년 개최한 아테네 올림픽에 출전한 선수가 경기 종목을 시작한 연령

　궁금해진 저는 다양한 데이터를 찾아보았습니다. 이 표는
2004년 아테네 올림픽에 출전한 선수가 해당 종목을 본격적
으로 시작한 나이를 그래프로 나타낸 것입니다. 수영은 7세
정도에 시작한 사람이 가장 많고, 12세부터 시작한 사람도
제법 있습니다. 육상 경기는 중·고등학교 때 시작한 사람이
많다는 데이터도 있습니다. 즉, 어릴 때 시작하지 않아도 올
림픽 출전 선수가 될 가능성이 충분하다는 것입니다.

　올림픽에 출전하는 선수조차도 일찍 시작하는 것과 큰 상관
이 없다면 일반 예술이나 운동은 즐기면서 해도 되겠네. 꼭 빨

리 시작해야 하는 건 아니니까.

～～～～～～～～～～～～～～～～～～～～～～～～～～～～～～～～～

빨리 시작하지 않으면 안 된다는 생각을 과학적 사실인 양 쓰는 경우가 많은데 이 또한 단순한 가설에 불과합니다. 증명하기도 반증하기도 매우 어려운 사실이니까요.

그렇다면 왜 코치나 선생들은 늘 '빨리 시작하지 않으면 안 된다'라고 말할까요? 언제부터 이렇게 생각하게 됐을까요?

이 의문의 답을 찾던 중 가까스로 생물학과 신경과학에 힌트가 있다는 걸 알게 되었습니다. 미국의 언어학자이자 신경과학자인 에릭 레너버그Eric Lenneberg 박사가 발표한 '결정적 시기 가설critical period hypothesis'이라는 충격적인 가설이 바로 그것입니다.

'인간은 약 2세부터 12세(결정적 시기)를 지나면 언어를 모국어처럼 습득하기 어렵다'라는 가설인데, 《언어의 생물학적 기초Biological Foundations of Language》(1967)에서 실어증 환자가 언어를 회복하는 과정을 조사한 결과를 바탕으로 이 가설을 세운 것으로 유명해졌습니다.

또한 미국의 신경학자 엘리사 뉴포트Elissa Newport 박사와 재클린 존슨Jacqueline Johnson 박사가 미국으로 건너온 외국인의 영어 습득 능력을 조사한 결과 3~7세에 온 사람은 원어민 수준이며, 11~12세를 지나 미국에 온 사람은 그보다 성적이 낮다는 결과를 바탕으로 제2언어 습득에서도 결정적 시기가 있을 가능성이 크다고 발표했습니다.

이 가설을 토대로 교육업계는 부모의 지갑을 열기 위해 '어릴 때 학습과 훈련을 시작하지 않으면 전부 늦습니다'라고 협박하며 '조기교육의 중요성'을 강조했습니다.

이 '결정적 시기'는 오스트리아의 동물행동학자 콘라트 로렌츠Konrad Lorenz 박사의 연구에서 시작되었습니다. 그는 가까이에 있는 어미를 바로 기억하는 거위와 오리 새끼에서 처음 본 어미를 순간적으로 인지한 후 계속 기억하는 '각인imprinting' 현상을 발견했고, 거기에서 '결정적 시기'라는 개념을 떠올렸습니다.

이후 미국의 신경생리학자 데이비드 허블David Hubel 박사와 스웨덴의 토르스튼 위즐Torsten Wiesel 박사는 눈의 신경세포에 결정적 시기가 있다고 밝혔습니다. 이것을 레너버그 박사가 인간이 말을 하게 되는 메커니즘을 설명하는 데 응용하며 '결정적 시기 가설'이 생겨났습니다.

하지만 곰곰이 생각해 보면 교육업계의 주장에는 논리적 비약이 있습니다. 과학자들의 발표는 어디까지나 뇌세포와 신경세포의 발달처럼 생물학적 관점에서 본 연구 성과입니다. 그런데도 이것을 마치 '인간의 배움 전체에 해당하는 황금법칙'처럼 이야기하는 것은 지나친 비약입니다.

과학자의 가설 자체는 연구를 진행하는 과정에서 매우 중요한 부분입니다. 하지만 몇 가지 조사 결과에서 얻는 가설을 세상의 모든 일에 적용하는 것은 지나치게 성급한 행동입니다. 이 같은 논리의 비약을 '성급한 일반화의 오류hasty generalization'라고 말합니다.

백번 양보해서 '빨리 배우는 것이 학습적 측면에서 뛰어난 효과가 있다'고 합시다. 하지만 거기에도 근본적인 문제가 있습니다. '학습 수준을 빠르게 향상했을 때의 장점은 무엇인가?' 하는 의문입니다.

인생 백세시대라고 하는데 그중에 불과 몇 년, 조금 빨리, 무언가를 잘하게 된다고 거기에 무슨 의미가 있을까?

조금 일찍 할 수 있게 됐다고 해서 크게 이득 보는 일이 있을까? 특별히 큰 의미가 없다면 왜 혈안이 되어 애를 써야 할까?

태어나서 20년 동안 주입식 교육을 해야 할 필요는 어디에 있을까? 언제든 관심이 생겼을 때 배우기 시작하면 안 될까? 평생에 걸쳐 다양한 것을 천천히 배우면 되지 않을까?

억지로 시켜 흥미를 잃게 할 바에야 차라리 관심이 생길 때까지 아무것도 하지 않는 게 낫지 않을까, 라는 생각마저

들었습니다.

　배움의 즐거움과 기쁨을 추구한다면 '조기교육'보다 '늦은 교육'이 좋지 않을까? 저는 그렇게 생각했습니다.

'조숙한 천재'라는 말이 있듯이 빠르게 끝을 내는 것이
사회 전체에서 인기를 끌었다.

그뿐 아니라 어른들은 "빨리 시작하지 않으면 안 돼"라며 아
이들을 재촉했다.

하지만 이것은 '성급한 일반화'일 뿐이다.

그럴듯하게 회자되는 교육의 '신화'에 대해
우리는 더욱 잘 알아야 할 필요가 있다.

기초라는 신화

교육에 얽힌 '신화'는 조기교육뿐만이 아닙니다. '기초'라는 개념 또한 많은 사람이 중요하게 여기는 신화 중 하나입니다.

무언가를 배우고 싶어서 주변 사람들에게 의견을 구하면 대부분 "우선 기초부터 시작해 봐"라고 조언합니다. '기초 공부와 훈련을 반복했을 때 비로소 응용력이 생긴다'는 이유에서입니다.

"기초가 중요해. 기초를 게을리해서는 안 돼", "기초가 없으니까 다음 단계로 올라가지 못하는 거야" 같은 말을 정말로 자주 들어.

그런데 저는 이러한 사고방식에도 큰 의문이 있습니다. 우선 무엇을 근거로 '기초'라고 말하는가? 그 정의는 사실 매우 모호합니다. 굳이 말하자면 '비교적 단순한 것', '다른 것을 배울 때 전제가 되는 것'을 가리키는데 곰곰이 생각해 봐도 저는 아직 잘 모르겠습니다.

축구라면 드리블과 패스, 그림이면 데생, 언어라면 문법을 기초라고 하는데 정말로 그럴까.

또한 '기초부터 응용까지 순서대로 배우라'라는 말을 자주 듣는데 애초에 기초의 정의를 잘 몰라 무엇을 어떤 순서로 배워야 하는지 전혀 감을 잡지 못합니다. 기초의 대명사로 여겨지는 교과서나 해설 영상은 주로 '기초'와 '응용' 카테고리로 나뉘어 있는데 대체 왜 그렇게 해야 하는지 이유를 잘 모르겠습니다.

애초에 "기초가 중요하다"라고 말하는 사람에게는 복잡한 문제는 기초를 차근히 다져놓으면 해결할 수 있다는 전제가 깔려 있습니다. 아무리 복잡한 문제라도 요소를 분해해 하나씩 이해하면 뭐든지 이해할 수 있다는 사고방식입니다. 이것을 '환원주의reductionism'라고 합니다. 기초라는 사고방식은 환원주의의 상징입니다.

그런데 인간의 지혜와 기술은 기초적인 요소들의 조합으로 만들어져 있다는 주장에는 아무런 근거가 없습니다. 그만큼 인류의 지혜는 기초에서 응용으로 발달해 왔다는 생각은 완전히 잘못되었습니다.

어떤 분야든 유일한 방법과 순서로 발달한 것이 아니라는 사실은 역사를 보면 알 수 있습니다. 그보다 '인류의 지혜는 수많은 질문과 결론이 얽히고설킨 거대한 그물코 같다'는 표현이 정확합니다.

어딘가로 도달하는 길은 무한히 존재합니다. 즉, 무엇이 기초이고 무엇이 응용인가의 경계는 없습니다. 요약하면 기초에서 응용 순서로 학습시키는 교육은 애초에 인류의 지혜와 맞지 않습니다.

예를 들어 덧셈·뺄셈·나눗셈·곱셈과 같은 사칙연산을 수학의 기초로 가르치는 것은 '광대한 수학의 지식체계 중에서 사칙연산을 이용해 문제를 푸는 방법을 가르치는 것'일 뿐입니다. 그 범위 안에서 처음으로 사칙연산을 기초로 가르치고, 이어 응용해서 사칙연산 문제를 푸는 방법을 가르치자는 약속에 불과합니다.

즉, 망망대해를 항해할 때 '이 항로만이 유일한 길이다'라고 생각하는 일이 없듯이 '이것을 배우는 방법은 이것밖에 없다'는 것이 아닙니다. 무언가를 배울 때 어떤 노선을 통해도 상관없으며, 그 노선은 사람마다 달라도 됩니다. 새로운 발상을 떠올리기 위해서는 여러 사람이 함께하는 것이 좋다는 생각은 다양성의 관점에서 보면 오히려 노선이 서로 다른

게 좋을지도 모릅니다.

"아직 방정식을 배우지 않았으니 변수를 사용해서 풀면 안
돼" 같은 이상한 말을 하는 선생이 있는데 너무 말이 안 되는
소리라 머리가 아파 쓰러질 것 같아.

사회는 혁신을 만들고 싶어 합니다. 또한 혁신은 언제나
상자 밖out of the box 발상에서 만들어진다고 말합니다. 그런데

왜 사회는 사람들을 상자 속에 밀어 넣는 것일까요? 이 모순을 아무도 깨닫지 못하는 이유는 바로 '기초가 중요'하다는 '상자'에 갇혀 있기 때문입니다.

'기초'라는 생각 때문에 배움을 '형태'에 끼워 넣으면서 재미가 없어진 거야.
계산 연습이라든가 외국어 단어 외우기, 악보 연습은 정말로 재미없어. 그러면서 다들 배우는 걸 싫어하게 되지.

'기초'라고 부르는 것은 기초라는 이유에서 불필요한 것들은 빼고 핵심만 가르치는 경우가 많습니다. 그래서 지루하고 따분한 훈련이 되기 쉽습니다. 처음 배우는 사람에게는 그 내용을 배우고자 하는 강력한 동기가 없습니다. 그런데도 기초가 중요하다는 이유로 재미없는 내용을 여러 번 반복시키다 보니 겨우 관심이 생긴 사람까지 싫어하게 하는 문제를 일으킵니다.

다만 '기초 연습' 아니, 좀 더 정확하게 말하면 '본인이 기초라고 여기는 부분을 습득하기 위한 연습'을 모두 부정할 생각은 없습니다. 기초 연습은 동기부여가 높은 중상급자가 기능을 철저하게 익히기 위해 자신이 기초라고 여기는 부분을 철저하게 공부하는 데 큰 의미가 있다고 생각합니다.

기초 연습은 초보자가 아닌 중상급자를 위한 거야!

어쨌든 처음에는 자유롭게 놀면서 친해지기, 이후 더욱 깊이 있게 알고 싶어졌을 때 비로소 자신이 기초라고 생각하는 것을 철저하게 공부하기. 이 방식이 훨씬 자연스럽고 그 세계로 들어가기 쉽습니다.

'기초 → 응용'이 아니라 반대로 '응용 → 기초'이지 않을까?

그런 관점에서 이야기하자면 '어린아이에게 가능한 한 빨리 기초를 가르친다'는 교육은 여러 가지 의미에서 잘못되었습니다.

서둘러 시작할 필요 없고, 배움의 순서도 한 가지 방법만 있는 건 아니니까. 처음 배우는 사람한테는 재미도 없고 말이지. 초보자에게 "기초가 중요해!"라고 말하며 그들이 생각하는 기초를 일방적으로 가르치려는 사람의 말은 듣지 말아야겠어!

~~~~~~

그보다 '자유롭게 놀다 보니 어느새 익혔고 내 것이 됐어'라는 상태가 가장 바람직합니다. 이런 방식이라면 배우고 있는 본인도 즐거워서 꾸준히 지속할 수 있습니다.

무언가를 습득하는 최고의 방법은 오랫동안 꾸준히 배우는 것입니다. 그런 관점에서 봐도 놀다 보니 알게 되는 것이 가장 이상적인 방법입니다. 그리고 교사도 '가르치는 사람'이 아닌 '함께 노는 사람'이 되어야 합니다. 기초는 재미없다, 하지만 기초를 배워야 한다는 말을 듣는다, 그래서 무언가에 심취한 채로 어른이 될 수 없다, 라고 생각한다면 바로 우리 안에 있는 기초라는 상식이 이를 방해하고 있는 것입니다.

기초의 무의미함을 깨달은 이상 저는 기초의 사고방식에서 벗어나기로 마음먹었습니다. 그렇게 해서 배움과 함께였던 놀이를 다시 우리 손에 되찾으려고 합니다.

'기초'라는 사고방식은 배움을 '형태'에 끼워 넣으면서
재미를 없앴고 결국에는 배움이 싫어지게 했다.

그런데도 우리는 기초가 중요하다는
그럴싸한 말에 생각을 멈춘다.

기초에 휘둘릴 필요가 없다.
배움은 더욱 자유로워야 하고 더욱 재밌어야 한다.

나는 다시 한번 더 강하게 이렇게 생각했다.

실패할 권리

어린 시절, 저는 작문을 어려워했습니다. 특히 독서감상문 쓰기를 싫어했는데, '쓰고 싶은 내용이 없는데 왜 글을 써야 하지?'라는 생각이 매번 강하게 들었기 때문입니다. 원고지를 채우기 위해 억지로 뻔한 표현을 늘려 쓰며 분량을 채우는 것이 고통스러울 뿐이었습니다.

그랬던 제가 지금 이렇게 긴 글을 쓰고 있습니다. 제가 쓰고 싶을 때 쓰고 있기 때문입니다. '쓰고 싶다', '전달하고 싶다'는 생각이 제 마음속에 마그마처럼 부글부글 끓고 있기에 솔직하게 쭉쭉 써 내려가고 있습니다.

생각해 보면 세상은 하고 싶지 않은데 억지로 해야 하는 일투성이입니다. 특히 학교 선생님들은 학생 개개인이 공부하고 싶은 마음이 생길 때까지 기다려줄 수 없는 노릇이기에 학생 입장에서는 '하고 싶지 않은 일을 억지로 시키고' 맙니다.

매번 드는 생각인데 하고 싶지 않은 일을 억지로 하면 좋은 일
이라도 생기나?

이런 말을 하면 누군가는 반드시 이런 의견을 냅니다.

"하고 싶지 않다고 해서 안 하면 결국 아무것도 배울 수
없어요. 억지로라도 좋으니까 일단 해보면 좋아지게 되는 경
우도 있고요."

또 이렇게 말하는 사람도 제 주변에 많습니다.

"나도 부모님이 억지로 시킬 때는 엄청 싫었는데, 지금 돌
이켜보면 그때 배우길 잘했다고 생각해. 실제로 지금 내게
큰 도움이 되거든."

사실 저도 얼마 전까지는 그렇게 생각했습니다. 하지만 최
근 들어 다시 '정말로 그럴까?'라는 의문을 갖게 되었습니다.

사람은 누구나 자신의 과거는 헛고생뿐이었어, 의미가 없
었어, 라고 생각하고 싶어 하지 않습니다. 자신의 인생을 부
정하는 일이니 그렇겠지요. "지금 돌이켜보면 그때 배우길
잘했어"라고 말하는 것은 '자신을 인정함으로써 자신의 과거
에 의미를 부여하고 싶은 마음' 때문이 아닐까요?

물론 자신의 싫은 과거에 새로운 의미를 부여하고 인정하
는 것이 나쁜 것이 아닙니다. 오히려 그렇게 해서 살아갈 의

미가 생기기도 하죠.

제가 하고 싶은 말은 '아무것도 생각하지 않으면서 자신을 인정하는 것은 자신을 성장시키지 않는다'는 것입니다. 쉽게 자신을 인정하면 앞으로도 같은 일을 반복하게 됩니다. 즉, 하고 싶지 않은 일을 계속하게 되는 것이죠.

하고 싶지 않은 일을 억지로 했지만, 의미는 없었다고 부정하는 건 아닙니다. 하고 싶지 않은 일이었지만 해서 좋았다고 쉽게 인정하는 것도 아닙니다. 어느 쪽도 아닌 곳에 평가와 판단을 유보한 채, '사실 나는 하고 싶었을까? 하고 싶지 않았을까?', '하고 싶지 않았다면 그 이유는 무엇일까?', '그렇다면 정말로 내가 하고 싶은 건 무엇일까?', '왜 그것을 하고 싶을까?' 이렇게 생각을 거듭하는 것이 중요합니다. 이런 질문은 의식해서 하지 않으면 떠올리기 힘들기 때문입니다. 그리고 의식해서 말로 뱉지 않으면 좀처럼 자각하기 어렵습니다. 자각하지 못하면 결코 자신을 바꿀 수 없습니다.

한편 세상에는 '하지 않으면 안 되는' 일투성이입니다.

학교에 가지 '않으면 안 돼', 공부하지 '않으면 안 돼', 교칙을 지키지 '않으면 안 돼', 중고생은 중고생답게 굴지 '않으면 안 돼', 여학생은 여학생답게 행동하지 '않으면 안 돼', 이런 일투성이. 그런데 정말로 그렇게 하지 '않으면 안 되는' 일이 얼

마나 있을까?

～～～～～～～～～～～～～～～～～～～～～～

절대로 하지 않으면 안 되는 일이 거의 없다는 사실은 모두 알고 있습니다. 그런데도 하지 않으면 안 되는 일을 하는 이유는 누군가 그것이 가장 편하다고 지어낸 말을 믿어서입니다.

아니 좀 더 정확하게 말하면 그것이 만들어진 이야기인지 진실인지를 판단하는 일조차 귀찮아 단순히 지금까지 그렇게 해왔으니까라는 습관과 규칙에 몸을 맡겨서 그렇습니다.

'해서는 안 되는' 일을 따르는 것은 사고를 정지시키는 것과 같습니다. 이래선 안 된다는 것을 강하게 자각해야 합니다.

또한 '해야 하는' 일과 동시에 '해서는 안 되는' 일도 사회에 많습니다. 실패가 빤히 보이는 일을 하려고 하면 선생과 부모, 선배, 친구들이 "안 돼, 하지 마, 실패할 게 뻔해!", "아니야, 이렇게 하는 게 좋아!"처럼 충고하거나 나무라며 자신들의 의견을 밀어붙입니다.

그들은 실패하면 안 되니까, 그 사람을 위해 조언할 뿐 나쁜 의도는 전혀 없습니다. 오히려 그 사람의 실패를 사전에 막았으니, 고마워해 주길 바라죠. 하지만 제가 보기에는 쓸데없는 참견입니다. 더 나아가 방해라고 생각합니다. 그들이 실패에서 배울 권리를 빼앗았으니까요.

'실패할 권리'를 빼앗은 사람들이 사회의 다수가 되면 어떻게 될까요? '실패를 용서하지 않는' 분위기가 팽배해지고 사람들은 그런 분위기 속에서 아무 말도 하지 않게 되겠죠. 젊은이들이 자유롭게 도전하고 실패하는 일들이 없어지고, 그들 스스로 미래를 개척해 나갈 기회를 빼앗깁니다. 그러면 사회는 쇠퇴의 길로 빠지게 됩니다.

세상에서 말하는 '규칙'은 '해서는 안 되는 것'을 강제하는 것이자, 사람들로부터 중요한 권리를 빼앗는 구조입니다.

원래 규칙이란 선인들이 맛본 다양한 실패를 바탕으로 그 뒤를 잇는 사람들이 실패를 반복하지 않게 유비무환의 마음으로 알려주는 가르침입니다. 그런 말은 얼핏 들으면 좋아 보이지만, 실제로는 사람들의 사고를 정지시키고 인간의 성장에서 중요한 실패를 경험하지 못하게 하며 아무 이유 없이 사람들을 두렵게 한다는 점에서 문제가 많습니다.

이와 관련해서 실패할 권리를 완벽하게 존중하는 좋은 예가 있습니다. 선禪의 수행입니다. 선의 수행은 기간 중 전원이 실패하는 구조로 짜여 있습니다. 예를 들어 밥을 지어본 적 없는 사람에게 갑자기 장작을 사용해 내일부터 밥을 지으라며 쌀 다섯 되(약 8킬로그램)를 줍니다. 하지만 그렇게 밥을 지어본 사람은 어디에도 없습니다. 그래서 처음에는 반드시 실패하고 꾸중을 듣게 됩니다.

밥 짓기뿐만 아니라 지도와 가르침 없이 어느 날 갑자기 수행을 하라는 지시를 받으면 실패할 수밖에 없습니다. '전원이 실패하고, 시행착오를 겪는다.' 그렇게 설계된 수행에 대해 선종의 승려 마쓰야마 다이고松山大耕는 다음과 같이 말했습니다.

이것은 (정답을) 알려주면 맹목적으로 그것만 하게 되기 때문입니다. 시행착오를 겪지 않게 되죠. 무조건 실패하게 만들면, 거꾸로 말해 시행착오를 겪게 하면 제아무리 감각이 없는 사람이라도 성공할 수 있습니다. 모두 실패하게 해, 모두 성공하게 합니다. 그래서 선은 천 년을 이어오고 있는 거죠.

규칙이 아니라 '시행착오를 통해 실패에서 배우는 환경'을 만들어야 합니다. 이는 실제로 천 년 전부터 증명되었습니다. 앞으로 저도 이런 장소를 많이 만들려 합니다.

우리는 실패하고 싶지 않아 곧바로 정답을 요구한다.
'정답'을 구하는 공부만 해왔기 때문이다.

우리는 사물에는 정답이 있고,
그것을 답하면 우수하다고 여겨왔다.
하지만 복잡한 세상에서 딱 이것이다, 라고
할 수 있는 정답은 없다. 있을 리가 없다.

중요한 건 실패를
'피해야 할 곤란한 것'이라고 생각하지 말고,
'성공하는 데 가장 중요한 배움의 과정'이라고
여기는 것이다.

더욱 진화시켜 실패를 즐기고 사랑하는 경지에
도달해야 인생이 더욱 윤택해진다.

짧은 시간 안에 그렇게 되기는 어렵겠지만
'실패란 무엇인가?'라는 물음을
진지하게 생각해 볼 가치가 있다.

여러《모험의 서》를 만나면서 처음보다 훨씬 더 스스로 생각해 볼 수 있게 되었습니다. 이쯤에서 다시 한번 첫 번째 물음으로 돌아가 보겠습니다.

Q. 왜 학교 공부는 재미없을까?

우선 근대 학교 교육의 뿌리는 17세기 코메니우스에 있다는 사실을 알았습니다. 30년 전쟁으로 가족을 잃은 코메니우스는 '이 세상에서 전쟁을 없애기 위해서는 청소년을 올바르게 교육하는 것 말고는 방법이 없다'고 주장했는데, 그 배경에는 '본래 이기적인 인간을 내버려 두면 자신의 이익을 위해 끊임없이 싸운다'는 홉스의 세계관이 있었습니다. 이 강박관념이 지금까지 이어 내려왔고, 특히 부모의 두려움과 불안을 해소하기 위해 교육 서비스가 생기면서 대다수의 부모는 '아이들을 어느 학교와 학원에 보낼까?'만 생각하는 교육 서비스의 소비자가 되었습니다.

또한 학교에서 배움이 수동적인 형태가 된 이유 중 하나가 근대 관리 시스템 방식에 있다는 사실도 알게 되었습니다. 푸코는 현재 학교 시스템의 기원이 가장 강력하면서 운용 효율이 뛰어난 감옥 '파놉티콘'에 있으며, '학교는 사람들을 스스로 복종하게 만들었다'고 지적했습니다. 또한 랭커스터와 와일더스핀이 발명한 학급과 학년 시스템은 당시의 최신 사고방식이었던 공장의 분업 시스템을 교육에 응용한 것입니다. 학교가 이렇게 설계되면서 학교 공부가 재미없어졌습니다.

'아이들을 빈곤에서 해방시키기 위해서는 가능한 한 많은 아이에게 교육의 기회를 주어야 한다'는 신념을 토대로 학교 시스템을 더욱 발달시킨 결과 애초에 '무엇을 위해 공부하는가?'라는 목적은 완전히 잃어버리게 되었습니다. 일단 시험에 합격한 다음 좋은 학교에 들어가기 위해 공부한다는 '수단의 목적화'가 진행되면서 학교는 자유로운 배움의 기회를 빼앗겼습니다. 이것이 학교 공부가 재미없어진 가장 큰 이유입니다.

또한 '빨리 습득하는 사람이 훌륭하다'는 풍조로 인해 효율적으로 지식을 쌓는 교육법과 시스템이 발달하면서 '기초'라는 개념이 발달했습니다. 기초가 중요하다는 사람들의 믿음이 배움을 틀에 가두었고, 재미없게 만들었습니다.

배움은 더욱 자유로워야 하고 즐거워야 합니다.

이를 위해서는 '사람에게 실패할 권리가 있다'라는 생각을 가지고 불필요한 규칙을 만들지 않으며 실패에서 배우는 환경을 디자인하는 것이 중요합니다.

제2장

비밀을 파헤치자

왜 학교에 가지?

애초에 아이들은 왜 학교에 갈까?

이 질문으로 시작하는 이유는
결정적으로 심각한 문제가 학교에 있기 때문이다.

이를 탐구하던 중,
학교의 비밀 일부를 알려준 사람을 만났다.
그 비밀에 대한 내용과 생각을 여기에 적었다.

위대한 탈출

일본에서는 학교 내 '따돌림'과 '등교 거부'가 계속해서 증가하는 추세입니다. 더욱이 이 수치는 매년 과거 최대치를 갱신하고 있습니다. 전체 학생 수가 감소하고 있음에도 불구하고 말이죠. 또한 초등학교 4학년부터 중학교 3학년까지 6년 사이에 따돌림을 당한 경험이 있는 학생이 90퍼센트에 달합니다.

'90퍼센트'라면 학생 대부분이잖아. 너무 무서워.

대부분의 아이가 따돌림을 당했던 경험이 있는 교실. 제가 그중에 한 사람이라고 상상해 보았습니다. 따돌림의 대상이 차례차례 바뀌고 머지않아 나에게도 그 차례가 돌아온다. 다음은 나겠지 싶은 두려움에 학교에 가고 싶지 않습니다. 사회 전체를 놓고 봤을 때 이렇게 무서운 곳이 또 있을까 하는 생각이 들기도 합니다.

한 연구자에 따르면 '다른 아이가 따돌림을 당하는 모습을 보고 괴로웠다', '친구를 도와주지 못해 죄책감이 들었다' 등의 이유를 대며 학교에 가지 않는 아이도 적지 않다고 합니다.

가고 싶지 않은데 억지로 가고, 같은 교실에 있는 친구들과 성향이 맞지 않아도 결코 벗어날 수 없는 곳에 떠밀려 가야 한다면 당연히 스트레스를 받게 됩니다.

만약 아이가 학교에 가고 싶지 않다고 강하게 거부하면 교사와 부모는 "네 마음은 충분히 이해해, 하지만 학교에 가지 않아서 나중에 후회할 사람은 바로 너야!"라며 어르고 달래다 결국은 혼을 내니 아이는 결코 그 상황에서 벗어날 수 없습니다. 스트레스가 더욱 심해질 뿐이죠.

❓

애초에 사람은 왜 다른 사람을 따돌릴까…….

열등감에서, 스트레스의 배출구로, 억눌린 마음의 균형을 지키기 위해, 자신이 따돌림을 당할지 모른다는 공포심에서, 자신이 따돌림을 당한 분풀이로 등 따돌리는 이유는 다양합니다.

학교에서 따돌림이 발생하는 근본적인 원인은 학교가 삶

이나 인생의 깊은 부분은 공유하지 않은 채 장시간 같은 곳에서 함께 머물러야만 하는 장소이기 때문일 것입니다.

학교에서는 '학생 스스로 각자의 학력을 높이고, 미래를 준비하는 것이 가장 중요하다'고 합니다. 하지만 아이들은 개별지도는커녕 집단으로 묶여 수업을 받습니다. 모두 사이좋게 함께하자고 하지만, 평생을 사이좋게 지낼 친구와 고락을 함께하는 체험은 거의 이루어지지 않습니다.

즉, 학교는 기본적으로 '진짜 동료와 함께 사는 방법'을 알려주지 않습니다. 가벼운 관계성만 존재하는 폐쇄적인 환경에 갇혀 있으니, 어떤 일이 발생했을 때 바로 범인 찾기에 돌입하는 등 같은 반 친구를 '가해자'와 '피해자'로 나누는 것도 어찌 보면 어쩔 수 없는 일일지 모릅니다. 그렇게 누군가를 희생양으로 만들어 웃고 놀리면서 '피해 감정'을 공유하고 결속하는 '일대다의 따돌림 구조'가 만들어지게 됩니다.

한편 등교 거부의 이유에는 '금방 화를 내는 아이들이 늘어나서', '참을성 없는 아이들이 증가해서'라는 의견도 있습니다.

확실히 '요즘 아이들은 금방 화를 내'라는 의견을 미디어에서 종종 접하는데, 사실일까. 어떤 근거로 그렇게 말했을까.

답을 얻기 위해 여러 방면으로 찾아보았지만, 좀처럼 발견하지 못해 줄곧 마음이 심란하던 차에 일본의 발달심리학자 하마다 스미오浜田寿美男 선생이 남긴 말을 발견하곤 저도 모르게 무릎을 탁 쳤습니다.

제가 어린이였던 50년 전과 지금을 비교하면 아이를 둘러싸고 있는 사회 상황이 크게 다릅니다. 아이들이 자신의 힘으로 어른을 도울 기회는 점점 줄어들었죠, 아니 오히려 빼앗겼다고 해도 과언이 아닐 정도입니다. 이상한 범죄가 일어날 때마다 아이들이 질적으로 바뀌었다는 말들이 난무하지만, 고작 50년 만에 아이들에게 생물적 변화가 일어났다고 하기는 어렵습니다. 달라진 건 아이들을 둘러싼 사회 상황이며, 그것이 아이들이 안고 있는 삶의 어려움과도 관련되어 있습니다.

이 말에 대해 생각하며 뉴스 사이트를 보던 중 한 기사가 눈에 들어왔습니다. 등교를 거부한 한 초등학생이 인터넷 영상을 통해 "인터넷으로 무엇이든 배울 수 있는데 일부러 학교까지 가서 공부할 필요는 없지. 그래서 나는 중학교에도 가지 않을 거야"라고 한 발언을 보고 '학교 교육이 우습냐?', '집에서만 공부하면 사회성을 기를 수 없어, 그래도 괜찮겠

냐?'라는 댓글이 수없이 달리며 논란이 되고 있다는 기사였습니다. 실제로 댓글을 보니 엄청난 수의 비판 글이 달려 있었습니다.

인터넷에는 무료이면서 훌륭한 교재가 차고 넘치긴 해, 지식만 얻는다면 학교에 가지 않아도 괜찮을 거야. 물론 학교에는 그것 말고도 다른 역할이 있지만…….

이 논란을 보고 마음이 무척 심란해졌습니다. 초등학생 한 명에게 몇천 명의 사람이 너 나 할 것 없이 모두 악플을 다는 것도 이상했지만, 이 아이의 의견이 이토록 비난받아야 하는 이유 자체를 알 수 없었기 때문입니다.

석연치 않은 마음으로 책상에 발을 올려놓고 멍하니 있던 그 순간이었습니다. 느긋한 말투의 익숙한 목소리가 방 안에 울려 퍼졌습니다. 이반 일리치였습니다.

"학교는 배움을 '교육'이라고 정의하며, 학교 밖에서 배운 사람에게는 '무교육'의 딱지를 붙였어요."

그렇구나! 제가 마음이 불편했던 이유는 초등학생의 의견을 비난하는 댓글에 '학교에서 배우는 것이 정통이고 그 외 다른 것은 인정할 수 없어'라는, 일리치의 '학교의 독점적인 성질'이 확연하게 드러났기 때문이었습니다.

이 점을 깨달은 저는 그때까지 어렴풋이 알던 일리치의 생각을 알아보기 위해 《학교 없는 사회Deschooling Society》(1970)를 꺼내 들었습니다. 빛 속을 빠져나오는 느낌 뒤에 정신을 차려보니 강당에서 교단에 서 있는 그를 학생들과 함께 보고 있었습니다.

"배움은 본래 자신이 하고 싶은 대로 할 수 있는 자유로운 활동이지만, 학교는 배움을 '가르침'을 받는 활동으로 바꾸었어요. 그리고 사람들에게 제대로 공부하기 위해서는 잘 구축된 교육제도와 전문가가 필요하다고 인식시켰죠."

새하얀 셔츠에 폭이 넓은 검은 넥타이를 맨 모습이 일리치의 가느다란 몸매를 두드러지게 했지만, 몸과는 달리 그의 말에는 강한 힘과 명료함이 넘쳤습니다.

"예를 들어 건강을 유지하려면 대형병원이 필요하다고 흔히 말하듯, 학교는 대형 시스템이 필요하다는 사고방식의 기초가 된 거죠. 그래서 모든 '가짜 공공서비스' 중에서도 학교가 가장 위험합니다."

일리치는 학교를 좋게 봐줄 생각이 없어 보였습니다. 확실히 가르치는 사람이 열심히 하면 할수록 배우는 사람은 더더욱 수동적이 될 수밖에 없습니다. 그래서 교육 전문가인 교사에게 배우지 않으면 안 된다는 인식이 점차 커지게 된 거지요. 정말로 학교에 그런 측면이 있을지도 모르겠다는 생각이 들어, 아직 강의 중이었지만 저는 그 자리에서 빠져나왔습니다.

학교'에서만' 배울 수 있는 건 아닙니다. 그런데도 많은 사람이 학교에서만 배울 수 있다고 믿는 것에 두려움이 생겼습니다. 그렇다면 학교 교육이 중요하다고 말하는 사람들은 학교 밖에서 스스로 배운 적이 없다는 뜻일까요?

지금 이렇게 생각을 거듭하고 있는 동안에도 많은 아이가 괴로움에 몸부림치고 있습니다. 따돌림이 두려워 등교 거부를 한 자신을 원망하고, '나 따위는 살 가치도 없다'고 끊임없이 몰아세우고 있지요.

제 생각에 아이들이 이렇게까지 내몰린 가장 큰 원인은 '등교 거부'라는 표현 자체에 있습니다. 등교 거부 아동이란 '학교에 가지 않는 아이'를 의미하는데, 이 말 속에는 '학교에 다니는 것이 당연한 의무다'라는 전제가 깔려 있습니다. 사회는 학교에 가지 않는 아이를 등교 거부 아동이라고 부르며, 불량하거나 무리에서 소외된 아이로 취급합니다.

등교 거부라는 말이 사라지지 않는 한 이 문제를 근본적으로 해결할 수 없습니다. 아이들을 괴롭히지 않기 위해서는 어떻게 해서든 학교에 보내야 한다는 생각을 멈추고, 아이들을 계속 학교에 보내는 부모, 그리고 그것을 용인하고 있는 우리 어른들이 실제 행동으로 옮겨 등교 거부라는 말 자체를 없애야 합니다.

눈앞에 등교 거부를 하는 아이가 있다면 저는 아이의 용기
와 행동을 이렇게 칭찬할 것입니다.

"오! 네 의지로 학교에서 탈출했구나! 엄청난 결심을 했는
걸! 훌륭한 도전이야."

그리고 일단 놀자고 꼬드기고, 같이 놀면서 조금씩 설레는
일들을 이야기해 줄 겁니다. 애초에 무언가를 새로 알아가는
일은 굉장히 즐겁고 마음이 설레는 일이라는 걸 알려줄 것입
니다.

학교에서 배우는 것이 정통이고,
그 외 다른 것은 인정하지 않는 사람들은
무조건 학교에 가야 한다고 몰아세운다.

배움은 본래 개인의 자유로운 활동인데,
학교는 배움을 수동적으로 '배우는' 활동으로 바꿨다.

이반 일리치는 이렇게 지적했다.

그렇다면 왜 학교 공부는 재미없어진 걸까?
무엇이 이렇게 공부를 재미없게 만든 걸까?

대충 알 듯도 하지만 확실한 진짜 원인은 무엇일까?
이렇게 물으면 좀처럼 대답하기 어렵다.
그래서 나는 진실을 찾는 새로운 여행을 떠나기로 했다.

세 가지로 나뉜 비극

우리는 모두 노는 걸 좋아합니다. 놀다 보니 자연스럽게 공부가 되는 경험을 누구나 해본 적이 있을 텐데요. 예를 들어 저도 여섯 살 즈음에는 주변 사람들에게 '곤충 박사'라고 불릴 만큼 곤충의 종류와 생태에 대해 잘 알고 있었습니다. 곤충이 좋아 푹 빠져 있었을 뿐인데 어느새 주변 사람들이 놀랄 정도로 곤충에 대해선 뭐든지 알고 있었던 거죠. 지금 생각해 보면 그냥 놀았을 뿐인데 결과적으로 즐겁게 공부가 되었던 것입니다.

즉, 원래 놀이와 배움에는 경계가 없었는데 근대 이후 전혀 다른 부류로 나뉘고 말았습니다. 그것이 '배움'을 재미없게 만들었다는 생각이 들었습니다. 반대로 말하면 '놀이'가 가진 무한한 가능성을 꺾은 거지요.

'일'도 마찬가지입니다. 원래 '놀이'와 '배움'과 '일'은 하나였는데, 그것들이 전혀 다른 것으로 나뉘면서 모두 재미가 없어졌습니다.

왜 나누려는 생각이 널리 퍼졌을까…….

궁금해진 저는 그 이유를 찾기 시작했습니다. 그리고 일본의 인지과학자이자 교육학자인 사에키 유타카佐伯胖의 책을 만났습니다. 사에키는 《인지과학 혁명「わかり方」の探究》(2004)에서 "배움이 재미없어진 배경에는 놀지 못하게 삼중으로 둘러싼 구조가 있다"라고 지적했습니다.

첫 번째는 사회에서 '놀이'와 '일'을 구별해서입니다. 사회의 공업화가 진행되자 사람들이 노동자로 고용되고, 손님과 거래처로부터 돈을 받기 위해 열심히 움직이는 것만이 일이라고 생각하게 되었습니다. 그 결과 다들 먹고살기에 급급해 놀 여력조차 없어진 것입니다.

두 번째는 학교에서 '놀이'와 '배움'을 구별해서입니다. 약 100년 전부터 학교는 전문교육 시설로 발달했으며, 그 목적은 아이들의 공부에 있습니다. 그런데 지루한 공부만 하다 보면 금세 지치기 마련입니다. 그래서 중간에 쉬는 시간을 넣고, 쉬는 시간만큼은 놀아도 된다는 규칙이 만들어지게 되었지요.

사에키 유타카는 이렇게 말했습니다.

이는 쉬는 시간에는 놀아도 된다는 규칙에서 비롯되었다. 이후 배울(공부할) 때는 놀지 않고, 놀 때는 공부에서 해방되듯 놀이와 배움이 두 가지로 나뉘었다.

미술이나 음악, 체육 수업 시간은 순식간에 지나가고 너무 재미있고 계속하고 싶은 생각이 드는데도 야속하게 수업 끝을 알리는 종이 울렸던 경험이 누구에게나 있을 것입니다.

하고 싶은 걸 할 때는 보통 스스로도 믿을 수 없을 정도로 집중이 잘 됩니다. 이러한 인간의 특별한 심리 상태를 미국의 심리학자 미하이 칙센트미하이 박사가 발견했고, 《몰입》(1990)에서 그것을 '몰입Flow'이라고 이름 붙였습니다. 저도 미술 시간에 몰입하고 있을 때는 '아, 진짜! 계속 그리고 싶었는데!' 하는 생각이 드는데도 강제로 마무리해야 했던 적이 몇 번이나 있습니다.

그럴 때 저는 어린 마음에 '아, 미술 시간은 공부니까 내 마음대로 그리면 안 되는구나'라고 생각했습니다.

세 번째는 '자진해서 하는 놀이'와 '수동 놀이'의 구별입니다. 놀이가 일과 공부의 반대말이 되면서 어른은 일에, 아이는 공부에 지쳐 일과 공부에서 벗어나 놀게 되었습니다. 그리고 장난감, 게임, 영화, 음악, 만화, 애니메이션, 테마파크 등 피로를 해소하는 요구에 응답한 엔터테인먼트 기업이 탄생했습니다.

그 결과, 아이도 어른도 기업에게 '놀아줄 것'에 기대하며 돈을 내고, 만족하지 못하면 '손해를 봤다'고 느낍니다. 놀이는 이제 단순한 소비가 되었고 사람들은 놀이에 돈을 낼 가치가 있는지 확인하게 되었습니다.

사에키는 "놀이는 새로운 배움과 창조, 발견을 위한 본질적인 활동이었으나 이제는 '엔터테인먼트의 소비'가 되었다"라고 말했습니다.

어린아이들을 관찰해 보면 더욱 잘 알 수 있는데, 아이들의 세계에는 놀이와 배움의 구별이 없기 때문입니다. 놀면서 배우고, 배움은 놀이에서 비롯됩니다. 그러다 한 살 한 살 나이를 먹고 학년이 올라갈수록 배움과 놀이가 구별되며 놀이와 창작의 자유가 조금씩 줄어듭니다. 놀이는 어디까지나 시간 때우기일 뿐, 거기에서 무언가를 배우려고 하지 않게 됩니다.

더욱이 어른이 되면 배움은 지식과 기능을 높이는 직업 훈련으로 여겨져 마냥 놀고 있을 수만은 없게 됩니다.

한편 어른이지만 놀이와 배움과 일을 마음껏 즐기는 사람도 있습니다. 연구에 몰두하고 있는 과학자, 자유롭게 그림을 그리는 화가, 느낌대로 춤을 추거나 연주하는 뮤지션과 댄서, 새로운 메뉴를 개발하는 요리사, 재미있는 일화를 떠올리며 수다를 떠는 개그맨 등이 그런 사람입니다.

결과적으로 그들은 그렇게 해서 돈을 벌지만, 돈이 목적은 아닙니다. 단지 새로운 것을 창조하는 탐구가 재미있을 뿐입니다. '이건 뭘까?', '어떻게 하면 더욱 좋은 걸 만들 수 있을까?' 등 호기심으로 머릿속이 가득 차 있습니다. 그들의 지식과 기술은 결과적으로 더욱 높아졌지만, 본인들에게 지식은 목적이 아니라 즐거워서 계속하다 보니 생긴 '덤'에 불과합니다.

이런 사실을 알게 된 저는 이렇게 생각했습니다.

왜 아이들은 저 사람들처럼 무언가에 몰두한 채로 어른이 될 수 없을까? 왜 재미없는 방식으로 '학력'을 높여야 할까? 무언가 잘못된 게 확실해.

놀이와 배움과 일을 구별하게 되면서 모두 재미없어졌다는 사실을 알게 되었습니다. 그렇다면 왜 이 세 가지를 구별하게 되었을까요? 거기에는 더욱 심오한 배경과 이유가 있어 보였습니다.

하나의 수수께끼를 푼 줄 알았는데, 거기에서 다시 새로운 질문이 생기고 수수께끼의 난도가 더욱 높아졌습니다. 보통의 방법으로는 어렵겠다 싶어 저는 다시 한번 이 연구가 짧은 여행으로 끝나지 않을 것을 직감하고 소름이 돋았습니다. 하지만 이대로 멈출 순 없었습니다. 저는 이 수수께끼에 숨은 진짜 이유를 더욱 깊이 알아보기로 했습니다.

'배움'에서 '놀이'가 없어지면서 재미없는 '공부'가 되었다.
'일'도 '놀이'와 나뉘면서 재미없는 '일'이 되었다.
사에키가 지적한 이 사실은 내 눈을 뜨게 해주었다.

게다가 나눔으로써 재미없어진 것은 그뿐만이 아니었다.

그 외에도 다양한 것이 나뉘면서 인간의 삶이
더욱 재미없어졌다고 지적한 사람을 만났다.

폭로된 비밀

'놀이'가 없어지면서 '공부'와 '일'이 재미없어졌습니다.

이 사실은 앞으로의 시대를 살아가는 방법을 고민하는 데 중요한 힌트가 되었습니다. 시간 가는 줄 모르고 무언가에 몰두해 있을 때 비로소 살아 있다고 느낀 경험은 누구나 해 봤을 텐데 거기에는 반드시 놀이가 있습니다. 놀이는 새로운 배움과 창조, 발견을 이끄는 중요한 활동입니다.

그런데도 사회에서는 "이건 일이야. 놀이가 아니라고!"라는 말을 자주 합니다. 좀 더 진지하게, 업무와 상관없는 일은 하지 말고, 좀 더 효율적으로 일하라는 말을 상사와 선배는 "회사에 놀러 오는 거 아니야"라는 말로 바꿔 이야기합니다. 그런데 놀이를 전부 배제하라는 말을 들으며 하는 일은 매우 재미없을뿐더러 창의적이지도 않습니다.

오히려 "이건 놀이야! 당연히 일보다 더 진지하게 해야지!"
라고 해야 하지 않을까?

동시에 '아이'를 '어른'과 구별하는 것도 큰 문제입니다. 아이들은 어린애 취급을 받으면서 예전보다 할 수 있는 일들이 상당히 제한되었습니다. 아이들은 예전엔 어땠는지 잘 모르겠지만, 본인들이 가지고 있는 힘을 충분히 발휘하지 못하는 안타까운 상황에 놓여 있습니다.

이런 상황을 의식하게 된 것은 프랑스의 역사학자 필리프 아리에스의 《아동의 탄생L'enfant et la Vie familiale sous l'Ancien Régime》(1960)이라는 책을 통해 노골적이고 충격적인 사실을 접하게 되면서입니다.

책에 심취해 있던 중, 갑자기 새하얀 섬광이 다시 저를 감싸 안았습니다. 다양한 광경이 플래시백 되듯 교차했습니다. 노트르담 대성당과 개선문 같은 역사적인 건축물, 하얀색의 석조 아파트, 유리로 된 근대식 건물. 소용돌이치는 광경에 현기증이 났습니다.

124

정신이 들었을 땐 크고 작은 책이 수북이 쌓여 있는 서재에 있었습니다. 책상 앞에 다리를 꼬고 생각에 잠긴 남자가 보였습니다. 그는 이따금 낡은 책을 손에 들고 커다란 은테 안경을 낀 채로 조판을 살폈습니다. 책과 씨름하는 듯한 그 모습은 언뜻 봐도 모르는 게 없는 사람 같았습니다.

저의 존재를 눈치챈 그는 안경을 고쳐 쓰며 이쪽을 지그시 바라보았습니다. 아리에스가 확실했습니다.

"나한테 무슨 볼일이라도 있나? 용건이 있다면 들어주겠네."

아이와 어른을 구별하게 된 경위를 알고 싶은 제 생각을 어떻게 읽었는지는 모르겠지만 그는 제가 질문을 하기도 전에 이야기를 하기 시작했습니다.

"우리는 아이를 어른과 구별하는 것도, 아이가 학교에서 교육을 받는 것도 당연한 일이라고 생각하지. 하지만 이것이 진리는 아니라네."

그렇게 말하곤 반대편에 펼쳐진 풍경을 가리켰습니다.

"이것이 중세의 유럽이야. 아직 '교육'이라는 말도 '아동기'라는 말도 없던 시대지. 아이는 7~8세가 되면 노동을 하고 기술을 배워 어른과 같은 취급을 받았다네. 술도 사랑도 자유롭게 할 수 있었지."

7~8세에 술과 연애라고? 저는 충격을 받았습니다.

"그 정도 나이가 되면 대화가 통하니 말이야. 의료가 발

필리프 아리에스 Philippe Ariès(1914-1984)

달하지 않았던 탓에 갓난아이 세 명 중 한 명은 죽을 정도로 사망률이 높았다네. 그래서 7세 이하의 아이는 동물과 같이 취급하며 인간의 머릿수에 넣지 않았지. 즉, 아이는 7~8세가 되었을 때에야 겨우 인간 대우를 받을 수 있었다네."

인간과 동물 사이에는 확실한 구별이 있지만, 일단 인간이라고 인정을 받으면 그때부터는 어른과 아이의 구별이 없었다는 말인가.

그러자 아리에스는 제 눈을 지그시 바라보며 이렇게 말했습니다.

"7~8세가 되면 당연하다는 듯 일터에 투입되고 몸을 써가며 일을 익혔지. 아이는 '어린 어른'으로 성인과 같은 공간에 있는 것이 당연했던 시대라네. 이걸 보시게."

그가 가리킨 곳의 풍경을 보자 어른과 아이가 뒤섞여 함께 장난을 치고 있는 모습이 보였습니다.

"이 시대에는 아이와 어른이 같은 공간에서 같은 일을 하는 동료라네, 둘을 구별해야 한다는 개념 자체가 없었지."

그랬구나……. 충격을 받아들일 새도 없이 다양한 풍경이 흘러나왔습니다. 가장 먼저 반소매와 반바지를 입은 아이들이 공부하고 있는 모습이었습니다.

"그런데 17세기에 접어들면서 아이는 '때 묻지 않은 순수한 존재'로 보호를 받게 되었지. 학교교육제도가 생기고 '기숙사'와 '교복'이 만들어졌어. 아이는 어른과 다른 존재로 사회에서 구분되었지."

그가 그렇게 말하자 또 다른 풍경이 펼쳐졌습니다.

"18세기가 되자 아이는 어른과 구별해야 할 뿐만 아니라 '특수한 존재'에 걸맞게 취급해야 한다고 생각하게 되었다네."

아리에스는 손에 쥔 책을 펼치고서 확인해 가며 설명했습니다.

"이러한 사고방식은 아이를 새로운 관점으로 보게 했어. 사람들은 아이는 미숙하지만 모든 가능성이 열려 있는 사랑

스러운 존재이므로 훌륭한 어른으로 키우기 위해 보살펴야
한다, 즉 교육이 필요하다고 생각하게 되었지."

아, 그렇게 된 거였구나. 저는 마침내 이해하게 되었습니
다. 이렇게 사랑받고, 보호받고, 교육받아야 할 '아이'가 탄
생한 거구나.

"그렇지. 나는 중세부터 19세기까지 아이를 향한 시선이
어떻게 변화했는지 철저히 조사했다네. 마침내 근대 이전에
는 '아이'가 존재하지 않았다, 즉 아이라는 개념은 '발명된
것'이다, 라는 결론에 도달했지."

벼락을 맞은 듯한 충격이 밀려왔습니다. 아이라는 개념은
발명된 것이고 그 전에는 존재하지 않았다?!

"아이가 발명되었다는 건 어른과 아이 사이에 선이 그어
졌다는 뜻이라네. 비슷한 분리선으로 일과 놀이 사이나 공과
사 사이에도 선이 그어져 있지. 구별이 인간의 삶을 어렵게
만들었어."

아리에스는 그렇게 말하고 다시 섬광 속으로 사라졌습니
다. 정신을 차렸을 때 저는 제 책상 앞에 앉아 있었습니다.

아리에스의 여러 가지 발언은 제 상식과 거리가 너무 먼
데다 날카롭기까지 해서 한동안 멍하니 앉아 있을 수밖에 없
었습니다.

저는 그때까지 구별이란 좋은 것이라고 생각했습니다. 확
실하게 구별하고 특정해야 각각에 걸맞은 대응을 할 수 있다

고 여겼기 때문입니다. 하지만 아리에스의 '여러 가지를 명확하게 분리하면서 오히려 힘들어졌다'라는 지적에 압도당했습니다.

저는 가만히 눈을 감고 감탄을 담아 깊은 한숨을 내쉬었습니다.

참고로 과거의 일본도 아이를 보는 관점이 현대와 크게 달랐습니다. 일본의 근세사학자 시바타 준柴田純의 《일본유아사日本幼兒史》(2013)에 따르면 고대부터 에도시대 중기에 이르기까지 사람들은 아이를 보호하거나 교육하는 데 전혀 관심이 없었다고 합니다. 길가에 아이가 버려져 울고 있어도 특별히 신경 쓰는 사람이 없었고 사람들의 무관심 속에서 많은 아이가 죽었다고요.

하지만 근대에 들어 아이의 교육과 복지에 관심이 높아지면서 상황은 크게 달라졌습니다. 7세 미만의 아이는 '신'이며 신성하게 여겨야 한다는 '일곱 전까지는 신의 영역七つ前は神のうち'이라는 말이 정착되었습니다. 일본인의 아이에 대한 특별한 애정도 비교적 최근에 생겨난 것이죠.

어쨌든 아이와 어른을 구별하고, 놀이와 배움과 일을 구별해 법률 등의 제도로 고정하면서 우리 사회가 메말라 갔습니다. 이 사실을 꼭 알아야 합니다.

예전부터 '어린 어른'이었던 '아이'는 특수한 존재로서
'어른'과 구별되었고, 그로 인해 사람들의 삶과
사회는 메말라 갔다.

아리에스가 알려준 그 충격적인 사실이
내 머릿속에서 떠나지 않는다.

왜 그렇게 '어린애 취급'을 하게 되었을까?
애초에 '어린애 취급'이란 무엇일까?
궁금해진 나는 더욱 깊이 알아보기로 했다.

타불라 라사

'아이'가 만들어지고 어른과 구별되었다.

충격적인 사실을 알게 되었지만, 거기에서 제 의문은 끝나지 않았습니다.

그런데 왜 당시의 사람들은 아이를 어른과 구별해야 한다고 생각했을까?

아이와 어른을 구별하게 된 이유를 조금은 알 것 같은 기분이 들었습니다. '어린 어른'으로 어른들과 뒤섞여 현장에서 일하던 당시의 아이들은 어른보다 체구가 작고 다치거나 질병에 걸리기 쉬워 죽는 경우도 많았습니다. 그래서 '아이는 아이에게 맞는 대우가 필요하다'고 생각하게 된 것이죠. 자연스러운 발상입니다.

하지만 아이를 단순히 어른과 구별하는 데 그치지 않고 그 이상의 특수함을 발견해 '특별한 보살핌'으로 교육해야 한다고 생각하게 된 계기는 무엇일까 의문이 들었습니다.

여러 방면으로 찾던 중 그 뿌리에 근대교육의 기초를 만들었다고 전해지는 영국의 철학자 존 로크의 사상이 있다는 사실에 도달했습니다. 철학자이자 의사라는 특별한 경력을 가진 그는 '마른 몸집에 항상 병들어 보였고, 그다지 눈에 띄지 않던 인물'이라고 알려졌지만 사상만큼은 무척 컸습니다. 특히 그의 교육론은 사람들의 인식과 세상의 구조를 크게 바꾸었습니다.

로크의 사상에 관심이 생긴 저는 구체적으로 어떤 내용이 있는지 알기 위해 그가 남긴 책과 그의 사상에 대한 평론을 읽었습니다.

불가사의한 일이 벌어진 것은 《교육에 관한 고찰Some Thoughts Concerning Education》(1693)을 손에 집어 들었을 때였습니다. 어딘가 모르게 신경질적일 것 같으면서도 의연한 목소리가 들렸습니다.

"원래 교육은 학습과 다릅니다."

그 목소리에 깜짝 놀란 순간 새하얀 빛이 사방을 뒤덮었습니다. 정신을 차리자 등 뒤에 흰머리를 어깨까지 기른 체구가 작은 남자가 서 있었습니다. 제가 상상했던 모습과 살짝 달랐지만 로크가 분명했습니다. 그의 등 너머로 한창 짓고 있는 세인트폴 대성당이 보였습니다.

'그건 그렇고 교육과 학습이 다르다니 무슨 말이지?' 의문을 가진 제가 질문을 할 새도 없이 그가 이야기를 시작했습니다.

"아이들에게 학습시키기 전에 만들어줘야 할 것은 무엇일까요? 바로 습관입니다. 흥미와 호기심을 자극해 학습으로 이어가는 자세와 좋은 습관을 들이게 하는 것이 중요합니다. 두 번 다시 떠올리지 않을 내용을 아이들 머리에 욱여넣어 봤자 무슨 의미가 있을까요?"

학습하는 습관이야말로 교육……

"이것이 진정한 교육입니다. 지금의 교육은 부모가 아이를 과잉보호할 뿐 습관을 만들어주지 않습니다. 학교는 배움의 의미를 알 수 없는 지식만 가르치고, 교사는 일방적으로 아이에게 공부를 강요합니다."

뭐야, 요즘 시대와 똑같잖아? 깜짝 놀란 저를 보며 그는 천천히 타이르듯 말을 이어갔습니다.

"스스로 학습하는 습관을 익히면 지식은 자연히 따라옵니다. 즉, 교육만 제대로 하면 아이들은 스스로 공부합니다. 교사의 일방적인 수업을 듣고 성적이 오르지 않는다고 해서 초조하게 지식을 채워 넣는 일은 바람직하지 않습니다."

'습관이 사람을 만든다'는 말을 사람들이 자주 하는데, 그 원조가 로크였구나 싶었습니다.

그때 아담한 마차가 우리 옆을 지나갔습니다. 깔끔한 차림

존 로크 John Locke(1632-1704)

으로 활기차게 거리를 오가는 젊은이들의 모습도 보였습니다. 시끌벅적한 소란이 제 귀에 와닿았습니다.

"신사gentlemen입니다. 지금은 저 청년들이 시대의 주역입니다. 앞으로는 저들처럼 사회에서 활약하는 인간을 양성하기 위한 새로운 교육이 필요합니다. 지금처럼 왕과 귀족의 자녀들만 받는 교육은 아무런 도움이 되지 않습니다."

그렇구나, 그래서 '교육을 업데이트해야 한다'는 그의 주장이 많은 사람의 지지를 받았던 거구나 싶었습니다. 이건 나중에 알게 된 내용이지만 로크는 이 주장으로 인해 '근대 교육의 원형을 만든 위대한 교육 크리에이터'라고 불리게 되었습니다.

이때 로크가 천천히 책 한 권을 펼쳤습니다. 《인간지성론》(1689)이라는 책입니다. 그리고 이렇게 물었습니다.

"당신은 타불라 라사Tabula rasa에 대해 알고 있습니까?"

타불라 라사? 뭐지? 당시의 음식 이름인가?

"라틴어로 '깨끗한 석판'이라는 뜻입니다. 인간은 백지상태로 태어나 이후에 다양한 경험을 쌓아가는 존재입니다. 즉, 인간은 깨끗한 석판=타불라 라사입니다."

인간이 태어났을 때는 백지와 같은 존재?!

"마음은 깨끗한 타불라 라사이며, 거기에는 조금의 관념도 없다고 상정해 보세요. 마음은 어떻게 관념을 갖추나요? 이런 질문을 받으면 저는 딱 잘라 '경험에서' 온다고 대답합니다. 우리의 지식은 모두 경험에서 나옵니다."

그렇구나, 어떻게 그런 발상을 떠올렸을까!

감탄의 숨을 내뱉은 순간 제 책상에 돌아와 있었습니다. 살포시 책을 덮고 여러 가지 생각을 떠올리는 데 집중했습니다.

만약 인간의 마음이 타불라 라사라면 거기에 적힌 내용은 다양할 것입니다. 아름다운 내용이 적혀 있으면 좋겠지만,

그렇지 않은 경우도 있습니다. 로크의 이런 발상에 영향을 받은 사람들이 '새하얀 캔버스와 같은 인간의 마음에 아름다운 것을 그려야지'라고 생각한 것도 어찌 보면 자연스러운 일입니다.

제 주변만 둘러봐도 여전히 수많은 부모가 이렇게 생각하고 있다는 것을 알 수 있습니다. 아이가 태어나기 전에는 '아이를 건강하게만 키우고 싶다'고 하던 여성들도 엄마가 되면 갑자기 극성엄마로 변합니다. '이 아이의 새하얀 캔버스를 아름다운 것으로 가득 채우는 것이 부모로서의 책임'이라는 심리가 작용하기 때문입니다.

그 책임감과 다양한 경험을 쌓아 아름다운 색으로 칠해주고 싶은 마음에서 아이를 학원과 사교육에 몰아넣는 부모도 많습니다. 어른이 되어도 사용하지 않을 지식을 억지로 아이에게 가르치는 일은 사실 로크의 생각과 정반대됩니다.

'타불라 라사'라는 개념이야말로 아이를 특별하게 다루는 계기가 되었다는 점, 그리고 타불라 라사라는 개념이 더욱 나아간 결과가 부모와 아이를 모두 고통받게 했다는 점은 틀림없습니다.

무슨 뜻인지는 몰라도 우리의 상식에 깊이 새겨져 있는,
지금도 커다란 영향을 주고 있는 '타불라 라사'.

로크가 만든 이 발상은
'어린 시절을 어떻게 보내야 하는가?'라는
새로운 질문을 만들었다.

거기에서 한발 더 나아가, 사람들이
아이의 특수함에 주목하게 만드는 데
강렬한 결정타를 날린 인물을 만났다.

'아이의 발견자'라고도 불리는 사람이었다.

아이는 아이?

민주주의가 무엇인지 설명한 《사회계약론》(1762)을 발표하며 '민주주의의 아버지'라 불리게 된 장 자크 루소.

철학자이자 소설가, 사상가이자 음악가인 루소는 베스트셀러 작가로 대접받았는가 하면 위험한 사상가로 세간의 비난을 받기도 한 인물이었습니다. 그의 관심은 과학과 식물학에까지 뻗쳤는데, 도저히 한 인물이라고는 생각하지 못할 다재다능함에 깜짝 놀랄 정도였죠.

그런 그의 유년 시절은 비극이었습니다. 스위스 제네바에서 시계공의 아들로 태어났으나 선천적으로 병약한 체질이었고 생후 9일 만에 어머니가 세상을 떠났죠. 이후 열 살밖에 안 되었을 때 아버지가 실종되고 더부살이하던 형도 행방불명이 되면서 고아가 된 그는 교회에 맡겨졌습니다. 하지만 교회 생활에 쉽게 적응하지 못해 목사의 딸에게 맞기도 하고 다른 어른들로부터 학대를 당하기도 했습니다.

그로 인해 루소는 삐뚤어지기 시작했고 거짓말과 도둑질 등 나쁜 행동을 반복하게 되었지만, 그 와중에도 아버지에게 배운 독서만큼은 손에서 놓지 않았습니다. 그러다가 루소는 15세에 유랑 여행을 떠나 남프랑스의 한 남작 부인에게로 도피해 정착하게 됩니다.

자신을 구해준 남작 부인에게 은혜를 갚고 싶었던 루소는 파리에서 성공하기로 다짐합니다. 음악가로 시작했지만 이렇다 할 평가를 받지 못해 궁핍한 생활을 이어가던 그는 현상논문에 입선하면서 평가가 완전히 바뀌어 '사상의 거인'으로 이름을 떨치게 됩니다.

그런 루소가 교육에 관한 생각을 담아 쓴 《에밀》(1762)은 교육론을 소설 형태로 쓴 글로 '에밀'이라는 소년이 태어나 결혼할 때까지 현명한 가정교사의 가르침 아래 어떻게 성장해 가는지 보여주는 이야기입니다. 책에서 루소는 자신이 생각하는 이상적인 인간상을 에밀에 투영해 이야기합니다.

루소가 생각하는 교육의 가장 큰 특징은 '모든 사람에게 공통으로 시행해야 할 교육은 무엇인가?'라는 물음에 있습니다. 당시의 '교육'은 왕과 귀족의 자녀만 받을 수 있고 일반 서민은 받을 수 없었습니다. 특정 신분이나 직업이 아니라 모든 사람에게 필요한 교육이란 무엇인가를 탐구했다는 점에서 매우 획기적인 시도였습니다.

부와 명예, 권력 등의 평가에 좌우되지 않고 함께 만들어가는 사회의 일원에 걸맞은 정신을 지닌 인간을 키우는 교육. 이것이야말로 진정한 교육이라고 루소는 설파했습니다.

왕과 귀족이 절대적 권력을 쥐고 있던 시대에 이런 선진적인 생각이라니. 역시 '민주주의의 아버지'라 불릴 만한 인물이야.

《에밀》을 읽으며 감탄하고 있는데, 다시 한번 눈부신 빛에 휩싸였습니다.

차츰 의식이 멀어지면서 깜빡 잠이 들었던 모양입니다. 다시 눈을 떴을 때 저는 어스름한 방 안에서 창가 쪽 흔들의자에 앉아 있었습니다.

아담하지만 큰 격자창이 달린 고풍스러운 방이었습니다. 눈앞에는 한 남성이 저와 같은 흔들의자에 앉아 있었습니다. 소년처럼 호기심 가득한 눈동자, 웃는 것을 천하게 여기던 당시에 보기 힘든 상냥한 미소가 인상적이었습니다.

인터넷에서 본 적 있는 얼굴로 루소가 확실했습니다. 밖에서 들리는 왁자지껄한 소리에 창문 밖 아래를 내려다보니 떠들썩한 거리가 펼쳐져 있었습니다. 분위기 있는 석조거리와 대조적으로 수많은 굴뚝에서 피어오르는 연기, 한눈에 보기에도 악취로 가득 차 보이는 골목. 오가는 마차 바퀴의 삐걱거리는 소리와 겹쳐지는 말 울음소리. 그리고 북새통에 휩쓸리는 거지들의 비명.

신기하게 쳐다보고 있던 저에게 그가 말하기 시작했습니다.

장 자크 루소 Jean Jacques Rousseau(1712-1778)

"18세기인 지금 이 시대, 인간의 문명은 지금껏 보지 못했던 발전을 이뤘지. 하지만 결국 그것이 인간을 비뚤어지게 하고 타락시켰어."

루소는 제 옆에 서서 한숨을 쉬고 창밖을 내려다보며 말했습니다.

"원래 인간은 순수한 정신의 소유자였다네. 하지만 토지를 갈고, 가축을 키우고, 농사를 지으며 문명을 만들어가던 중 국가가 개인이 토지나 돈을 소유해도 된다고 인정하기 시작하자 불평등이 생겼지. 그 구슬픈 말로가 지금 자네가 보고 있는 광경이라네."

루소는 이야기를 이어갔습니다.

"사회에 불평등이 확산되자 강자와 약자의 대립이 강해졌고, 인간이 본래 갖고 있던 장점을 잃게 되면서 주변의 눈을 경계하며 사는 '사회의 노예'가 되어버렸어. 지금 '교육'이라 불리는 것은 항상 남을 생각하는 것처럼 보이지만 실제로는 자신만 생각하는 이기적인 인간을 만들었을 뿐이야."

'이건 내가 사는 21세기도 마찬가지 아닌가.' 루소의 발언에 저도 골똘히 생각에 잠겼습니다.

"하여튼 세상은 이상한 일 천지라네. 이런 사회에 아이를 던져놓으면 틀림없이 비뚤어진 인간이 되어버릴 거야. 그래서 어느 정도 나이가 찰 때까지는 사회에서 분리해 보호할 필요가 있지. 사회에 맞춰 인간을 키울 것이 아니라 오히려 사회의 압력에서 어떻게 아이를 지켜야 할까를 고민해야 한다네."

그렇게 말하는 루소는 정면을 주시하며 한층 더 또렷한 목소리로 이렇게 말했습니다.

"아이는 어른이 아니라네. 아이는 아이일 뿐. 알겠는가?"

어쩌면 아리에스가 말한 '아이와 어른의 구별'을 가장 처음 말한 사람이 루소였을까?! 게다가 '사회에 맞춘 인간을 키울 것이 아니라 그 압력에서 어떻게 아이를 지킬까?'라니?!

저는 놀라움을 감출 수 없었습니다. 사회에 맞춘 인간을 만드는 것이 교육이라고 생각해 왔기 때문입니다. 루소는 저를 타이르듯 이야기를 이어나갔습니다.

"아기는 성장에 맞춰 자연스럽게 손과 발을 움직이고 말을 배우지 않나? 이것이 인간의 '자연'이야. 인간이 원래 가지고 있는 '자연'을 소중히 여기고 본래 인간이 살아가야 할 방식을 끄집어내는 것. 그것이 내가 생각하는 교육이라네."

'원래 인간이 살아가야 할 방식을 끄집어내는 교육'이라니, 어떤 교육을 말하는 거지? 질문을 던지려던 찰나 루소는 이미 제 마음을 읽은 듯 곧바로 대답을 해주었습니다.

"내가 생각하는 교육이란, 말하자면 자신의 몸을 자신의 의지대로 조절하는 기술을 몸에 익히는 것이네. 그 외에도 바깥 세계의 정보를 정확하게 받아들이는 감각 훈련이나 자신이 가진 힘을 최대한 발휘하는 훈련도 중요하지. 그리고 자신의 의지만으로 할 수 없는 일도 있다는 사실을 깨닫는 것도 아주 중요해."

오호, 이건 저도 완전히 공감하는 부분이었습니다.

"그러기 위해선 어린 시절을 어떻게 보내야 한다고 생각하나?"

이번에는 루소가 저에게 질문을 던졌습니다. 잠시 생각을 정리한 후 대답을 하려던 찰나, 루소는 제 대답을 기다리지 않고 곧바로 자신의 말을 이어갔습니다.

"어렸을 때, 특히 더 어릴 때 자연의 성장을 천천히 기다려야 한다네. 로크가 말한 '좋은 습관 만들기'는 아니라고 생각하네. 그보다 자연스럽게 접하면서 느끼는 '실감'을 몸에 익히는 것이 매우 중요해."

"우와! 로크의 말을 부정하다니! 대단한 걸 루소……." 저도 모르게 혼자 중얼거렸습니다.

"체감하지 못하는데 내용만 외워봤자 무슨 소용이 있겠는가, 오히려 해로울 뿐이지. 그렇게 생각하지 않나?"

'듣고 보니 그렇네. 말과 정보만 아는 것보다 본고장에서 체험하거나 현장에서 느껴봐야 해, 라고 나도 나 자신에게 말하곤 하잖아. 이 말을 듣고 나니 정신이 번쩍 드는걸. 역시 대단해 루소.'

이렇게 생각하던 찰나 루소는 커다란 눈을 더욱 크게 뜨고 다소 도발적인 웃음을 띠며 저를 타이르듯 이렇게 쏘아붙였습니다.

"잘 들어. 아이들은 적어도 열두 살까지 책을 읽지 않게 해야 해. 실제 경험을 몸에 익히는 훈련을 하는 데 책은 필요 없거든."

"뭐라고? 열두 살까지 책을 읽지 않게 하라고?"

너무 놀라 입 밖으로 말이 새어 나왔습니다. 제 반응을 본 루소는 만족스러운 표정을 지으며 이야기를 이어갔습니다.

"'원래 인간이 가지고 있는 훌륭함을 잃지 않고 키우기 위해서는 어떻게 해야 할까?' 나는 이 질문에 대해 깊이 생각했다네. 그러는 사이 '아이는 어떤 어른이 되어 갈까?'라는 질문에 이르렀지. 하지만 로크가 주장한 '타불라 라사'로는 설명이 부족했어. 인간이 태어났을 때를 새하얀 석판이라고 말하는 것만으로는 본래의 모습을 적절하게 설명할 수 없었으니 말이야."

왜지? 저는 그 말의 의미를 바로 알아차릴 수 없었습니다. 그러자 루소가 이렇게 단언했습니다.

"인간의 본래 모습, 그건 내가 사용하는 '자연인natural man'의 개념으로 설명할 수 있어."

자연인……? '저 사람은 굉장히 자연스럽고 좋네'라고 할 때 그 자연인? 자연체, 뭐 그런 의미인가? 아니면 자연 그대로의 상태인 사람을 말하는 건가? 자연인의 의미를 몰라 우물쭈물하고 있자 루소가 설명하기 시작했습니다.

"자연인이란 어떤 문명에도 해를 끼치지 않는 자연스러운 상태의 인간을 말한다네. 이건 내가 인간의 본질에 다가가기 위해 만든 개념이라 실제로 존재하지는 않네. 뭐랄까, 태초의 원시인 같은 사람을 떠올리면 이해하기 쉬울 걸세."

사람들이 문명에 해를 가하지 않는 상태? 그는 계속해서 이야기를 이어갔습니다.

"왜 불평등이 생길까? 그건 인간이 필요 이상으로 뭐든지 갖고 싶어 하기 때문이라네. 하지만 자연인은 살아가는 데 필요한 것 이상의 무언가를 원하지 않아. 서로 자립하고 평등하며 완전히 자유롭지. 다른 인간을 지배하고 종속시키지도 않아. 자신만으로 만족하지. 그렇다면 여기서 한 가지 질문을 하겠네. 사실은 문명이 발전한 지 오래인 지금도 그런 자연인이 존재한다네. 그게 누구라고 생각하나?"

'어? 문명사회에도 자연인이 있다고?! 대체 누구지?' 저는 생각에 잠겼습니다. 불평등이 당연한 세계에서 문명에 해를 끼치지 않는 인간이 정말로 있을까? 그는 제가 골똘히 생각하고 있는 건 아랑곳하지 않은 채 말을 이어갔습니다.

"아이라네. 인간은 태어날 때는 모두 자연인이지. 그 자연인인 아이를 문명사회 속에서 비뚤어지지 않고 살아가게 만드는 것, 진정한 의미에서 자유롭고 평등한 사회의 일원으로서 민주적 사회를 만들어가게 하는 것, 그것이야말로 교육이라고 확신하네."

그렇게 말하고서, 다시 흔들의자에 깊숙이 걸터앉았습니다. 그와 동시에 주변이 하얀 섬광에 휩싸이기 시작했습니다. 희미해지는 시야 속에서 그의 마지막 말이 들려왔습니다.

"식물은 재배로, 인간은 교육으로 만들어지는 거야."

루소는 '자연인'이라는 개념을 통해 특별한 존재로서의 아이를 돋보이게 했습니다. 즉, 아이의 생활에는 어른들과는 다른 의미가 있다는 주장입니다. 그런 이유에서 '아이의 발견자'라고 불렸습니다.

또한 아이의 자연스러운 발달을 보호하고 자율적인 성장을 방해하는 요소를 없애는 것이 진정한 교육이라고 주장했습니다. 이것을 식물 재배에 비유했는데, 식물은 수분을 섭취하지 못하면 어떻게 해서든 살아남기 위해 더욱 강해진다고 합니다. 그것이 자연이라면 아이들이 자력으로 살아가는 것을 지원하고, 나쁜 영향으로부터 지키는 것이 루소가 말하는 교육입니다.

《에밀》은 교육의 바이블로 지금도 많은 사람이 읽고 있지만, 당시에는 지나치게 참신했던 탓에 교회로부터 강력한 비판을 받아 출판금지를 당했습니다. 정부로부터 체포영장이 발부되어 프랑스에서 쫓겨난 루소는 망명 생활을 해야만 했습니다.

민주주의가 없던 18세기에 '아이의 특별함에 주목해서 교육하는 것이 민주주의 사회가 되기 위한 첫걸음이자 마지막

종착점이다'라는 생각을 했다는 것은 정말로 엄청나다고 할 수밖에 없습니다.

이런 엄청난 개념을 생각하다니! 어떻게 하면 이렇게 독창적 인 구상을 떠올릴 수 있을까? 루소의 생각은 뛰어넘을 수 없 을 거야.

그의 참신한 발상과 이론에 압도된 저는 잠시 얼어붙었습 니다.

잠시 시간이 흐르고 차분히 되짚어 보니 역시 다시 생각해 야 할 부분이 떠올랐습니다. 아이가 특별하다는 생각이 결국 아이와 어른을 구별하고, 놀이와 배움을 구별하게 했기 때문 에 아리에스의 말처럼 '인간의 생활이 재미없어졌습니다.'

이런 문제가 있는 한, 그들의 사상을 근본적으로 재검토해야 하지 않을까? 하지만 어디서부터 어떻게 봐야 할지 엄두조차 나지 않아. 음, 어디 좋은 단서가 없을까…….

몹시 괴로워하고 있던 그때 '학교가 아이들의 창의력을 죽이고 있다'고 지적한 영국의 교육평론가 켄 로빈슨의 말을 보게 되었습니다. 로빈슨은 루소의 말을 비꼬며 이렇게 말했습니다.

정원사는 식물을 키우지 않는다. 정원사의 일은 꽃이 필 조건을 준비하는 것뿐이다.

그래 이거야! 하고 무릎을 쳤습니다. 여기에 힌트가 있었습니다.

아이들이 타락한 문명에 물들기 전에
건강한 인간성을 익히는 것이야말로 교육이다.

이것이 루소의 논리였다.
그 사상을 이어받아 노동으로 고통받는 아이들을
공장에서 구출하고, 학교를 만든 위대한 기업가를 만났다.
'세계 최초로 어린이 학교를 만든 사람'이라고
알려진 이였다.

아이를 책으로 괴롭히지 마라

로크와 루소의 영향을 받아 실행으로 옮긴 사람은 영국의 실업가 로버트 오언입니다.

오언은 섬유업에서 혁신을 일으켜 큰 성공을 이룬 기업가인 동시에 사람들이 일하는 환경을 개선한 개혁가이자 '세계 최초로 어린이 학교를 만든 사람'이기도 합니다. 저는 그의 저서 《오언의 자서전The Life of Robert Owen》(1857)을 통해 오언의 성장 과정을 더듬어가며 학교가 어떻게 지금의 형태가 되었는지 살펴보았습니다. 이 책이 저의 다음 《모험의 서》가 되었습니다.

때는 18세기, 오언은 산업혁명이 영국 전역에 확산되던 시대에 상인의 집에서 태어났습니다. 열 살에 홀로 런던에 상경해 천 가게에서 더부살이를 시작했습니다. 그때의 경험을 바탕으로 이후 갓 발명된 뮬 방적기를 사 자신의 공장을 차리고 사업을 시작했습니다.

사업이 순식간에 성장하는 모습을 지켜본 업계의 큰손이 맨체스터에 있는 직원 500명 규모의 최신 공장 지배인으로 오언을 발탁합니다. 오언은 기대에 부응하기 위해 실뽑기 기술을 개량하는 데 몰두했고, 매입 산지를 바꿔 품질을 높였습니다. 또한 우수한 직원에게 월급을 많이 주고, 더욱 많은 일을 맡기면서 그들의 마음을 사로잡았고 눈부신 업적을 세웠습니다. 이후 장인의 스코틀랜드 공장을 사들여 '뉴 래너크 방적회사'를 설립, 29세에 경영주가 됩니다.

대단해! 당시의 섬유업은 최첨단 산업이었으니까, 오언은 요즘 시대로 치면 스티브 잡스나 일론 머스크 같은 사람이구나!

《오언의 자서전》을 읽으면서 같은 기업가로서 존경의 마음과 동시에 친근함을 느낄 무렵, 다시 날카로운 섬광이 뿜어져 나왔습니다. 손으로 눈을 가리면서도 '혹시나' 하는 마음에 다시 눈을 떠보니 거기에 한 신사가 서 있었습니다. '오, 로버트 오언이다!' 저는 한눈에 그를 알아보았습니다.

"산업혁명 덕분에 당시 영국의 섬유업은 세계에서도 가장 최첨단을 자랑했어요. 하지만 부자와 가난한 사람의 빈부격차도 크게 벌어졌죠."

그렇게 말하곤 맞은편 풍경을 가리켰습니다. 그곳에는 일자리가 없어 길바닥에 주저앉아 값싼 진을 마시며 난동을 부

리는 사람, 배고파서 도둑질을 하고 도망치는 사람으로 넘쳐나는 빈민가가 보였습니다.

"저 사람들은 모두 산업혁명으로 농지를 잃은 농민이거나 기계의 발명으로 일자리를 잃은 장인들이에요. 실업으로 범죄가 늘어나면서 빈민가가 형성된 거죠. 하지만 저 사람들의 잘못이 아니에요. 세상의 빈곤과 범죄는 사회구조에 문제가 있어 발생한다고 생각해요."

빈곤과 범죄는 사회구조의 문제. 노동조합도 사회보장도 복지도 없던 시대에 오언은 그런 생각을 했구나……

"범죄를 저지른 사람에게 벌을 준다고 해서 문제가 완전히 해결되진 않아요. 그보다 사회 자체를 좋은 방향으로 바꿔 빈곤과 범죄를 없애는 것이 중요하죠."

그렇구나, 어떻게 사회를 좋은 방향으로 바꾸려는 걸까? 질문하려던 순간 오언이 저를 똑바로 바라보며 말했습니다.

"가장 큰 문제는 일하는 환경이 나쁘다는 거예요. 인간의 성격은 그 사람을 둘러싸고 있는 환경이 형성해요. 환경을 정비하지 않는 한 문제는 절대로 해결되지 않죠. 그래서 나는 우리 공장 직원들의 생활 전체를 지원하는 환경을 만들었어요."

그렇게 말하면서 오언은 다른 쪽을 가리켰습니다. 강변의 벽돌 공장 주위에 깨끗한 직원 주택이 있고 사람들이 그곳에서 안정된 생활을 보내고 있었습니다. 주택가 안에는 작은 상점도 있어서 어머니들이 생활용품을 사는 모습도 보였습니다. 뉴 래너크 공장은 생활에 필요한 물건을 한꺼번에 사들여 직원들이 물건을 더욱 저렴하게 구매할 수 있게 했습니다.

어! 이건 '생활협동조합Co-op'이잖아! 이것도 오언이 만든 거야?! 이 정도면 기업가라기보다 사회개혁가잖아.

제가 흥분하자 오언은 미소를 띠며 말했습니다.

"직원이 일할 의욕이 떨어지는 이유는 일하는 환경 때문일 뿐, 그들에게는 어떠한 책임도 없어요. 책임을 져야 하는 사람은 경영자예요."

강한 결의가 엿보이는 그의 말이 제 마음을 울렸습니다. 나는 돈을 벌었으니 그만이야, 라며 현상에 만족하지 않고, 사람들이 곤란한 상황에 놓인 것을 사회와 시대의 탓으로 돌리지 않으며, 경영자인 자신의 책임이라고 말하는 그의 자세에 같은 경영자로서 진심으로 존경의 마음이 들었습니다.

같은 기업가로서 나도 오언처럼 할 수 있을까. 그와 같이 행동하려면 나는 지금 무엇을 해야 할까.

오언은 제 눈을 바라보며 이렇게 질문했습니다.

"사회를 좋게 만들기 위해 가장 중요한 조치는 뭐라고 생각하세요?"

어? 글쎄, 그러니까 저는 교육을 바꾸는 것이라고 생각해요. 순간 망설였지만 의연하게 대답하려는데, 오언이 번쩍 손을 들었습니다. 새롭게 비친 풍경은 어린아이들이 어른들 사이에 섞여 공장의 기계를 조작하고 있는 모습이었습니다. 작은 몸을 이용해 어른이 들어갈 수 없는 좁은 공간에 들어가 땀범벅이 되도록 석탄을 운반하거나 기계를 수리하는 아이도 있었습니다.

"뉴 래너크에는 500명 정도의 아이들이 공장에서 일하고 있어요. 그런데 아이들을 둘러싼 환경은 그들의 성장에 어울리지 않죠."

아리에스가 말한 어른과 아이의 구별이 없었던 세계구나. 저는 감이 왔지만, 아이들의 가혹한 노동환경에 마음이 아팠습니다.

"그래서 나는 10세 미만 아이들의 노동을 금지했어요. 아이들을 위험한 공장에서 분리해 아이를 잘 다루는 사람이 돌보게 하고, 부모는 아이를 그곳에 맡기고 걱정 없이 일할 수 있는 환경을 만들기 시작한 거죠."

로버트 오언 Robert Owen(1771-1858)

오언에게 매료된 저는 그의 말에 집중했습니다.

"1816년 부지 내에 제가 꿈꾸던 학교를 설립했어요. 가장 큰 특징은 1세부터 6세까지의 아이를 맡길 수 있는 '유아학교Infant School'라는 점이에요. 제가 아는 한 이 학교가 세계 최초의 보육원이에요."

오언이 자랑스럽고 확신에 찬 목소리로 이렇게 단언했습니다.

"사회가 좋아지게 하기 위한 가장 좋은 방법은 교육, 특히 유아 교육이라고 생각해요."

그렇게 말하자마자 오언은 다시 한번 손을 들어 흔들었습니다. 눈에 들어온 건 많은 아이가 춤을 추거나 너른 잔디 위를 뛰어다니며 자유롭게 놀고 있는 모습이었습니다.

"이 학교의 목적은 나쁜 영향으로부터 아이를 지키고, 좋은 환경에서 지낼 수 있게 하는 거예요. 아이들이 더 나은 생활을 하면 더욱 좋은 성장으로 이어질 테니까요."

여기서 저는 루소의 "나쁜 영향에서 아이를 지킨다"라는 말을 떠올렸습니다.

설마 오언이 루소의 영향을 받은 것일까? 그러자 오언은 긍정도 부정도 하지 않은 채 이렇게 답했습니다.

"저는 교사들에게 다음 사항을 반드시 지키게 했어요. 아이들을 책으로 괴롭히지 마라. 주변 사물의 성질과 그 사물을 이용하는 방법을 가르쳐라. 아이들이 호기심으로 한 질문에는 반드시 친절하게 답해라, 라고 말이죠."

이건 루소가 말한 실물 교육, 즉 '자연의 교육'이잖아! 그렇게 깨달은 저는 그의 진의를 알게 되었습니다.

"읽기, 쓰기, 계산은 물론 역사와 지리까지도 가능한 한 책을 사용하지 않고 가르치려 했어요. '실감'을 몸에 익히기 위해 전문 교구를 만들기도 했죠. 사회가 어떤 말을 해도 우리가 믿는 방식을 고수한 덕분에 곧바로 성과가 나오기 시작했어요."

역시 환경에 따라 인간은 바뀌는구나. 그렇다 하더라도 생각을 바로 실천해 좋은 결과를 남긴 사람이 있었다니…….
감동에 젖은 제 모습이 전해진 것인지 오언은 계속해서 말을 이어갔습니다.

"그뿐만이 아니에요. 세계 최초로 운동장과 야외학습 프로그램을 발명한 사람도 사실은 저예요. 이건 로크가 말했던 '좋은 습관을 토대로 좋은 경험을 쌓아야 건강한 정신이 길러진다, 건강한 신체에 좋은 습관이 깃든다'라는 생각을 계승해 고안한 것이죠. 이것도 아이들에게 호평을 받았어요."

'확실히 오언은 로크와 루소의 생각을 계승하면서도 '좋은 환경을 만드는 것'의 중요성을 강조하고 있어. 공장을 경영하며 느낀 오언만의 생각이 담겨 있겠지.'

그런 생각이 들자 오언이 온화하게 미소를 띠는 것처럼 보였습니다.

"인간은 본래 착하지만, 태어난 후의 환경에 따라 성격이

나빠지기도 해요. 그래서 유아기에 좋은 환경을 만들어 좋은 성격으로 자라게 할 필요가 있다고 생각했죠."

그렇게 말하자 다시 섬광이 나타났고 오언은 그 속으로 사라졌습니다. 그리고 저도 다시 뉴 래너크의 세계에서 제 책상 앞으로 돌아왔습니다.

사람들이 일하는 환경, 아이들이 배우는 환경, 생활환경 모두를 동시에 개선하고 도시를 조성하는 데까지 발전시킨 로버트 오언. 어느 하나만 개선해서는 안 되고, 인간을 둘러싼 환경 전체를 바꿔 사회를 좋아지게 한 그의 종합적인 접근 방식은 무척 획기적이었습니다.

그리고 그 자세는 현재를 살아가는 우리에게도 많은 참고가 되었습니다.

오언이 지금 시대에 살았다면 어떤 식으로 사회를 바꾸려 했을까?

이 질문은 저에게 여러 가지 영감을 주었습니다.

로크, 루소, 오언.
세 사람이 현대로 이어지는 교육에
엄청난 영향을 줬다는 사실을 알았다.
이들은 당시에 획기적인 교육 개혁을 일으킨 혁신가였다.

하지만 그들의 생각과 열정은 시간이 흐르면서
생각지도 못한 얄궂은 부작용을 일으켰다.
그에 대한 내 생각을 여기에 적었다.

보호받는 존재에게 작별의 인사를

현대로 이어지는 고유의 교육 사상은 로크가 만들었습니다. 로크는 인간을 새로운 타불라 라사라고 생각하며 "아이들에게 억지로 공부를 시키지 않고, 아이들 스스로 배우는 습관을 만들어줄 것, 그것이 교육이다"라고 이야기했습니다. 이 생각은 많은 사람이 받아들이면서 '아이를 특별한 존재'로 주목하게 되는 계기가 되었습니다.

이에 반해 루소는 "자연인으로 태어난 아이를 문명사회 속에서 삐뚤어지지 않게 키우는 것이 교육이다"라고 말했습니다. 그 결과 아이가 얼마나 특별한 존재인지 이론화했고, 아이와 어른을 완전히 구별했습니다.

이후 로크와 루소의 영향을 받은 오언은 '어릴 때부터 좋은 환경을 만들어주어야 좋은 인격이 형성된다'는 생각을 바탕으로 세계 최초로 유아학교를 만들었고, 지금까지 이어지고 있는 학교의 모델을 만들었습니다. 그리고 아이를 보호한다는 명분 아래 아이들을 학교에 가두는 것이 정의라고 생각했습니다.

세 사람이 왜 그렇게 생각했는지, 어떤 생각으로 임했는지 하나씩 살펴보면 그들의 생각이 당시에 얼마나 획기적이고 의미가 있었는지 알 수 있을 거야.

확실히 그들은 엄청난 혁신가였습니다. '도대체 뭐가 잘못됐다는 거지?' 싶을 정도입니다.

하지만 그들의 혁신적인 생각이 안타깝게도 아이를 '어린애 취급'하게 된 원인이 되었습니다. '아이는 순수하고 사랑스러운 존재이기 때문에 이성적이고 훌륭한 어른으로 키우기 위해서는 교육이 필요하다'라는 말은 '아이는 미숙하고 여리기 때문에 어른이 교육하고 이끌어줄 필요가 있다'고 얕보는 것과 같습니다. 즉, 그들이 아이들을 대하는 시각이 매우 거만했던 것이죠.

어린애 취급을 한 결과 '아동의 노동은 없어야 한다'라는 대의명분 아래, 아이는 어른이 될 때까지 사회와 관련된 일을 할 수 없게 되었습니다. 예를 들어 "아이에게 학교 운영에 참여해 자유롭게 의견을 말하고 무엇이든 바꿀 수 있는 권리가 있나요?", "아이에게 도시를 조성하는 행정에 관여할 권리가 있나요?"라고 물었을 때, "네"라고 딱 잘라 대답할 수 있는 곳은 어디에도 없습니다.

인종차별을 없애려는 움직임은 1950년대 미국의 공민권운동을 계기로 많은 나라로 확산되며 인종차별을 금지하는 법률이 만들어지게 했습니다. 또한 여성차별을 없애려는 움직임도 1980년대 유엔 결의를 계기로 전 세계에 확산되었습니다. 이러한 움직임은 전 세계 대부분의 사람이 찬성합니다.

하지만 아동차별에 대해서는 여전히 '뭐, 그건 구별할 수밖에 없잖아'라고 생각합니다. '어쩔 수 없지'라는 생각이 가장 큰 차별입니다. 아동차별이야말로 '인류의 마지막 차별'이지 않을까요?

아이의 권리는 어른과 같아야 해. 그러고 나서 무언가가 필요하다면 따로 생각하면 돼. 연장선상에 두고 개선하는 방법은 잘못됐어.

우리 사회는 '건강한 어른'을 중심으로 설계되어 있습니다. 이를테면, 설비 디자인 하나만 보더라도 모두 어른의 평균 신장에 맞춰져 있습니다. 계산대의 높이, 의자 높이, 책상 높이 등이 모두 그렇습니다. 아이의 시선으로 봤을 때 너무 높고, 크고, 무거워 아이 혼자서는 쉽게 이용할 수 없죠.

어른은 그런 아이의 모습을 보고 "역시 어른이 도와줘야

해", "아이가 쓰기엔 아직 일러"와 같이 평가합니다. "아이는 어른의 도움 없이 혼자서는 아무것도 할 수 없는, 지켜줘야 하는 존재야"라며 아이들을 약자로 몰아갑니다. 그들에게 맞지 않는 환경을 만들어놓고 "이봐, 제대로 사용하지 못하잖아"라고 하는 것은 분명 공정하지 못합니다.

아리에스가 말했듯이 과거에는 아이와 어른이 평등했습니다. 하지만 아이를 구별하기 시작한 이후부터 아이가 불평등을 겪는 것을 당연시하게 되었습니다. 이것이 아리에스가 한 아이와 어른을 구별하면서 어려워졌다는 말의 진짜 의미 아닐까요?

일단 권리를 주장할 수 없는 약자의 아이에게 붙인 '보호받아야 할 존재'라는 꼬리표를 떼고, 아이가 바라는 것도 확실히 사회에 반영하도록 해야 해.

로크와 루소, 오언을 비롯한 교육자들이 이러한 시각으로 아이들을 바라보며 교육을 만들었기 때문에 교육이 재미없어졌습니다.

이것은 본질적으로 '비장애인'이 '장애인'을 바라보는 시선과 같습니다.

대부분의 사람은 자신이 '정상인'이라고 생각합니다. '정상인'인 우리가 장애인 수첩을 가지고 있는 '신체적 개성'을 지닌 사람을 만났을 때, 그 사람이 곤란한 상황에 처해 있는 모습을 보면 당연히 손을 내밀게 됩니다. 상황이 해결되면 웃으며 헤어지죠.

'장애인이니까 도와줘야지'라는 생각으로 손을 내민 건 아닐까요? '나는 정상인이고 저 사람은 장애인이니까 도와주는 게 당연해'라고 생각하는 건 아닐까요?

'장애'은 결코 '장애인'이 아닙니다. 신체적 불편은 인간이 본래 가지고 있는 신체적인 개성 중 하나일 뿐입니다. 그런데도 불쌍한 사람으로 바라보며 장애인으로 한데 묶는 것은 다름 아닌 우리입니다.

그렇다고 여러분을 탓하는 것은 아닙니다. 제가 하고 싶은 말은 무의식중에 우리는 장애인을 '비장애인인 자신'과 구별하고 있는 건 아닌가, 당연한 일이라 생각조차 해본 적이 없는 건 아닌가, 하는 것입니다.

'A인가 B인가?'처럼 구분해서 사물을 보는 것은 하나의 기준으로 사물을 판단하는 것과 같습니다. 아이도 어른도 아닌, 비장애인도 장애인도 아닌, 그저 '사회에는 다양한 개성을 지닌 여러 사람이 있다'는 것을 전제로 사회의 모든 요소를 다시 만들어야 합니다.

즉, 교육을 바꾸고 싶다면 우선 아이를 보는 시각부터 바꿔야 합니다. 아이를 어린애 취급하지 말고 인간이 가지고 있는 개개인의 개성을 사랑하면 됩니다. 그리고 같은 분야에 흥미와 호기심을 지닌 사람들이 취향대로 모여 함께 배우는 다양한 장소를 만들어야 합니다. 지금 필요한 건 그런 배움의 장입니다.

우리가 아이를 바라보는 시선을 바꿨을 때 배움은 다시 놀이로 돌아갑니다. 즉, 서로의 차이를 인정하고 사랑하게 되었을 때 비로소 배움은 재미를 되찾게 될 것입니다.

Q. 어떻게 '놀이'와 '배움'과 '일'을 구별하는 사고방식이 침투했을까?

재미없는 공부만 강요하는 학교는 스트레스를 받기 쉬운 환경이기 때문에 따돌림이나 등교 거부가 생기는 온상이 되었습니다. 그런 상황은 더욱 심각해져, 현재는 학교의 가장 큰 문젯거리입니다.

학교 공부가 재미없어진 이유를 1장에서 찾은 내용에 더해 배움에서 놀이가 분리되었기 때문이라고 사에키에게 배웠습니다. 동시에 아리에스에게 아이가 어른과 나뉘게 된 것도 커다란 요인이라고 배웠습니다. 그래서 왜 이 네 가지가 분리되었는지 알아보기로 했습니다.

이는 로크가 아이를 깨끗한 석판에 비유해, 그들에게 배움에 관한 좋은 습관을 들여주는 것이 '교육'이라면서 교육의 의미를 바꾼 데서 시작되었습니다. 또한 루소가 아이는 단순히 어린 어른이 아니라 특별한 존재라는 새로운 의미를 부여했다는 사실을 알게 되었습니다. 그리고 오언이 학교에 '성격이 만들어지는 장소'라는 새로운 의미를 부여함으로써 '아이는 학교의 보호를 받으며 교육을 받아 사회에서 활약할 준비를 한다'는 교육의 틀을 마련했다는 사실도 알게 되었습니다.

교육 개혁가들의 영향으로 어른과 아이 사이에 그어진 선이 이후 놀이와 배움과 일 사이에, 또 공과 사의 사이에도 선을 긋게 했고, 이러한 구별이 인간의 생활을 어렵게 만들었다고 말하게 되었습니다.

왜 그런 선이 그어졌을까? 다음 장에서 자세히 다루겠지만, 바로 사회의 산업화가 진행되었기 때문입니다. 산업사회는 사람들에게 그 분야의 전문가가 되기를 요구하며 무엇이든 세분화했습니다. 그러한 성질이 선을 만들었습니다.

모든 일이 분업화되면서 사람들은 노동자로서 전문적인 지식과 기능을 발전시켜야 했습니다. 인생의 모든 일에 생산성과 효율을 따지게 되었고, 돈을 벌기 위해 재미없는 일만 하며 미래에 불안을 느낍니다. 이 냉엄한 실력주의가 학교에 번지면서 서서히 '배움'에서 '놀이'를 지워버린 것입니다.

로크와 루소, 오언이 그 시대에 떠올린 생각은 당시에는 매우 획기적이고 의미 있었습니다.

하지만 시대의 변화와 함께 부정적으로 작용하는 경우가 늘어나고 있습니다. 결코 그들의 잘못은 아닙니다. 그 원인은 그들이 왜 그렇게 생각했는지 깊이 이해하지 않고 비판하려는 자세도 갖지 않으면서 그저 사상만 따라가려는 우리의 사고정지에 있습니다.

제3장

생각을 입 밖으로 말하자

왜 다들 공부하라고 할까?

배움은 본래 자유로운 것으로 좋아하는 걸 배우면 된다.
하지만 그것을 학교가 허락하지 않는다.
허락은커녕 '공부'하라고 말한다.

왜 공부를 해야 할까?
왜 어른들은 공부하라고 말할까?

"공부 안 하면 나중에 후회한다"라고 하는데
여기서 '후회'란 도대체 무엇일까?

능력이란 이름의 신앙

모든 아이가 학교와 학원에 다닙니다. 부모들은 한결같이 "학력을 높여야 하니까"라고 말합니다. 그런데 애초에 '학력' 과 '능력'은 무엇일까요?

저는 이 근본적인 물음의 답을 찾기 위해 다시 한번 다양 한 문헌과 논문을 살펴보기 시작했습니다. 인간의 지능과 신체 능력을 측정한 역사를 더듬어가던 중 19세기 통계학 자 프랜시스 골턴Francis Galton 박사가 쓴 《유전과 천재Hereditary Genius》(1869)라는 책을 만났습니다. 이 책을 손에 들고 절반 정도 읽었을 때였습니다. 섬뜩한 붉은 빛이 하늘하늘 주위를 감싸기 시작하면서 제 의식이 점점 몽롱해졌습니다.

정신을 차렸을 때는 런던에 있었습니다. 길을 따라 걷다 보니 작은 광장이 나타났습니다. 한 남자가 저를 기다리고 있었습니다.

"반갑구먼, 내가 프랜시스 골턴이라네. 알고 있겠지만."

"골턴 씨, 능력이란 무엇인지 생각하고 있던 참이었어요."

"흐음, 나는 인간의 개인차를 연구하고 있어. '우생학

eugenics'이라는 학문 말일세. 나쁜 유전자를 물려받지 않게 조심하면서, 좋은 유전자만으로 인간을 개량해 인류의 '진화 evolution'를 가속하는 과학의 일대 무브먼트지. 어때, 멋지지 않은가?"

그의 위엄 있는 목소리와 모습에 압도되어 아무 말도 할 수 없었습니다.

"내가 쓴《유전과 천재》에도 나오듯이 인간이 지닌 재능은 유전이 된다네!"

그의 목소리가 아무도 없는 광장에 울려 퍼졌습니다.

"잘 들어보게. 발이 빠른 말 중 수컷과 암컷을 골라 새끼를 낳게 했더니 더욱 발이 빠른 경주마 품종인 서러브레드가 태어났지 않은가. 이처럼 인류도 우수한 남녀를 골라 몇 세대에 걸쳐 아이를 낳게 하면 더욱 뛰어난 재능을 지닌 인류를 만들어내겠지. 경애하는 찰스가 10년 전에 발표한《종의 기원》에서 이야기했듯이 이것은 자연계의 절대적인 법칙이 틀림없어."

골턴은 아랑곳하지 않고 주장을 이어갔습니다.

"이런 내용을 알고 있는가? 인간을 선택적으로 '진화'시켜 사회를 '진화'시킨다는 것 말일세. 우수한 남녀만 아이를 낳게 하면 결국 뛰어난 인류로 채워져 사회 전반이 좋아질 게야. 진화론에서 말하듯 약한 사람은 내버려두면 도태될 걸세. 그러니까 가난한 사람이나 사회적 약자를 보호하는 사회

정책 따위는 멈추는 것이 좋아!"

그의 목소리는 점점 고조되었고 덩달아 저도 압도되었습니다.

"어떤가? 아주 멋지지. 내 연구에 협조하지 않겠나?"

남자가 손을 쭉 뻗어 제 소매를 잡아당겼습니다. '으악! 어쩌지!' 저는 뒷걸음질 치며 속으로 외쳤습니다.

'으악!! 믿을 수 없어!! 사회를 좋게 만들기 위해 인간을 품종개량 한다니, 너무 위험한 발상이야.'

반쯤 패닉 상태에 빠진 그때, 새하얀 섬광이 번쩍였고 정신을 차려보니 제 방 소파 앞에 서 있었습니다.

'능력'의 기원은 우생학에 있습니다. 인간의 개인차를 측정하는 데서 출발해, 우열이 생기는 원인에 '유전'과 '진화'를 적용시켜 연구를 거듭하던 중 '능력'이라는 개념이 생겨났습니다.

참고로 골턴 박사는 진화론을 발표한 영국의 생물학자 찰스 다윈 박사의 사촌 동생으로 그의 영향을 받아 이러한 사상을 만들게 되었다고 합니다. 이러한 사회사상을 '사회진화론social Darwinism'이라고 말합니다.

사회진화론과 우생학의 실증

연구는 제국주의 시대에 식민지 정책을 정당화하거나 나치가 유대인을 박해할 때 근거로 사용한 이론이기도 합니다.

다시 한번 '능력ability'이란 무엇인지 생각해 볼까요? 결론부터 간단히 말하면 '능력'이란 '지능intelligence'을 측정한 지능테스트가 일반 대중에게 퍼지면서 탄생한 통계학적 개념입니다. 또한 단순 통계상 숫자일 뿐인 능력을 마치 존재하는 것처럼 생각하게 된 '신앙'의 일종이기도 합니다.

저는 능력신앙이 어떻게 태어나, 어떤 식으로 발전했는지 찾아보았습니다. 그리고 마침내 직접적인 기원을 알아냈습니다.

바로 1905년 프랑스의 심리학자 알프레드 비네Alfred Binet 박사와 테오도르 시몬Théodore Simon 박사가 개발한 '지능지수 IQ=Intelligence Quotient' 테스트입니다. 이 테스트에서 '지능'이라는 개념이 생겼습니다. 이 테스트는 지적장애 아동을 분별하기 위해 만들어졌지만, 제1차 세계대전 중 미국의 심리학자 로버트 여키스Robert Mearns Yerkes 박사가 개발한 '아미 알파/베타 Army Alpha/Beta'를 175만 명의 미군 병사 배속에 사용한 것을 시작으로 미국의 우생학자 칼 브리검Carl C. Brigham 박사가 만든 대학입학시험용 SATScholastic Assessment Test 등에 응용되면서 기업과 학교 등을 통해 전 세계로 확산되었습니다.

사람들은 통계적 숫자일 뿐인 능력을 '사람마다 타고난 특수한 것', '노력할수록 더욱 늘어나는 것'이라고 생각했습니다.

더욱이 능력이 실체로 존재한다고 생각하게 되면서 이를

섬기는 능력신앙이 탄생했고, 사람들 사이에서 믿음이 자라 났습니다.

능력이 실체로 존재한다는 생각에서 끝나지 않고 '신앙'으로 섬기게 된 이유는 무엇일까?

그 이유는 우리가 사는 산업사회와 밀접하게 연관되어 있습니다.

산업사회의 가장 큰 특징은 '분업'입니다. 효율을 높이기 위해 업무를 세분화하고 철저한 전문성을 추구합니다. 실제로 공업 생산은 분업과 기계화 덕분에 눈부신 성장을 이뤘습니다. 그로 인해 공장에서 일하는 사람도 전문적인 지식과 지능을 높여야 했습니다. 사람들은 '뛰어난 능력을 갖춘 사람은 높은 급여를 받고, 그렇지 않은 사람은 낮은 급여를 받는 게 당연하다'고 생각하게 되었습니다.

이렇게 능력이 만능 통화utility가 되면서 사람들은 능력만 있으면 뭐든지 할 수 있다고 생각하게 되었습니다. 부자가 떵떵거리며 살듯 '능력자'가 되면 편하게 살아갈 수 있다고 믿게 된 것이죠.

능력신앙은 아이는 보호해야 할 소중한 존재라고 믿는 것만큼 매우 강력한 신앙이었습니다. 공부는 바로 이 '능력'을 높이기 위한 활동입니다. 많은 사람이 '능력을 높이는 것이야말로 행복해지는 유일한 길'이라고 믿으며 '열심히 공부해서 학력을 높이면 언젠간 반드시 보상을 받고 행복해질 것'이라는 가르침에 이끌려 살아가고 있습니다. 어른들은 아이들에게 공부해서 능력을 높이면 반드시 좋은 일이 생길 것이라는 희망을 주고, 능력을 높이지 않으면 사회에서 밀려날 것이라고 위협하며 "공부가 재미없다고 말하면 안 돼. 잠자코 공부하렴!" 하고 윽박지르며 억지로 공부를 시켰습니다. 한 줄기 빛에서 구원을 찾고 그 가르침을 믿지 않는 사람을 이상하게 여기는 모습은 지극히 배타적인 유일신교 같습니다.

이런 사회의 목소리에 따라 학교는 학생에게 능력을 가르치는 훈련소가 되었습니다. 물론 이 흐름에 반대하는 목소리를 내는 선생들도 있지만, 사회 대다수의 어른이 원하기에 소수의 사람만으로는 쉽게 맞서지 못합니다.

아이들은 그저 좋은 학교에 진학한다는 눈앞의 목표에만 집중하며 오로지 공부만 하게 되었습니다. 무엇을 위해 공부하냐고 물어도, 잘 모르고 생각하기 귀찮으니까 지금은 공부에 집중하자고 생각하며 사고를 정지시켰습니다.

사고정지는 수단의 목적화를 일으킵니다. 대학은 본래 자신이 탐구하고 싶은 학문을 연구하기 위한 수단임에도 좋은 대학에 입학하는 것 자체가 공부의 목적이 되었습니다. 이것을 '자기목적화^{activity trap}'라고 합니다.

원래의 목적을 잃은 세계에서는 단지 눈앞의 성적이 좋은 지, 다른 사람보다 뛰어났는지에만 관심을 둡니다. 그리고 성적이 좋으면 칭찬을 받고, 성적이 나쁘면 그동안 게으름을 피웠던 대가가 돌아온 거라는 비난과 질책을 받습니다. "기회는 모두에게 공평하게 주어지니, 전부 본인의 노력에 달린 거야. 사람들이 누군가를 가혹하게 대하더라도 그건 그 사람이 노력하지 않았기 때문이니까 결국 본인의 책임이야"라고 말입니다.

음, 확실히 시험에서 떨어져 어깨를 축 늘어뜨리고 있는 사람을 보고 '노력하지 않은 네 잘못이지. 누구를 탓하겠어'라고 생각했던 적이 있는 것 같아.

제 안에도 이러한 심리가 작용하고 있다는 걸 깨닫고 깜짝 놀라 한동안 불편한 마음이 떠나질 않았습니다. 그러던 중 일본의 사회심리학자 고자카이 도시아키^{小坂井敏晶}를 만났습니다. 그의 저서 《책임이라는 허구^{責任という虚構}》(2008)를 읽고 그의 강연을 들으며 답답했던 마음이 시원하게 뚫렸습니다. 그는 이렇게 말했습니다.

"현행 학교 교육은 격차의 원인이 우연히 결정됐음에도 평등한 교육이라는 이름으로 아이들에게 순위를 매기는 데다 순위로 노력의 결과(책임)를 떠넘깁니다. 능력 격차는 대개 우연으로 결정되지만, 이와 달리 학교는 자기책임론적 격차 정당화에 크게 기여하고 있습니다."

즉, 학교는 '모든 건 자기 책임'이라는 격차사회를 만드는 데 한몫했습니다. 로크와 루소에서 시작한 '모든 아이에게 자유롭고 평등한 교육의 기회를 제공한다'는 드높은 이념이 오히려 사람들에게 가혹한 책임을 묻게 되었습니다. 그리고 '격차와 불평등이 생겨도 어쩔 수 없다'고 생각하게 되었죠. 사람들이 물리적으로나 심리적으로 몰리면서 오히려 좋아하는 것을 탐구할 기회를 전부 빼앗기게 되는 결과에 이른 것입니다.

오, 엄청 예리한걸. 듣고 보니 정말로 그래. 이 얼마나 모순된 결과인지.

'지옥으로 가는 길은 선의로 포장되어 있다'는 유럽의 속담이 지금의 학교와 사회에 딱 맞는 표현이 아닐까요?

통계상 숫자에 불과했던 '능력'이
테스트를 거듭하면서 실체화되었다.

더 나아가 '능력만 몸에 익히면 행복해진다'는
신앙이 태어났고, 사람들은
'능력을 익히지 않으면 안 돼'라며 두려움에 휩싸였다.

지금은 그 가르침을 믿지 않는 사람을 배제하는 일까지 생겼다.
능력은 허구일 뿐인데도 말이다.

순환논법의 속임수

우리는 자신이나 타인에게 '능력이 있다'든가 '능력이 부족하다'는 말을 자주 합니다. 예를 들어, 프로선수조차 긴장해서 제대로 된 실력을 발휘하기 어렵다는 월드컵 같은 큰 대회에서 대표 선수가 득점을 하면, 축구해설가는 "네, 이 선수는 가장 중요한 순간에 골을 넣을 수 있는 결정력 있는 선수입니다!"라고 해설을 합니다.

이 말엔 어떤 의미가 담겨 있는 걸까? '결정력'이란 어떤 힘을 말하는 걸까? 그 '힘'은 어떻게 해야 손에 넣을 수 있고, 어떻게 해야 높일 수 있는 걸까? 그리고 어떻게 그것을 측정할 수 있을까?

많은 사람이 특별한 능력을 얻기 위해서는 전문 코치나 선생에게 배우면서 연습과 실전 경험을 쌓아야 한다거나 '능력의 측정은 테스트 등의 평가로 시행한다고 말합니다. 그렇지만 이 대답은 질문에 대한 정확한 답이 아닙니다. 많은 경험을 쌓았다고 해서 반드시 성과가 나오는 것이 아니기 때문입니다.

앞서 소개한 예로 설명하면 결정력에는 절대적 기준이 없습니다. 예를 들어, 한 시합에서 평균 몇 점 이상 득점하는 사람을 결정력 있는 선수라고 단정할 수는 없습니다. 하지만 "저 선수는 리그 득점왕 타이틀을 가지고 있어"라는 말을 들으면 결정력이 뛰어난 선수라고 인정합니다.

즉, 능력은 어디까지나 결과론이며 비슷한 일을 하는 다른 사람과의 비교에 불과합니다. 결과가 좋으면 '저 사람은 능력이 있다', 나쁘면 '능력이 없다', 타인과 비교해 뛰어나면 '능력이 높고 우수한 사람', 뒤떨어지면 '능력이 낮고 그저 그런 사람'이라고 이야기할 뿐입니다.

이어지는 그림처럼 사람은 언제나 ① 행동해 보았다 → ② 그랬더니 다른 사람은 쉽게 내지 못하는 좋은 결과가 나왔다 → ③ 그래서 다른 사람에 비해 능력이 높다고 말한다의 순서로 평가를 작성합니다. 반드시 이 순서로만 인식하며, 능력의 유무가 결과론과 비교론이 만든 허구(꾸며낸 것)일 뿐인데도 이 허구를 실체하는 존재로 믿습니다.

왜 그럴까요? 그건 능력이라는 개념을 만든 프로세스가 ① 행동했다 → ② 좋은 결과가 나왔다 → ③ 능력이 높다라

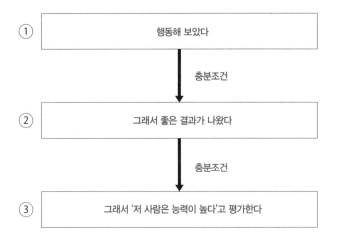

① 행동해 보았다

충분조건

② 그래서 좋은 결과가 나왔다

충분조건

③ 그래서 '저 사람은 능력이 높다'고 평가한다

는 순서라면 그의 반대인 ③ 노력해서 능력을 높이면 → ②
분명히 좋은 결과가 나올 테니 → ① 능력이 높아지면 행동
하자라는 흐름도 성립한다고 생각하기 때문입니다.

확실히 ①→②→③은 이 조건이 성립한다면, 반대 조건도
성립한다는 충분조건sufficient conditions을 만족시킵니다.

하지만 반대 방향인 ③→②→①이 반드시 성립하는 것은
아닙니다. 능력을 높인다고 해서 좋은 결과가 나올 가능성이
커진다고 보장할 수 없으며, 가능성이 커진다고 해도 언제
행동해야 좋을지 알 수 없기 때문입니다.

축구를 예로 들면 우선 ① 슛을 한다 → ② 골이 들어간다
→ ③ '저 선수는 결정력이 높다'라는 평가가 자연스럽게 성

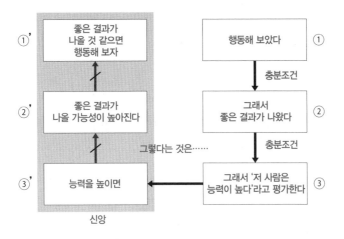

립합니다. 하지만 그렇다고 해서 ③'결정력을 높이기 위해 노력하면 → ②'골을 넣을 가능성이 커지냐고 한다면 꼭 그렇지만은 않습니다.

더욱이 어떤 상태일 때 결정력이 높아졌다고 말해야 할지 모르기 때문에 언제쯤 → ①''슛을 해야' 할지 모릅니다. 알 수가 없습니다.

그 결과 '나는 결정력이 부족하니까 슛을 하기에는 아직 일러'라고 생각하다 결국 영원히 슛을 하지 못하게 됩니다.

사실 노력한다고 해서 반드시 보상을 받을 수 있는 게 아니라는 것은 누구나 압니다. 그런데도 좋은 결과가 나온 이유는 능력이 뛰어나기 때문이고 노력해서 능력을 높였기 때문에 좋은 결과가 나온 것이라고 여깁니다. 즉, '높은 능력이야말로 좋은 결과의 원인이다'라고 생각하는 것입니다.

이 논리는 '능력을 높여야 한다, 성과를 내기 위해서는 다양한 능력이 필요하기 때문이다'라고 설명해야 하는 것 자체가 이유가 됩니다. 따라서 논리에 맞지 않는 '궤변sophistry'일 뿐입니다. 이런 논리를 '순환논법circular reasoning'이라고 합니다.

그런데도 많은 사람은 이것이 논리로 성립되어 있다고 생각하며 '공부해서 학력을 높이면 언젠가 반드시 보상을 받는다', '능력을 높이는 것이 행복해지는 유일한 길이다'라고 굳게 믿습니다. 이것이 능력신앙의 정체입니다.

실제로 존재하지 않는 것을 존재한다고 믿는 것을 신앙이라고 하는데, 신앙에는 믿음 이상의 이유가 필요하지 않기 때문에 능력신앙에 대해서만큼은 많은 사람이 완전히 사고를 멈춥니다. 현대인은 이미 능력교의 신자입니다. 능력교는 어쩌면 세계 최대의 신앙일지도 모릅니다.

왜 능력이 실체로 존재한다고 믿게 되었을까?

그런 의문이 떠오른 바로 그때였습니다. 책상 위에 쌓여 있던 책 더미에서 갑자기 강한 빛이 나오기 시작했습니다. 일리치의 《절제의 사회》에서 뿜어져 나오는 빛이었습니다. '설마……'

그 순간 저는 오래된 강당에 있었습니다. 앞에서는 일리치가 강의를 하고 있었습니다.

"……기계가 발달한 이유는 기계가 인간을 대신해 노예가 될 거라는 가설 때문이었어요. 기계가 개량되면 그만큼 인간을 노동에서 해방시킨다는 계획이었죠."

열변을 토하는 그의 말에서 날카로움과는 별개로 어딘가 즐기는 듯한 자유로움이 느껴졌습니다.

"하지만 '기계의 주인'으로 군림하려 했던 인간은 실제로 '기계를 조작하는 사람'이 되어 무의미한 노동을 하고, 기계가 만들어낸 상품을 수동적으로 사용하는 '소비자'가 되고 말았죠. 즉, 기계가 노예를 대신하는 것이 아니라 인간을 노예로 만들었어요."

음…… 그런데 이게 어떻게 능력신앙으로 이어진 거지? 질문을 하려던 순간 일리치가 청중에게 질문을 던졌습니다.

"성능이 훨씬 뛰어난 새로운 기계가 등장하면 지금 사용하는 기계는 어떻게 될 것 같나요?"

성능이 좋은 물건이 나온다면 그야 당연히 새로운 기계로 교체되겠지.

"그렇다면 기계가 고장이 나면 어떻게 하나요?"

그야 바로 교체하지. 기계는 성능으로 평가되는 숙명을 가지고 있으니까……. 아! 인간도 마찬가지구나! 인간은 기계가 발달해 온 지난 200년 동안 공장의 생산 시스템과 관리 시스템 일부에 편입되어 일하면서 자신들이 기계와 같은 처지가 되었다고 생각하는구나. 그러니까 지금까지는 '인간의

이반 일리치 Ivan Illich(1926-2002)

기계화'가 진행된 200년이었던 거네.

점차 인간은 시스템 안에서 능숙하게 움직이는 뛰어난 존재가 되고 싶었겠구나. 그렇게 되지 못하면 이 사회에서 살아남을 수 없다고 생각했고. 아니, 생각할 수밖에 없었던 거네.

"맞아요."

일리치는 이쪽을 보고 고개를 크게 끄덕였습니다.

'기계화된 인간'도 '성과'로 평가를 받게 된 거네. 그래서 사람들은 성능이 좋으면서 고장 나지 않고, 사용이 편리한 존재로 능력을 계속 업데이트해야만 했고. 변화에 대응하기 위해 새로운 기술을 익히는 리스킬링reskilling이 바로 이거구나.

맙소사. 인간을 힘든 노동에서 해방시키기 위해 만든 기계가 결과적으로 인간을 노예로 쓰다니…….

멍하니 서 있자, 일리치는 조용히 빛 속으로 사라졌습니다.

능력신앙이 인간의 기계화에서 초래되었고, 이는 인간이 바라던 자유에서 불행한 결과가 나왔다는 뜻일 테니, 이 모순된 상황에 안타까움을 느꼈습니다.

앞에서 사람들이 능력을 실체로 인지하게 된 배경에는 순환논법이 있다고 이야기했습니다. 인간이라면 누구에게나 있는 뇌의 버릇 같은 것으로 인류가 이 순환논법으로 문명을 발달시켰다는 측면도 있습니다. 가장 큰 예가 돈입니다. 돈이 돈이 된 이유는 다른 사람도 이것을 돈으로 받아들인다고 믿기 때문입니다. 이 또한 순환논법입니다.

능력도 돈과 같은 허구에 불과하지만, 그것을 믿었기 때문에 경제와 사회가 발달했다는 점도 알아야 합니다.

참고로 일본에서는 좋은 결과를 낸 다른 사람에게 "대단하세요!"라는 칭찬을 받으면 대부분 "아니에요, 우연히 운이 좋았을 뿐이에요"라고 답하며 자신을 낮춥니다.

이 '운'이라는 개념도 결과에서 나온 허구에 불과합니다. 인과관계를 정확히 알 수 없지만 좋은 결과가 나왔을 때 '거기에 작용했을 설명하기 어려운 무언가'를 우리는 운이라고 부릅니다.

운도 능력과 마찬가지로 어느 순간 정말로 존재하는 것으로 사람들은 믿게 되었습니다. 많은 사람이 운세를 높이기 위해 절에 기도를 드리러 가거나 부적 등 운세가 좋아지는 상품을 사고, 운세를 높이기 위해 노력합니다. 그런 의미에서 능력과 운은 마치 쌍둥이 같습니다.

능력은 어디까지나 결과론이며
비슷한 일을 하는 다른 사람과의 비교일 뿐이다.

허구일 뿐임에도 다들 능력이
돈과 운처럼 실체가 있으며,
능력을 높이면 보상을 받는다고 믿었다.

산업혁명에 의한 '인간의 기계화'가 진행되었기 때문이다.

능력과 운과 돈.
사실 이것 외에도 사람들에게 해를 끼치는 신앙이 있었다.

재능은 백해무익하다

능력만큼 자주 쓰는 말로 '재능talent'이 있습니다.

소질gifted이나 적성aptitude도 자주 사용합니다. 또한 재능을 나타내는 가장 두드러진 표현으로 '선천적으로 뛰어난 재능', '보통 사람의 노력으론 따라잡을 수 없는 재능'을 의미하는 천재genius라는 말도 있습니다.

정말 자주 쓰는 표현이야. "대단해! 천재야!"라든가 "소질이 있어!"라며 칭찬할 때 사용하는데 '어차피 나에게는 재능이 없어……' 하고 생각하며 포기하게 만드는 말이기도 해. 애초에 '재능'이란 무엇일까?

능력과 마찬가지로 재능에도 실체가 없습니다. 그런데도 사람들이 그 존재를 믿는 이유를 '사후 과잉 확신 편향hindsight bias'이라는 심리학 용어로 설명하겠습니다. 사후 과잉 확신 편향이란 어떤 결과를 알고 난 후에 '이봐! 역시 그럴 줄 알았어!'라며 마치 사전에 예측했었다는 듯 느끼는 심리를 말합니다.

사후 과잉 확신 편향은 누구에게나 있으며, 때때로 큰 문제를 일으키기도 합니다. 바로 생각한 대로 결과를 내지 못한 사람을 부당하게 과소평가하는 것입니다.

우연히 결과가 나쁘게 나왔을 때, 그 상황을 판단한 사람을 무능하다고 단정 짓습니다. 이것을 사후 과잉 확신 편향 중에서도 특히 결과 편향outcome bias이라고 부릅니다.

예를 들어, 축구 대표팀 감독을 시합에서 이겼을 때는 '명감독'이라고 치켜세우는 한편, 지면 '무능한 감독'이라며 비난하는 관객을 전형적인 예로 꼽을 수 있습니다. 감독은 팀 내에서만 알 수 있는 상황을 고려해 '이게 최선이야'라고 판단해 지휘합니다. 누구보다도 험난한 과정을 밟아온 감독이 자신의 감독 생명을 걸고 하는 일을 보고 관중은 그저 결과만으로 '저 감독은 안 되겠어, 감독으로서 재능이 없어'라며 손쉽게 잔혹한 평가를 내립니다.

여기서 제가 하고 싶은 말은 결과론으로 상황이나 사람을 평가하는 사회는 결국 자신의 목을 조르게 된다는 것입니다. 결과만 보고 실패를 깎아내리는 사회에서는 위험을 감수하고 대담한 결단을 내리거나 행동하기를 주저하게 됩니다. 결과론으로 평가하는 사회에서는 '누군가가 실패한다' → '결과론으로 비난한다' → '움츠러든다' → '앞서서 행동하지 않는다' → '선수先手를 빼앗긴다' → '때를 놓친다'라는 흐름이 생기고, 그로 인한 악영향은 결국 자신들에게 되돌아옵니다.

머리로는 이해한다 해도 편견에서 벗어나기는 어렵습니다. 그러니 그렇게 생각하는 자신을 탓할 필요는 없습니다.

중요한 건 '아, 지금 드는 이 생각과 감정에는 선입견이 있어'라고 자각하는 것입니다. 이것을 '메타인지metacognition'라고 합니다. 메타인지를 자각하게 되면 사람에 대한 이해심이 넓어지고, 쓸데없는 다툼이 사라집니다. 그리고 자기 자신에게도 친절해져 자기혐오에 빠지지 않게 됩니다.

미국에서는 아이들에게 "Good try!"라는 말을 자주 합니다. '아쉽게도 좋은 결과를 내진 못했지만 과감하게 시도했다는 것 자체에 의미가 있어'라고 칭찬하며 그 과정을 위로하는 말입니다. 이런 자세와 결과 편향으로 상대방을 비난하는 자세 중 어느 쪽이 좋은지는 굳이 말하지 않아도 알 것입니다.

또한 재능이라는 말 뒤에는 '가용성 편향availability heuristic'이라는 심리적 기제가 있습니다. 사람은 머릿속으로 떠올리기 쉬운 현상을 바탕으로 판단하는 경향이 있습니다. 우리는 결과론으로 사물을 생각하는 것에 익숙해져 있기 때문에 그 생각이 올바르고 정확하다고 인식합니다. 즉, 인간은 결과론으로 현상을 보는 것을 좋아하는 동물입니다.

이처럼 재능은 능력과 마찬가지로 편견에 의해 내려진 외부인의 얄팍한 평가에 불과합니다. 그런데 재능이 능력보다 질이 나쁜 이유는 여기에 결정론적 생각이 숨어 있기 때문입니다.

결정론determinism이란 '자유롭게 생각하고, 행동한 모든 것이 전부 자연법칙과 운명 등 무언가에 의해 미리 정해져 있다'는 사고방식입니다.

능력신앙은 '노력을 거듭하면 반드시 능력이 높아진다'라는 신념을 바탕으로 움직이기 때문에 결정론보다 낫습니다. 하지만, 재능은 '노력해도 재능이 없으면 능력은 높아지지 않는다', '재능이 없는 사람은 아무리 노력해도 되지 않는다'라며 포기하게 하므로 매우 질이 나쁘다고 할 수 있습니다.

재능이라는 말이 나쁜 방향으로 움직이는 것은 다음과 같은 경우입니다. 본인은 그냥 좋아서 했을 뿐인데 우연히 나쁜 결과가 이어지면 주변 사람들로부터 "불쌍하지만, 저 사람은 재능이 없어"라는 말을 듣습니다. 본인도 그 말을 순순히 받아들여 '나는 재능이 없어' 하고 자책하며 자신감을 잃게 됩니다. 이런 모습은 경기나 경연대회, 선발시험 등에서 자주 볼 수 있습니다.

인간은 원래 좋아하는 모든 활동에 즐겁고 진지하게 참여합니다. 그것만으로도 충분하죠. 그런데도 재능과 적성, 소질이 없는 사람은 열정과 노력만으로는 극복할 수 없으니 아무리

미신

| 나쁜 결과가 나왔다 | → | '저 사람은 재능이 없다'고 평가한다 | → | 스스로 '나는 재능이 없다'고 평가해 완전히 자신감을 잃는다 |

| | | '저 사람은 재능이 있다'고 평가한다 | → | 재능이 있다는 말을 들어도 이유를 모르기 때문에 자신감이 생기지 않는다 |

| 행동해보았다 | 충분조건 → | 그래서 좋은 결과가 나왔다 | 충분조건 → | 그래서 '저 사람은 능력이 높다'고 평가한다 |

라고 하는 것은

| 좋은 결과가 나올 것 같으면 행동해보자 | ← | 좋은 결과가 나올 가능성이 높아진다 | ← | 능력이 높아지면 |

신앙

해도 안 된다는 사고방식이 사람들의 의욕을 빼앗습니다.

원래 경연대회와 같은 선발 시스템은 그 분야를 좋아하는 사람들의 동기부여를 높이고, 해당 분야를 지원하기 위해 시행하던 것입니다. 하지만 선발이 평가로 이어지고 재능이라는 실체도 없는 것을 끌어당기면서 오히려 좋아하던 사람들에게서 자신감을 빼앗는 매우 아이러니한 결과를 초래했습니다.

한편 "당신은 재능이 있어! 대단해!"라는 말을 들으면 기분이 좋아지지만, 제삼자의 말에는 이렇다 할 설득력이 없는 탓에 큰 격려가 되진 않습니다. 또한 좋은 결과를 낸 진짜 이유를 본인도 모르는 경우가 많아 확고한 자신감으로 이어지지도 않습니다.

그래서 재능이 있다, 없다를 이야기하는 것은 미신을 믿는다, 믿지 않는다를 이야기하는 것과 같다고 해도 과언이 아닙니다.

그런 의미에서 능력이라는 신앙과 재능이라는 미신을 '백해무익하다'고 합니다. 그런데도 사람들이 계속해서 이러한 신앙과 미신을 믿는 것이 안타까울 따름입니다.

능력이라는 신앙도, 재능이라는 미신도
결국은 사람에 대한 평가다.

평가는 사람에게서 자신감을 빼앗는다.
그것이 가장 큰 문제라는 것을 모두 알고 있지만
'그럼, 평가하지 않아도 되나요?'라고 물으면
모두 입을 굳게 다문다.

하지만 사실은 평가를 대체할 수 있는 것이 있다.
한 인물이 그 힌트를 주었다.

우열의 선을 넘어

자랑은 아니지만 저는 '벼락치기'를 매우 잘했습니다. 벼락치기로 높은 점수를 많이 받았습니다. 이것도 자랑은 아니지만 그렇게 공부한 내용은 하나도 기억나지 않습니다. '벼락치기'는 뇌의 단기기억을 사용하기 때문에 시간이 지나면 전부 잊어버리게 됩니다.

테스트라는 한 번의 스냅숏snapshot으로 높은 점수를 받기 때문에 주변 사람은 물론이고 자신도 확실히 이해했다고 깜빡 속지만, 배움의 측면에서는 아무런 의미가 없습니다.

자신이 얼마만큼 공부해서 성장했는지를 측정할 때는 목표달성도를 평가하는 편이 좋다는 의견이 있습니다. 이것을 '절대평가'라고 하는데 저는 여기에도 의문이 있습니다. 육상의 기록경기처럼 명확한 기준이 있는 운동이라면 어느 정도 의미가 있을 것입니다. 하지만 승부에 집착하다 보면 절대평가로는 만족하지 못해, 어떻게 해서든 남과 비교하는 '상대평가'에 신경을 쓰게 됩니다.

하물며 화가와 음악가, 소설가, 요리사, 과학자처럼 창조적인 일을 하는 사람에게 순위를 매길 필요가 있을까요? 순위로 인해 그들이 열등감을 느끼거나 자신감을 잃어버려야 할 이유는 어디에도 없습니다.

'평가'는 인간의 다양한 활동성을 저하시킬 뿐만 아니라 인간의 성장 가능성을 낮춥니다. 평가가 인간의 배움을 어렵게 만들고 그것이 재능이라는 미신을 낳아 사람들로부터 자신감을 빼앗아 갔습니다. 그리고 능력이 낮은 사람을 '게으름뱅이', '낙오자' 취급하며 불행에 빠뜨렸습니다. 그래서 보통 평가는 '본인에게 의욕과 격려를 북돋아 줄 정도가 적당하며 그 이상은 바람직하지 않다'고 합니다.

누구나 납득할 만한 결론으로 정리하면 이 정도로 충분하겠지만, 다소 아쉬운 면이 있어 개인적인 의견을 덧붙이자면 나는 상대평가도 절대평가도 필요하지 않다고 생각해. 그보다 내가 즐기고 있는지가 훨씬 더 중요할 테니까.

'테스트'의 어원은 연금술사가 광석의 성분을 분석하기 위해 사용했던 흙 항아리를 나타내는 라틴어 'testum'에 있습니다. 이 말이 제품의 품질을 관리하는 테스트를 의미하게 되었습니다. 단어의 유래만 보더라도 말 그대로 '인간은 공업

제품과 같다'라는 사고방식이 담겨 있습니다.

테스트는 지금까지 크게 유행하고 있으며 이 순간에도 다양한 곳에서 까다로운 테스트가 생겨나고 있지만 저는 이것이 이미 시대에 뒤떨어진 방식이라고 생각합니다.

좋아하지 않는 일을 계속 참아가며 한들, 테스트 성적이 나쁘다는 말을 들으며 노력한다 한들, 어떠한 도움도 되지 않기 때문입니다. 인공지능이 인간보다 훨씬 더 능력이 뛰어난 시대에 억지로 외운 내용은 도움이 되지 않습니다.

그보다 '재미있어서 질릴 틈이 없는' 인생이 훨씬 더 즐겁습니다. 남보다 뒤처진다고 부끄러워할 필요도 없습니다. 꾸준히 즐기는 인생이 더욱 풍요로우니까요. 무언가를 배운 사람과 그렇지 않은 사람의 차이는 결코 '우열'이 아닌 '개성'이므로 각자 하고 싶은 일을 하면 됩니다. 그것으로 충분합니다.

평가는 필요 없다고 말하지만, 정말로 아무것도 없어도 괜찮을까? 평가처럼 배움을 재미없게 만드는 것 대신 재밌고 풍성하게 해주는 건 없을까?

그래서 저는 평가를 대체할 것을 찾아 여행을 떠났습니다.

거기서 20세기에 가장 영향력 있는 미국인이라는 평을 듣는 미국의 작가 데일 카네기를 만났습니다. 그리고 그의 세계적 베스트셀러 《데일 카네기 인간관계론》(1936)에서 인간관계의 중요한 원칙 중 하나로 꼽았던 이 말에서 큰 힌트를 얻었습니다.

Give honest, sincere appreciation.
솔직하게, 진심으로 인정하고 칭찬하라.

카네기는 '칭찬appreciation'이라는 키워드를 반복해서 사용했습니다. '어떤 사람이나 대상을 제대로 이해한다'라는 의미로, 상대방의 장점을 이해하고 칭찬하는 따스한 눈빛이 담긴 말입니다.

영어사전을 보면 동사 'appreciate'에는 '감상하다'와 '감사하다'라는 두 가지 의미가 있습니다. 이 단어는 두 가지 의미 사이에 떼려야 뗄 수 없는 밀접한 관계가 있음을 알려줍니다. 예를 들어 예술작품을 감상할 때 단순히 멍하게 쳐다볼 것이 아니라 작가의 의도와 표현기술을 깊이 이해하면 작품의 장점과 매력을 더욱 깊게 알게 됩니다. 그로 인해 작품은 물론이고 작가를 사랑하게 되고 자연스레 존경심까지 갖게 됩니다. 그리고 마침내 '이런 훌륭한 작품을 만들어줘서 고맙습니다'라는 감사의 마음마저 생깁니다.

즉, 칭찬은 무언가를 접하면서 피어오른 감정과 그 감정이 생기는 과정 전체를 가리키는 말로, 단순히 '있다在る(존재하다)'는 것이 얼마나 '감사한在り難い(존재하기 어렵다는 의미에서 존재에 대한 감사를 표현하는 말)'일인가를 의식하는 태도라고 할 수 있습니다.

저는 이 칭찬이야말로 배움을 즐기고 풍요롭게 하며 결과적으로 배우는 사람에게 가장 큰 응원이 된다고 생각합니다.

'appreciation'에는 배우는 사람이 이 세상의 즐거움과 신비로움, 그리고 그것이 기적적으로 존재하는 것의 어려움을 차분히 곱씹어보는 감사appreciation의 뜻도 있지만, 주변 사람들의 독특한 탐구정신과 열정을 응원하는 칭찬appreciation의 뜻도 있습니다. 이 두 가지 appreciation은 모두 배우는 사람을 열렬하게 응원합니다.

사람은 누구나 칭찬을 받으면 기분이 좋아지고 더욱 열심히 하고자 하는 마음이 생깁니다. 또한 칭찬한 사람도 상대방의 존재를 감사하게 생각하며, 더욱 친애하고 고마운 마음을 갖게 됩니다. 자신이 그런 마음가짐으로 상대를 대하면 분명 상대도 나를 칭찬해 줄 것입니다. 그러면 서로를 이해하게 되고 더욱 행복해집니다. 전 세계의 모든 사람이 그런 마음으로 타인을 대한다면 분단 따위는 일어날 리가 없을 것입니다.

어떤 예술작품이든 그것을 감상하는 사람, 즉 '이해하는 사람'이 없으면 아무런 의미도 가치도 생기지 않으며 언젠가는 잊히게 됩니다. 이것은 예술뿐만 아니라 공예나 학문, 제품과 서비스도 마찬가지입니다. 칭찬하는 사람이 있어야 '만드는 사람'이 힘을 내 더욱 좋은 제품을 만듭니다. 인간의 문화 발전은 모두 칭찬에 달려 있습니다.

좋은 '제작자'가 좋은 '사용자'이자 좋은 '고객'인 경우가 많은 것은 우연이 아닙니다. 다양하게 존재하는 인간이 서로를 존경하고, 높이고, 애정으로 지지할 때 더욱 뛰어난 창조가 탄생합니다.

새로운 배움의 장을 만든다면 칭찬이 넘치는 공간으로 만들고 싶습니다. 평가라는 냉정한 칼로 난도질하고 아이들에게 약점을 각인시켜 자신감을 빼앗는 대신 칭찬이라는 존경과 애정과 감사로 모두가 가능성을 꽃피우게 해주고 싶습니다. 저는 지금 그런 생각을 하고 있습니다.

하나의 기준으로 결과를 평가하는 대신
발상 자체나 창조 과정 전체를 응원하는 칭찬이 있으면 좋다.

이러한 자세는 성과에 대한 존경은 물론이고
행동한 사람에 대한 애정과 감사를 낳는다.

칭찬이 격려가 되고, 새로운 도전이 더욱 큰 칭찬을 낳는다.

그 끝에 다양한 장점을 인정하는 사회가 만들어진다.

배움의 장소는 평가로 자신감을 빼앗는 곳이 아니라
서로를 향한 다양한 칭찬으로 용기를 채우는
장소가 되어야 한다.

I + E = M

서점을 둘러보면 '커뮤니케이션의 힘'이나 '문제해결능력', '결단력', '기획력', '문장력' 등 능력에 관한 책이 즐비합니다.

더욱이 '사람의 마음을 사로잡는 기술'이라든가 '상대방에게 밀리지 않는 협상의 기술'처럼 상대방을 잘 다루는 기술서가 베스트셀러를 차지하고 있습니다. 영화관에 가면 '초능력'을 가진 슈퍼히어로가 활약하는 영화가 큰 인기를 끕니다. 이렇게 사람들은 모두 능력을 좋아합니다.

이런 상황에서 학력으로 아이들을 측정하고 공부시키는 학교가 따돌림과 등교 거부를 낳는다고 주장하면 사람들은 그 말을 온전히 받아들이지 않습니다. 물론 따돌림과 등교 거부가 나쁘다는 데는 찬성하지만, 내놓는 대책의 대부분은 증상을 완화하는 대증요법일 뿐 근본부터 치료하는 '원인요법'으로 교육 시스템을 고치려 하지 않습니다.

'능력으로 평가받는 것이 이 세상의 현실이고, 그 안에서 잘 살아갈 인간으로 키울 방법 말고는 없어'라고 생각하는 사람이 많기 때문입니다. 혹은 '능력 없는 사람이 중요한 자리를 차지하면 안 돼. 중요한 자리에는 진정한 의미에서 능력이 높은 사람이 앉아야 하고, 그래서 더욱 능력을 정당하게 높이는 교육에 힘을 써야 해'라고 생각하는 사람도 많습니다.

또한 능력을 빼고 어떤 공평한 방식이 있다는 거냐고 묻는 목소리도 있습니다. 지금의 능력평가와 학교교육제도가 최고라고는 할 수 없지만 다른 방법보다는 낫다는 것이 대다수 사람의 의견인지도 모릅니다.

'인간의 지위는 태어날 때 정해지는 것이 아니라 그 사람이 가진 능력에 따라 결정되어야 한다'는 사고방식이 있습니다. 그런 사회를 능력주의meritocracy 사회라고 말합니다. 이 말은 영국의 사회학자 마이클 영이 가까운 미래를 무대로 한 공상과학소설 《능력주의》(1958)에서 처음 사용하면서 널리 알려졌습니다. 이 작품은 지능지수와 노력만으로 모든 걸 결정하는 능력주의 사회를 무대로, 오만으로 민중의 마음을 이해하지 못하는 엘리트들의 사회 시스템을 민중이 뒤집는다는 결말이지만 현재는 '출신보다 능력을 중시해 통치자를 뽑는 시스템'을 의미하는 말로 대중에게 자리 잡았습니다.

영국의 노동사회학자 존 골드소프John Goldthorpe 박사는 《능력주의의 여러 가지 문제Problems of Meritocracy》(1997)에서 능력주의는 세 가지 요소로 이루어진다고 설명했습니다.

첫 번째는 '사람의 직업은 출생지나 집안의 재력에 따라

차별받아서는 안 된다. 재능과 노력에 따라 누구든지 출세할 수 있다'는 것입니다. 요컨대 '기회의 평등'입니다.

예전부터 세계 곳곳에서는 사회적 지위가 가문에 의해 결정되는 사회, 즉 귀족이 지배하는 사회가 주류였습니다. 이것을 '귀족주의aristocracy'라고 합니다. 정치에 참여할 수 있는 사람은 귀족뿐이고, 대개 신분에 따라 직업이 정해졌습니다. 이러한 귀족주의에 반대하며 '인간은 모두 평등하다'는 기회의 평등을 전면에 내세운 것이 특징입니다.

두 번째는 '사람마다 능력에 걸맞은 교육 환경과 기회를 평등하게 제공한다'는 개념입니다. 이것만 보면 평등을 전면에 내세운 것처럼 보이지만 그 이면에는 '높은 능력을 갖춘 사람에게 더욱 뛰어난 교육을 제공한다'는 목적이 있습니다.

현재 교육과 기술을 결합한 에듀테크edtech 분야에서 인공지능을 사용해 학습자 개개인에게 최적화된 콘텐츠와 스타일을 자동으로 제공하는 적응형 학습 시스템adaptive learning system이 세계적으로 유행하고 있습니다. 이 기술을 바로 이 개념에 반영한 것입니다.

참고로 마이클 영의 소설에서는 사람들의 실력을 '우수한 성적merit'이라고 부르며, 지능Intelligence에 노력Effort을 더한 것이 본인이 가진 '실력Merit'이라고 정의했습니다. 'I+E=M'이라는 공식을 바탕으로 고도로 진보한 지능테스트와 적성테스트로 인생의 모든 것을 결정하는 것입니다.

그는 이 사회를 디스토피아에 가까운 미래로 그렸는데, 현재 화상 인식이나 센서를 활용한 감지 기술을 통해 학습자의 행동을 분석하고 이를 교육에 반영해 더욱 우수한 교육을 만드는 에듀테크가 점점 개발되고 있습니다. 이런 현상을 볼 때마다 이 소설을 허구라고 치부하기가 점점 어려워집니다.

세 번째는 특히 '업적'을 중시합니다. 우리 사회는 사람들의 지위와 보수로 격차가 생깁니다. 능력주의는 다른 격차는 인정하지 않지만, 업적의 차이만큼은 인정합니다.

'기회의 평등', '능력별 학습', '실적 중시' 세 가지로 만들어진 능력주의, 즉 실적으로 지위와 보수를 결정하는 평등주의가 근대에 들어 전 세계로 확산되었습니다.

또한 모든 국민을 능력주의로 둘러싸 사회를 하나로 묶을 수 있다는 생각도 동시에 퍼졌습니다.

'마음만 먹으면 누구나 할 수 있으니 다 같이 노력하다 보면 결국 모든 사람의 능력이 높아질 거야. 모두 능력이 높아지면 누구나 지위와 보수가 높아져 행복해질 거야'라고 믿은 걸까.

이로 인해 학교에서도 능력주의를 적극적으로 받아들였습니다. 그런 탓에 학교에서 '학력을 키운다'고 할 때는 '능력을 익혀 경제적으로 자립할 수 있는 인간이 된다'는 의미와 '제 몫을 하는 어른이 되어 사회를 지탱하는 훌륭한 시민이 된다' 는 두 가지 의미를 담게 되었습니다. 이렇게 학교는 '학력'을 익히는 훈련소, 즉 능력주의를 강화하는 곳이 된 겁니다.

아무래도 귀족이 사회를 지배하는 귀족주의나 대부호가 돈으로 사회를 지배하는 금권주의plutocracy에 비하면 능력주의 가 낫다는 기분이 듭니다. 하지만 이제는 능력주의를 멈춰야 하지 않을까요? '열심히 하면 모두 할 수 있어, 그러면 모두 행복해질 거야'라는 평등주의는 그림의 떡일 뿐, 실제로 그 런 사회는 실현되기는커녕 오히려 공평성을 악화시키고 있 으니까요.

분명하게 해두고 싶습니다.

능력주의는 모두를 행복하게 만들기는커녕 결국 대부분의 사람을 불행하게 만듭니다.

지위는 그 사람의 능력으로 결정해야 한다.

'기회의 평등'을 노래한 능력주의는
불평등을 없애기 위한 수단으로 많은 사회에서 받아들여졌다.

의문을 제기한 사람도 그것이 가장 좋은 방법인지는 몰라도
다른 사회체제보다 훨씬 더 낫다고 생각했다.

그에 대해 이의를 제기하는 것에서부터
나의 진짜 모험이 시작됐다.

학력 따위 높여서 뭐 할 건데?

앞에서 공업사회가 되면서 인간의 기계화가 진행되고, 인간도 능력과 실적으로 평가받게 되었다고 이야기했습니다. 아무리 기계가 발달해도 인간이 일을 계속할 수 있었던 이유는 '끊임없이 공부하며 자신을 업데이트했기' 때문입니다.

하지만 그것도 마침내 끝을 맞이하고 있습니다. 왜냐고요? 기계의 인공지능이 엄청난 속도로 진행되고 있기 때문입니다.

인공지능화된 기계, 즉 로봇은 스스로 자신을 업데이트합니다. 인간이 평생에 걸쳐 익힌 고도의 복잡한 기능도 단시간에 학습합니다.

즉, 인공지능은 능력 학습의 궁극의 존재, 즉 '능력주의의 최종병기'라 할 수 있습니다.

애초에 인공지능은 인간보다 훨씬 더 성능이 뛰어나기 때문에 그 성능을 매번 스스로 업데이트하게 된다면 앞으로는 '인공지능화된 기계' 앞에 '기계화된 인간'이 납작 엎드릴 수밖에 없습니다.

이 사실은 저에게 이러한 영감을 주었습니다.

'……잠깐만, 능력주의의 궁극적 존재인 인공지능이 모든 분야에 파고들면 오히려 능력주의가 끝나지 않을까?'

인공지능이 능력주의 중에서 가장 우수한 노동자라면 인간은 아무리 노력해도 뛰어넘을 수 없습니다. 운동 경기라면 인간끼리 경쟁했을 때에야 의미가 있겠지만, 비즈니스 세계에서는 곧바로 교체됩니다. 인간 노동자는 모두 인공지능에 의해 밀려나고 인간이 능력주의 경쟁을 기반으로 일하는 것에는 더 이상 의미가 없어집니다. 즉, '인간의 기계화'는 이제 끝이 납니다.

'인간과 인공지능을 대립시켜 생각할 필요는 없다. 잘 공존하면 된다'는 의견을 자주 접하는데 '공존'이라는 말 속에 여전히 인간이 지금까지 그래왔듯이 계속해서 일을 해야 한다는 전제가 깔려 있습니다. 하지만 지금처럼 일하는 행위에 의미가 없어질 테니 인간이 인공지능 앞에 납작 엎드리는 것이 결코 나쁜 것만은 아니라고 생각합니다. 오히려 그로 인해 인간이 '노동'으로부터 해방되면 좋지 않을까요?

곰곰이 생각해 보니 '인공지능은 능력주의를 끝내기 위해 등장했다'고 생각하면 되지 않을까? 즉, 인공지능은 '능력주의의 최종병기'인 동시에 '능력주의의 해방자'라고 말할 수 있

이미 우리는 노동자로 일하는 방식을 이어갈 수 없습니다. 하물며 시대를 가장 앞서 나가야 할 학교는 아이들을 노동자로 키우려는 교육을 하루빨리 멈춰야 합니다. 능력주의를 만드는 능력신앙을 버리고 능력평가를 멈추는 것. 그것이 앞으로의 시대를 만들어갈 열쇠입니다.

하지만 '평가 없는 세계', '의미 없는 노력은 필요 없는 세계'를 상상하다 보니 이런 목소리가 제 머릿속에서 메아리쳤습니다.

'터무니없이 능력이 낮은 사람이 중요한 자리를 맡으면 문제가 생기지 않을까? 노력을 안 하게 되면 모두 타락할 게 분명해. 그렇게 되면 세상은 끝이 날 거야!' 저는 이런 상상을 떨쳐내지 못했습니다.

'인간은 평가하지 않고는 못 배기는 동물로, 무의식중에도 뭐든지 평가한다. 그것은 인간이 가지고 태어난 본성이다. 평가 없는 세계 따윈 있을 수 없는 공론空論이다!'

이러한 비판이 계속 귓가에 맴돌았습니다. 여전히 상식의 틀에 얽매여 있다는 증거였죠.

하지만 생각을 거듭한 끝에 지금은 공론이 아니라고 확신하고 있습니다.

우리가 능력주의 사회에 있기 때문에 모든 현상을 무의식 중에 평가하는 것입니다. 그렇다고 해서 이를 인간이 가지고 태어난 본성이라고 말할 순 없습니다.

학교를 예로 들어보겠습니다. 학교 선생님은 학기마다 학생들을 '평가'해야 하는 현장에 있지만, 사실은 그들만큼 평가가 얼마나 무의미한지 뼈저리게 느끼는 사람도 없습니다.

아이들이 즐겁게 체험학습하는 모습을 참관한 교육계의 높으신 분이 "뭡니까? 아이들을 그냥 뛰어놀 게 둔 거 아닙니까? 저렇게 해서 어떻게 학력을 키웁니까?"라며 담임교사를 질책해 괴로워하던 담임교사가 학교를 그만뒀다는 이야기를 들은 적이 있습니다. 얼마나 안타까운 일인가요. 제가 만약 담임교사였다면 그 사람을 물끄러미 쳐다보며 이렇게 말했을 것입니다.

"선생님, 외람된 말이지만 살아 있는 인간에게 '학력'을 키우게 해서 뭘 하실 건가요??"

스스로 '우수한 기계'가 되려는 인간은 머지않아
'능력주의의 최종병기'인 인공지능으로 대체되고 만다.

하지만 이를 두려워하기보다
인공지능을 인간이 기계로 일하는 것에서 해방시켜 준
'능력주의의 해방자'라고 생각하자.

이것이 내가 인공지능을 보는 견해다.
그리고 이는 학교에서 배우는 방식에도 변혁을 가져올 것이다.

다른 점과 점을 연결하다

어린 시절 저는 암산이 특기였습니다. 그래서 '머리가 좋다'는 칭찬을 받곤 했습니다.

'계산력'은 인간의 우수한 능력 중 하나였지만 컴퓨터가 보급된 지금은 인간에게 그다지 중요하지 않다는 의견에 반대할 사람이 거의 없어 보입니다.

마찬가지로 지금 학교에서 높여야 할 학력, 예를 들어 풍부한 지식과 논리적 사고력이 더 이상 인간에게 중요하지 않은 시대가 올 것입니다. 인공지능이 보급되면 그러한 능력은 모두 무의미해질 테니까요.

지금 학교에는 이런 능력을 높이는 교육과정만 있는데, 그렇다면 앞으로 아이들은 학교에서 무엇을 공부해야 할까?

과거에 저는 누구보다도 능력을 높이면 행복해질 것이라

고 믿으며 열심히 공부했습니다. 실제로 저는 능력주의 사회 속에서 상위 그룹에 속했습니다. 그런데 행복하지 않았죠. '지금의 위치에서 언제 떨어질지 몰라, 뒤처지기 싫어!' 하며 항상 겁에 질려 있었습니다.

'누구도 행복해지지 않는 신앙을 도대체 무엇을 위해, 누구를 위해 믿어야 하는 거야!'라고 모두에게 따지고 싶었습니다. 하지만 동시에 제 안에 또 다른 제가 강한 어조로 이렇게 말했습니다.

"그래도 학력을 높이고 기능을 익히면 여러모로 도움이 된다고 하잖아? 인공지능이 하나부터 열까지 모든 걸 해주는 것도 아니고, 인공지능이 아무리 발달해도 인간의 일이 없어지지는 않겠지. 인간은 다른 사람을 도와줄 때 기쁨을 느끼는 존재니 누군가를 돕기 위해 능력을 익히는 게 뭐가 문제야?"

이 말에 저는 이렇게 대답했습니다.

"지금 말한 내용은 잘못되지도, 나쁘지도 않다고 생각해. 그런데 말이야, 내가 사는 세상에서는 나쁘지 않은 일이라도 사회 전체로 모이면 큰 문제가 되기도 해. '능력을 익혀 남을 돕는 사람이 돼야지'라는 생각으로 노력하는 사람은 자신이 어떠한 도움도 되지 못했다는 걸 느낄 때 의욕을 잃게 돼. 상황이 심각해지면 '난 아무런 도움도 주지 못하는 쓸모없는 인간이야'라며 자신을 탓하다 결국에는 무기력에 빠지지.

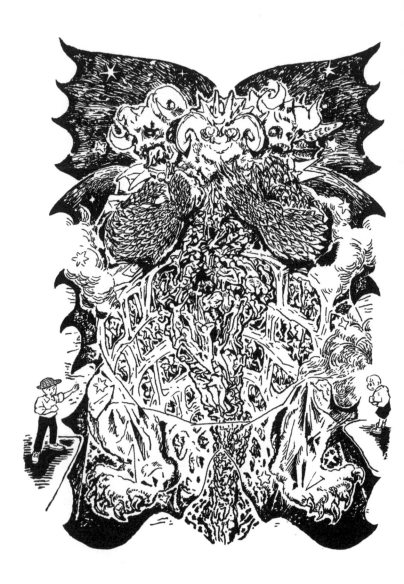

이것을 '비관주의pessimism'라고 하는데, 이 비관주의가 사람들 사이에 널리 퍼지면 사회는 불행으로 뒤덮이게 될 거야."

비관주의에 뒤덮인 세계는 가장 불행한 세계 중 하나라고 해도 이상하지 않습니다. 포기로 마음이 굳어져 버리니까요. 살아 있어도 죽은 것과 마찬가지죠.

여기서 다시 또 다른 제가 물었습니다.

"맞아, 그럴지도 모르지. 다들 '노력하지 않아서 행복해지지 않는 네가 잘못됐어', '너만 힘든 거 같아? 다 힘들어'라고 말하잖아?"

이에 대해 저는 이렇게 대답했습니다.

"이 사회는 능력을 높이기 위해 노력하지 않는 사람을 비난해. 자신보다 능력이 높은 사람을 부러워하고 자신보다 능력이 낮은 사람을 멸시하며 자신과 같은 선에 있는 사람을 향해 '나를 앞질러 가는 사람은 용서할 수 없어'라고 압박하지. 항상 누군가의 평가 속에 긴장하며 살아야 하는 답답한 사회. 인간관계가 원활하지 않은 사회는 싫잖아? 그래서 나는 능력주의가 나쁘다고 강하게 주장하는 거야."

제가 능력신앙과 능력주의를 비판하고 능력주의를 뛰어넘는 새로운 사회를 만들어야 한다고 생각하는 이유를 다음의 다섯 가지로 정리해 보았습니다.

1. '배움'에서 '놀이'가 분리되면서 모두 재미없어지게

된 것

2. '능력'과 '재능'이라는 개념이 의욕과 자신감을 빼
앗은 것

3. 능력신앙과 능력주의가 쉽게 낙오자를 만드는 원
인이 된 것

4. 불필요한 비관주의에 빠진 불행한 아이들이 계속
태어나는 것

5. 마지막으로 대다수 사람의 일이 인공지능으로 대
체된다는 것

능력주의는 사람들에게 비관주의를 염려하는 '자기 책임'
의 독을 '선의'라는 오블라트Oblate(전분으로 만든 얇은 피)에 싸
서 교묘히 마시게 했습니다. 독에 노출된 사람은 도망칠 곳
없는 막다른 길에 내몰렸죠.

'자기 책임'이니까 누구도 원망할 수 없습니다. 자신을 탓할
수밖에 없고 자신을 싫어하다 결국에는 비관주의에 빠져 무간
지옥을 떠돌게 됩니다. 두렵고 끝이 보이지 않는 불행입니다.

결코 빠져나올 수 없는 지옥이기에 능력이 뛰어나다고 평
가받은 사람도 언제 지옥에 떨어질지 몰라 하며 두려움에 떱
니다. 위험을 직감한 어머니는 아이를 구하기 위한 모성본능
으로 학교에서 돌아온 자녀에게 잔소리를 퍼붓습니다.

"숙제했어? 제대로 해야지! 시험에서 좋은 성적을 받지 못

하면 좋은 학교에 갈 수 없어! 나중에 후회할 사람은 바로 너야! 양말 벗으면 빨래통에 넣으라고 했지!"

지옥을 두려워한 어머니들은 잔소리꾼이 되어 아이들에게 미움을 받게 됩니다.

잔소리를 퍼붓는 엄마도, 겁에 질린 아이도 모두 불행해. 어떻게 이 막다른 길에서 빠져나와야 할까…….

여기서 한 가지는 확실히 말할 수 있습니다. 능력주의는 뛰어넘고 싶다고 생각하더라도 결코 뛰어넘을 수 없다는 것을요.

영어로 'Thinking outside the box'라는 표현이 있습니다. '지금과는 다른 새로운 시점으로, 틀에 박히지 않은 사고를 하다'라는 의미입니다. 우리는 무의식중에 상식이라는 틀 안에 갇혀 있기 때문에 먼저 '우리가 틀 안에 있다'라는 것을 깨닫고, 그 틀에서 벗어나 밖에서 바라봐야 합니다. 그러면 반드시 새로운 아이디어가 떠오릅니다. 우리에겐 이러한 발상이 필요합니다.

그런 생각을 하던 중, 이 설명에 가장 잘 어울리는 예를 찾았습니다. '아홉 개 점 퍼즐Nine dots puzzle'입니다. 미국의 유명한 퍼즐 작가인 샘 로이드Samuel Loyd가 《퍼즐백과Cyclopedia of Puzzles》

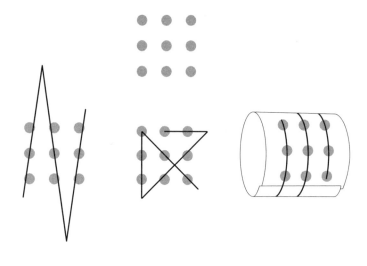

(1914)에 소개하면서 알려진 퍼즐입니다. 이 퍼즐의 목표는 펜을 떼지 않고 같은 선을 두 번 이상 지나지 않으면서 네 번 이하의 직선을 이용해 아홉 개의 점을 모두 연결하는 것입니다.

이 퍼즐은 아홉 개의 점만 생각해서는 답을 찾을 수 없습니다. 시야를 크게 넓혀야 이 그림처럼 풀 수 있습니다. 이 방법 외에도 답이 있지만 어떤 풀이든 아홉 개의 점이라는 '상자' 밖으로 크게 벗어나 긴 선을 그어야 합니다.

이건 쉽게 떠올릴 수 없는 발상이야. 이걸 힌트로 다시 한번 능력주의를 대신할 사회가 무엇인지 생각해 봐야겠어. 어떻

게 하면 아이디어가 떠오를까? 이 질문에서 '시야를 넓혀 선을 긋는다'는 건 무엇일까.

'다른 점과 점을 연결'하는 것, 즉 다양한 사람의 세계와 만나는 것입니다. 지금까지 연결되지 않았던 점과 점, 즉 사고방식과 문화, 발상이 전혀 다른 사람들과 새롭게 교류하는 것입니다.

멋진 우연과 만나거나 예상치 못했던 발견을 하는 것을 '뜻밖의 발견serendipity'이라고 하는데 다른 점과 점을 연결하면 뜻밖의 발견이 일어나기 쉽습니다. 즉, 지금까지의 상식을 뛰어넘은 아이디어와 사물을 보는 견해를 얻기 쉬워집니다.

이러한 행동을 반복하다 보면 능력주의를 뛰어넘은 새로운 세계를 떠올릴 수 있지 않을까요, 아니 모든 사람이 이런 행동을 자발적으로 한다면 그 자체가 결과적으로 능력주의를 대신할 사회를 낳지 않을까요?

여행을 떠나면 다양한 사람과 상황을 만난다. 그것도 전혀 예상하지 못했던 만남뿐이다. 이 역시 뜻밖의 발견이자 우리가 여행을 떠나야 하는 이유다.

Q. 왜 '학력'을 높여야 하는가?
(왜 어른들은 공부하라고 말하는가?)

아이가 재미없는 방법으로 학력을 높여야 하는 이유는 그저 부모가 아이에게 그렇게 요구해서입니다. 그 이면에는 '능력'이라는 개념이 있고, 능력을 높이지 않으면 자신의 아이가 제 몫을 하지 못할 거라는 부모의 선입견이 있습니다. 즉, '능력을 높이면 행복해진다'는 능력신앙이야말로 학력을 높여야만 하는 가장 큰 원인으로 꼽힙니다.

'애초에 능력이 뭐지?'라는 의문이 생긴 저는 능력이라는 개념이 태어난 경위를 찾기 시작했습니다. 그리고 다윈의 진화론과 멘델의 유전학에 충격을 받은 프랜시스 골턴이 인간의 개인차를 연구하는 우생학을 만들고, 지능지수로 대표되는 인간의 능력을 측정하는 학문을 연구하게 되었다는 사실을 알았습니다.

원래 지능지수는 지적장애 아동을 구분하기 위해 만들어졌습니다. 그런데 제국주의의 식민지정책을 정당화하기 위해 인종과 민족에 등급을 매기는 데 악용되었고, 이후에는 노동자를 걸러내거나 노동자의 의욕을 북돋우는 데 이용되었습니다. 더욱이 시간이 흐르면서 능력은 사회에 존재하는 만능 통화처럼 여겨졌고 사람들이 '행복해지기 위해서는 능력을 높여야만 한다', '능력만 있으면 무엇이든 할 수 있다'고 생각하면서 능력

자체가 신앙의 대상이 되었습니다.

능력신앙을 확고하게 만든 건 다름 아닌 학교였습니다. 능력을 높이기 위해 공부를 강요했고, '아이들을 보호하고 모든 아이에게 자유롭고 평등한 교육의 기회를 제공한다'라는 이념이 오히려 사람들에게 자기 책임을 묻고 격차와 불평등이 생겨도 어쩔 수 없다고 생각하게 하며 자유로운 배움의 기회를 빼앗았습니다.

이러한 '능력'과 '신앙'이 생겨난 과정을 알게 된 저는 능력 자체에 의문을 갖게 되었습니다. 능력은 실체 없는 무의미한 개념이고, 어디까지나 결과론이며 상대평가일 뿐이라는 결론에 이르게 된 것입니다.

능력은 신앙에 불과하다. 그리고 운과 재능도 미신일 뿐이다. 그런데도 거기에 매달려 있는 사람이 얼마나 많은가? 그것을 바탕으로 만들어진 평가와 테스트에는 아무런 의미가 없는데 거기에 일희일비하는 사람이 얼마나 많은가? 이러한 것들이 앞으로 다가올 시대에는 더 이상 필요하지 않다. 대신 '칭찬'이라는 격려가 있으면 된다.

이것이 저의 결론입니다.

Q. 왜 아이는 좋아하는 일을 하며 어른이 될 수 없는가?

이러한 상황이 변하지 않는 근본에는 '능력에 의해 그 사람의 지위가 정해진다'는 현대사회의 기본 원칙인 '능력주의'가 있었습니다. 산업혁명 이후 인간이 생산 시스템의 일부에 편입되어 기계 취급을 받자, 사람들 스스로 우수한 기계가 되고 싶어 하는 '인간의 기계화'가 진행되었습니다. 거기에 시민혁명 이후 맹렬히 외치게 된 '자유와 평등'이라는 이념이 합쳐진 능력주의가 만들어졌습니다.

능력주의에는 큰 문제가 있습니다. '못하는 사람들이 점점 낙오되고 사회는 점차 분단된다'는 문제입니다. 이 사실을 알게 된 이후 저는 어찌할 바를 몰랐습니다. 능력주의에는 '탈락한 사람은 능력이 부족했기 때문이니 어쩔 수 없다'며 자기 책임을 강요하는 성질이 있어, 표면을 개선하는 정도로는 사회의 분단을 해결할 수 없다는 현실에 부딪혔기 때문입니다.

어쨌든 능력신앙과 자기 책임이 능력주의를 형성하고 사람을 분열시키며 불행으로 몰아갑니다. 학교는 그 신앙을 강화했고 그 결과 학교 공부가 재미없어진 것입니다.

이런 문제를 해결할 수 있는 새로운 세계는 어떻게 구상해야 할까? 그 단서를 찾기 위해 저는 더욱 시야를 넓혀 질문의 깊이를 더하기 시작했습니다.

제4장

왜 좋아하는 일만 하면 안 돼?

탐구하자

왜 좋아하는 일만 하면서 살아갈 수 없을까?
애초에 무엇을 위해서 노력해야 할까?
나를 위해? 남을 위해?
'쓸모 있다'는 건 무엇을 의미할까?

그런 근본적인 질문에조차 대답하지 못하게 된 나는
목적지를 명확히 정하지 않은 채
암중모색의 여행을 떠났다.

거기에서 엄청난 발견을 하게 되었다.

바퀴의 '무의미'

학교에서는 '쓸모 있는 인간이 되어 사회의 일원으로 살아가기 위해서' 능력을 익혀야 한다고 말합니다. 하지만 앞서 사회에서 쓸모 있는 사람이 되기 위해 열심히 능력을 익힌 결과가 삭막한 사회를 낳았다고 지적했습니다. 그러면 누군가는 '그럼 무엇을 위해 배워야 하지?'라는 의문을 떠올릴 것입니다. 이런 소박한 물음에 답하기 위해 더욱 근본적인 물음을 꺼내려고 합니다.

애초에 '쓸모 있다', '쓸모없다'라는 말은 무슨 뜻일까요? '내게 쓸모가 있을까, 없을까'라는 판단이면 몰라도 '사회에 쓸모가 있을까, 없을까'라는 판단은 도대체 누가 어떤 기준으로 내리는 걸까요?

여기서 미술작품 하나를 소개하겠습니다. 프랑스의 미술가 마르셀 뒤샹이 1913년에 발표한 〈자전거 바퀴〉입니다. 뒤샹은 새로운 콘셉트를 담은 작품을 차례로 발표하며, 20세기와 21세기에 걸쳐 미술계에 엄청난 영향을 준 미술가 중 한 사람입니다.

제가 이 작품을 처음 알게 된 건 뉴욕현대미술관MoMA에 방문했을 때입니다. 이 작품은 진열된 작품들 속에서도 유달리 눈에 띄었습니다. 처음에는 '뭔가 기묘한 작품이다'라고만 생각했지만, 작품에 마음을 빼앗긴 저는 이후 뒤샹의 생애와 작품해설집까지 찾아보았습니다. 그리고 다시 이 작품을 보았습니다.

제목은 '자전거 바퀴'. 둥근 스툴에 자전거 바퀴를 거꾸로 설치한 작품입니다. 이게 작품이라고? 어떤 '의미'가 담겨 있을까? 작품을 지그시 보고 있는데 바퀴가 당장이라도 움직일 것 같은 기분이 들었습니다.

빙글빙글 빙글빙글……

어? 책 속의 바퀴가 정말로 돌아가고 있잖아?! 눈을 비비는 순간 저는 또다시 하얀 빛 속으로 빨려 들어갔습니다.

새하얀 직육면체 모양의 방이었습니다. 방을 둘러싼 건물은 검은 유리로 뒤덮인 직선 기조의 건축으로 경쾌함과 중후함이 공존하는 신비로운 분위기였습니다. 눈앞에 '자전거 바퀴'만 덩그러니 놓여 있었습니다. 그 옆에는 핀 스프라이트 셔츠에 검은색 넥타이와 재킷, 올백 머리를 한 댄디한 남성이 돌아가는 바퀴를 바라보고 있었습니다.

'이 작품이 마음에 드시는가?' 마, 마르셀 뒤샹! 깜짝 놀란 저에겐 눈길도 주지 않은 채 그는 바퀴를 지그시 바라보고 있었습니다. 그러더니 바퀴에 손을 뻗으며 이렇게 이야기했습니다.

"보다시피 이건 의자지만 앉을 수 없고, 자전거로 탈 수도 없지. 정말이지 아무짝에도 쓸모없는 물건이야. 즉, 이 물체의 존재 의미는 없어. 그렇지?"

보면 볼수록 정말로 기묘한 물체였고, 바퀴 돌아가는 소리만 달그락달그락 음침하게 울려 퍼졌습니다.

"사람이 타서 지면을 굴러야 할 바퀴가 공중에 매달려 있고, 사람의 신체를 지탱해 줘야 할 의자가 바퀴에 점거되어 있지. 하하하." 그는 유쾌하게 웃으며 말했습니다.

"자전거 바퀴 혹은 스툴처럼 우리 주위에 있는 물건은 어딘가에 사용하기 위해 존재하지. 그리고 거기에는 '기능'이 존재해. 그래서 있어야 할 물건은 있어야 할 곳에 있는 것이지."

그는 포마드로 고정한 머리를 쓸어 넘기며 천천히 이야

마르셀 뒤샹, 〈자전거 바퀴〉

기를 이어갔습니다.

"이 작품은 '있어야 할 물건은 그에 걸맞은 곳에 있어야 한다'는 상식을 무시했다네. 물건이 가지고 있는 의미를 산산조각 내며 파괴한 거지."

그는 주머니에서 종이 한 장을 꺼내더니 낭독하기 시작했습니다.

"그건 1913년에 있었던 일이야. 나는 부엌에 있는 스툴에 자전거 바퀴를 붙인 다음 바퀴를 굴려놓고 보는 걸 좋아했어. 바퀴가 회전하고 있는 모습을 보면 마음이 포근해졌거든. 마치 난롯불을 바라보고 있는 것처럼 말이야."

글을 다 읽고 나서 그는 다시 손을 뻗어 바퀴를 굴렸습니다.

"빙글빙글 돌아가는 게 재미있었어. 나에겐 충분히 쓸모 있는 물건이었지."

바퀴를 돌려 회전이 빨라지면 바큇살의 잔상이 사라지고, 운동에너지가 떨어져 회전속도가 느려지면 바큇살이 다시 보입니다. 그는 이 모습을 보면 마음이 포근해진다고 했습니다.

아하, 그렇다면 뒤샹은 이 작품을 통해 '쓸모 있다는 것은 무엇일까?', '물건이 가진 의미는 무엇일까?'라는 질문을 던진 걸까?! 그리고 '쓸모 있다'라든가 '편리하다'라는 시각으로 봤을 때 어떠한 가치도 찾아볼 수 없는 이 물체를 통해 우리에게 '그것을 찾아내는 의미'를 알려준다?

"의미라는 건 인간이 살아 있는 한 반드시 어디든 따라다

니게 되어 있어. 그래서 이 바퀴에도 의미가 존재하지."

바퀴가 빙글빙글 돌아가고 있었습니다.

"사고思考에는 '지금까지 쌓아온 것을 버림으로써 새로운 사고가 태어나는' 작용이 밑바탕에 깔려 있어. 잘 한번 생각해 봐봐."

다시 정신이 들었을 땐, 미술책을 손에 들고 여느 때와 같이 제 의자에 걸터앉아 있었습니다. 등받이가 없는 의자가 떠올라 방 안에 있는 의자를 물끄러미 바라보았습니다.

우리는 항상 '왜 이 물건이 존재하는가?' 생각하곤 합니다. '쓸모 있다'든가 '편리하다'는 가치만 찾습니다. 상식의 필터를 제거하고 그곳에 있는 사물을 순수하게 바라본다면 새로운 의미를 발견할 수 있는데도 말이죠.

'자전거 바퀴'라는 '무의미한 물체'에는 엄청난 깨달음을 준 '의미'가 담겨 있었습니다.

켜켜이 쌓아온 것을 버림으로써 새로운 사고가 태어난다. 뒤샹의 메시지가 이후로도 제 마음을 울렸습니다.

말로 전하려면 책 한 권의 분량이 필요한 메시지를 뒤샹은 한눈에 딱 직관적으로 알 수 있게 예술작품으로 표현했습니다. 이런 철학적 사고를 예술로 표현한 사람은 뒤샹 이전에는 없었습니다.

'무의미'라는 부정 뒤에 담긴 '그래서 의미가 있다'라는 엄청난 긍정. '망가뜨리고 버리는' 파괴적 자세 뒤에 있는 '그

마르셀 뒤샹 Marcel Duchamp(1887-1968)

래서 반드시 새로운 것이 태어난다'는 창조적 자세. 이 작은 작품은 엄청난 크기의 메시지를 강하게 전하고 있었습니다.

그런 관점에서 보면 '쓸모 있는가, 없는가'의 판단 기준과 가치 기준은 어디까지나 다양한 기준 중 하나에 불과합니다.

여기서 의미를 찾아내는 건 우리의 몫입니다. 그것을 깨달았을 때, 눈이 확 뜨이는 느낌이 들었습니다. 그 감각은 앞으로 할 질문의 깊이를 더하는 데 매우 중요하다는 사실을 마음속 깊이 깨달았습니다. 온몸으로 깨달은 이해는 상식에 얽매이지 않고 좋은 물음을 계속 제기하는 데 큰 도움이 되었습니다. 그에 더해 인간은 쓸모 있는가 없는가, 하는 의미를 찾는 습성에서 쉽게 벗어날 수 없다는 것 또한 깨닫게 해 주었습니다.

아무짝에도 쓸모없고, 의미도 없는 바퀴.

'의미가 없다'는 점에서 우리에게 '의미를 찾아내는 의미'를
제시했고, 결국 '우리에게 도움이 되었다'.

생각해 보면 쓸모 있는가 없는가를
하나의 기준으로만 보는 경우가 많다.

그것은 사물의 관점에서 빈약하다고 말할 수 있다.
거기에서 새로운 의미를 찾는 건
우리 인간이 가진 가능성이다.

쓸모없는 것의 쓸모

뒤샹의 〈자전거 바퀴〉에 담긴 물음을 생각하던 중 한 글귀가 떠올랐습니다. 고대 중국의 '무용지용無用之用'이라는 고사성어입니다. 다시 한번 저는 그 말의 어원이 담긴 전국시대 중국의 사상가 장자의 《인간세人間世》(기원전 300년경)를 펼쳐 읽었습니다.

'무용지용'이 나오는 부분의 앞뒤 구절을 읽으며 '무의미의 의미'에 대해 골똘히 생각하던 중 어느새 완전히 깊은 밤이 되었습니다.

한 손에 책을 들고 꾸벅꾸벅 졸고 있는데 나비 한 마리가 하늘하늘 내려왔습니다. 어느새 사방은 꽃밭으로 바뀌었습니다. 꽃 주위를 살랑살랑 날아다니는 행복한 나비의 모습이었습니다. 그 모습을 바라보고 있는데 순간 내가 나인지 알 수 없게 되었습니다. 꿈속에서 나비가 된 것입니다.

그런데 가장 행복한 순간에 잠에서 깼습니다. 저는 다른 누구도 아닌 저였습니다.

조금 전의 나비 꿈은 내가 본 꿈일까?

장자 莊子(기원전 369년경~286년경)

아니면 나비가 내 꿈을 본 것일까?

꽃은 나비에게 무언가를 가져다준 것일까?

아니면 나비가 꽃에게 무언가를 가져다준 것일까?

멍하니 그런 생각을 하고 있을 때, 갑자기 공중에서 작은 빛 알갱이가 나타났습니다. 빛 알갱이가 점차 커지더니 선이 되고, 글자가 되었습니다.

'인개지유용지용, 이막지무용지용야人皆知有用之用 而莫知無用之用也'

이 글이 앞에서 읽었던 내용과 같다는 걸 깨달은 찰나, 어디선가 노인의 쉰 목소리가 어렴풋이 들려왔습니다.

"사람은 모두 쓸모 있는 것의 쓰임만 알고, 쓸모없는 것의 쓰임은 모르는구나. 그렇다면 그대는 그 의미를 아는가?"

사람은 '쓸모 있는가, 없는가'라는 좁은 시선으로밖에 보지 못한다, 언뜻 보기에 쓸모없어 보이는 것도 사실은 엄청난 도움이 되는 경우가 많은데 사람들은 거기에 눈을 두려고 하지 않는다, 분명 그런 뜻이었습니다.

그러자 조금 전의 목소리가 조금씩 크게 들려오기 시작했습니다.

"그릇은 점토를 다져서 만들지만, 속이 텅 비어 있기 때문에 그릇으로서의 쓸모가 있지. 집은 문과 창을 도려내지만, 아무것도 없는 공간이기에 방으로서의 쓰임을 다하지. 즉, 형태가 쓸모 있는 건 아무것도 없기 때문이라네. 그렇지 않은가?"

즉, 쓸모의 여부는 사물을 보는 관점에 달려 있으며 이 세상에 쓸모없는 건 사실 아무것도 없습니다.

우리는 무심결에 좁은 시야로 좋고 나쁨을 판단합니다. 사실은 조금 더 넓은 시야로 사물을 바라봐야 하는데 한번 쓸모없다고 판단하면 가려진 가능성에 눈길조차 주지 않고 쉽게 버리거나 잘라냅니다. 그렇게 사고를 멈춥니다.

"그대가 사는 세계는 어떠한가?"

"최근에는 효율이나 합리성만 따지고, 낭비를 눈엣가시로 여겨요. 정말로 없애야 할 낭비는 그대로지만요……." 아, 안 돼. 또 부정적으로 말해버렸어.

"아무튼 사물을 보는 관점을 뒤집어 보기. 상식의 틀에서 벗어나 신선한 눈으로 보기. 들어본 적 있으시겠지만, 이것을 심리학에서는 '관점 바꾸기reframing'라고 해요. 새로운 시대를 만드는 데 매우 중요한 태도죠. 그런 의미에서 구조물 안에 '낭비'와 '여백'을 적극적으로 남기는 게 좋을 것 같아요, 장자 선생님."

모습은 보이지 않았지만, 목소리의 주인이 장자라고 확신한 저는 그렇게 답했습니다. 그는 아무런 대답 없이 이런 질문을 던졌습니다.

"이 세상에서 사물을 그렇게 보는 것은 인간밖에 없지 않은가."

그렇구나! 사물의 관점을 바꿔 새로운 의미를 찾는 것은 동물도 인공지능도 아닌 인간뿐이야. 그게 인간의 역할이고. 즉, 앞으로 다가올 시대에서 우리가 해야 할 일은 '사회에 얼마만큼의 낭비와 여백을 끼워 넣을지' 생각하고 언제든지 관점을 바꿀 수 있게 준비해 놓는 것이지 않을까?

흥분한 저는 늦은 밤인 것도 잊은 채 소파에서 벌떡 일어났습니다. 그러자 다시 목소리가 들려왔습니다.

"나는 오늘 그대에게 아무것도 알려주지 않았다네. 몇 가지 질문을 했을 뿐이지."

듣고 보니 그렇네. 장자 선생님에게 몇 가지 질문을 받아 스스로 생각하고 깨달았을 뿐이야. 선생님은 그저 묻기만 하셨어.

"나는 '텅 비어' 있지 않은가. 이 또한 '무용지용'이겠지."

이 말을 마지막으로 목소리를 다시 들을 순 없었습니다.

답은커녕 새로운 지식도 주지 않은 텅 빈 장자와의 대화. 확실히 선생님의 존재는 나에게 그릇이나 집과 같은 것일지 몰라. 즉, 장자 선생님은 존재 자체로 무용지용을 깨닫게 해주신 거야…… 우와아!

더욱 흥분한 저는 장자의 말을 곱씹으며 살포시 책을 덮었습니다.

이렇게 깊은 뜻을 장자는 '무용지용' 네 글자만으로 표현했습니다. 매우 뛰어난 비유입니다. 위대한 철학가나 사상가는 사물의 이면에 숨어 있는, 중요하지만 설명하기 어려운 내용을 역설적으로 표현하기도 합니다. 그 방법이 더욱 잘 표현될 때가 있죠. 역설적인 표현을 이용하면 정보를 얻는 사람이 관점을 바꿀 수 있는 여지, 즉 '놀이'가 될 수 있기 때문입니다.

이때 어린 시절 아버지가 하신 말씀이 떠올랐습니다. 제가 초등학생이던 시절, 학교에서 돌아왔을 때의 일입니다. 때마침 집에 계시던 아버지는 "잘 다녀왔니? 오늘은 학교에서 뭘 배웠어?"라고 물으셨습니다. 그날 배운 내용을 이야기하자 아버지는 "그랬구나, 잘했네. 그런데 태장아, 잘 들으렴. 학교 선생님(치쿠고 사투리로 '션쉥님シェンシェイ'이라고 발음하는데 이렇게 읽어주길 바랍니다)은 거짓말을 해! 선생님이 하는 말은 들으면 안 돼!"라고 진지한 얼굴로 이야기했습니다.

깜짝 놀란 제가 "하지만 아버지, 학교 선생님은 좋은 말씀을 해주시는 분이잖아요?!"라고 반문하자 아버지는 "그야, 거짓말을 아무렇지도 않게 하는 것뿐이야. 아무튼 들으면 안 돼!"라고 다시 한번 강조하셨습니다. 어른인 아버지가 학교와 선생님을 비판하고, 아이인 제가 학교와 선생님을 두둔하는 이상한 상황이었습니다.

상식에서 벗어난 아버지의 말 때문에 저는 줄곧 '아버지는 그때 왜 그런 말씀을 하셨을까?' 생각했습니다. 어른이 되어서도 의문을 풀지 못했는데 아이들의 배움에 관한 일을 하게 되면서 비로소 그 말의 의미를 깨달았습니다. '아, 아버지는 분명 이런 마음으로 말씀하셨던 거구나' 하고 말이죠.

그러니까 아버지는 '다른 사람이 하는 말을 곧이곧대로 받아들이지 말고, 항상 스스로 생각하는 습관을 가져라'라는 말을 하고 싶었던 것입니다. 흔히 '비판적 사고critical thinking'라고 하지요.

당시 어린 저에게는 아버지가 아무리 쉽게 설명해 줘도 이해하기 어려웠을 것입니다. 그래서 아버지는 '학교 션쉥님이 하는 말을 들으면 안 돼!'라는 역설적인 표현을 사용했던 것입니다. 그 덕분에 지금도 그 말을 생생하게 기억하고 있는 것을 보면 아버지는 적절한 표현을 쓰신 게 분명합니다.

그 말을 이해하게 된 계기는 아이들을 지그시 지켜보다 '정말 눈물이 날 정도로 귀여운 이 아이들에게 나는 인생의 선배로서 무엇을 알려줄 수 있을까? 나니까 말해줄 수 있는, 인생에서 정말로 중요한 것을 알려주고 싶다'라는 생각이 강하게 든 것이었습니다.

분명 아버지는 '이 아이에게 어떻게 말해주면 잘 이해할 수 있을까?' 다방면으로 고민한 끝에 아버지 나름의 독특한 표현을 고른 것이겠지요.

그 사실을 깨달았을 때 순간 아버지의 사랑이 느껴져 눈물이 흘렀습니다.

쓸모없는 것이 쓸모 있다.
장자 선생은 '무용지용'이라는 말을 이용해
사물을 보는 관점을 뒤집고, 상식의 틀에서 벗어나
신선한 눈으로 보며 역설적으로 말하는 것이 특기였다.

질문을 던지고, 대화를 이끌어간다.
이 방법이 가르침보다 배움의 깊이가
더욱 깊다는 것을 깨닫게 해준 은인이었다.

그리고 그 사실을 더욱 날카롭게,
내 마음속에 깊이 새겨준 사람을 만났다.

무엇을 선이라고 할 것인가

앞서 앞으로 해야 할 교육과 교육의 장인 학교의 새로운 의미를 생각하며 '자기 책임'이 바탕인 능력주의를 뛰어넘어야 할 필요성이 있다고 이야기했습니다.

하지만 하루아침에 뛰어넘기 어려운 만큼 일단 능력신앙에 작별을 고하는 것부터 시작하는 것이 좋습니다.

구체적으로 '쓸모의 유무는 사물을 보는 견해에 달려 있으며, 세상에 쓸모없는 것은 하나도 없다'라는 '무용지용'을 믿으며 살아야 합니다. 즉 '무용'까지 시야에 넣고 '모든 것은 복잡하게 연결되어 있기에 더욱 풍요로운 세계가 만들어졌다'는 세계관을 가져야 합니다. 그렇게 살아가는 편이 더욱 즐겁고 보람차며 모두가 행복하게 살아갈 수 있는 방법이라고 믿습니다.

다시 생각해 보면 의미가 있는지 없는지를 결정하는 사람은 모두 인간입니다. 우리는 쓸모 있는 것에는 의미가 있고, 쓸모없는 것에는 의미가 없다고 여기는 세계에 살고 있기에 '쓸모 있는 사람'이 되지 않으면 무척 살아가기 어렵습니다.

하지만 인간은 언제든지 '쓸모없는 사람'이 될 가능성이 있습니다. 사고와 병이 생길 수도 있고 그렇지 않더라도 모든 사람에겐 반드시 '노화'가 찾아옵니다. 자신이 그렇게 되었을 때 '쓸모없는 것에는 의미가 없다'고 생각하면 스스로에게 '쓸모없음'의 낙인을 찍게 됩니다. 하지만 누구도 느긋하게 살 수 없는 세상이 좋을 리 없습니다. 이런 무자비한 신앙에 이별을 고해야 합니다.

이때 떠오른 사람이 가마쿠라 시대 초기부터 중기에 걸쳐 삶의 고통과 마주하며 평생을 보낸 불교승 신란입니다. 그는 세상에 살아가는 인간의 모든 모습을 지그시 바라보고 '모든 고통을 이겨내는' 불교 가르침의 의미를 파고들어 '악인정기惡人正幾'와 '타력본원他力本願'의 개념을 만들었습니다. '불교 수행자에게만 국한된 구원의 가능성을 모든 사람에게 열어주면서 엄청난 충격을 남겼다'고 전해지는 일본을 대표하는 사상가 중 한 명입니다.

한 차례 잃어버린 적이 있던 신란의 사상을 기록한 책《탄이초歎異抄》(1288년경)를 펼치고 나서 저는 완전히 책 속에 빠져버렸습니다. 얇은 책이지만 가르침의 무게가 있어서 그런지 페이지를 넘길 때마다 깊은 생각에 잠겼습니다.

그는 인간의 본성을 '선인'과 '악인'이라 칭하며 이렇게 설명했습니다.

"선인도 왕생하는데 하물며 악인은 오죽하겠는가. 한데

세상 사람들은 항상 악인도 왕생하는데 하물며 선인이야라고 하니……."

선인도 극락에 가니 악인도 가는 게 당연하다. 그러나 세상 사람들은 항상 그와 반대로 말을 한다는 의미입니다.

뭐? 뭐라고? 저는 제 눈을 의심했습니다. 동서고금을 막론하고 어느 성인군자의 말을 들어봐도 '선인이 구원을 받는 것'이 세상의 상식입니다. 그와 반대로 '악인이 반드시 구원을 받는다'라는 신란의 말은 상식을 완전히 뒤집었습니다.

도대체 무슨 말이지, 내가 잘못 읽은 게 아닐까? 집중해서 몇 번이고 다시 읽고 있을 때였습니다. 새하얀 빛이 다시 빛나기 시작했습니다.

정신을 차리고 보니 저는 고찰 본당의 말석에 앉아 있었습니다. 넓은 툇마루에서 산들바람이 불어왔습니다. 한 젊은 스님이 고령의 스님에게 질문을 던졌습니다.

"큰스님께서는 선인보다 악인이 구원을 받을 것이라고 말씀하시는 겁니까? 그렇다면 누가 선행을 하고 선인이 되려 하겠습니까? 선인이 되려는 사람이 없다면 이 세상은 더욱 비참해질 것입니다."

'큰스님'이라 불린 사람은 신란이 틀림없어 보였습니다. 그렇다면 질문을 던지고 있는 사람은 《탄이초》의 저자인 유이엔唯円? 그런 상상을 하고 있는데 신란이 유쾌하게 젊은 스님에게 답했습니다.

"유이엔아, 너는 타력본원을 제대로 배우지 않은 것이냐?"

어? 타력본원은 오로지 '타인의 힘에 의지한다'는 의미로 사용하는데, 다른 뜻이 있는 걸까?

"타력본원이라 함은 남의 힘에 의지하는 것, 즉 아미타불의 본원에 근거한다고 큰스님에게 배웠습니다."

신란은 "음, 그렇긴 하지"라며 고개를 끄덕였지만, 만족스럽지는 않았는지 옆에 있는 스님에게 다시 물었습니다.

"쇼신性信아, '타력본원'이 무엇이냐?"

나중에 알게 되었는데 쇼신이라는 사람은 신란의 수제자였습니다. 유이엔과 같은 히타치국(지금의 이바라키현) 출신인 그가 유이엔을 향해 이렇게 말하기 시작했습니다.

"아미타불은 죽음 뒤를 염두에 두고 어두워지는 마음, 끝없는 욕망, 인간의 방황과 고통 등 '무명無明의 어둠'에서 모든 사람을 구원하고자 하셨습니다. 타력본원이란 아미타불의 바람으로 구원을 받은 것이지요."

즉 타력본원이란 '모든 인간을 고뇌에서 구하고자 한 아미타불의 존재를 믿고, 마음의 지주로 살자'는 것입니다. 아미타불의 힘, 즉 '타력'에 의지해 불필요한 '무명의 어둠'을 걱정하지 말고 건강하고 밝게 감사하는 마음으로 서로를 공경하고 도우며 살자는 것이지요.

"그렇다면 큰스님, 앞서 말씀하신 선인과 악인의 이야기는 어떻게 되는 것입니까?"

혈기왕성한 제자라지만 거침없이 발언하는 유이엔의 질문에 놀란 저는 황급히 신란 쪽으로 시선을 돌렸습니다.

"선인이란 '자신이 선한 일을 하고 있다'고 말하면서 자력으로 행복해지려는 인간을 말하지. 하나, 무엇을 선이라고 할지는 그 사람의 마음 아니겠느냐? 독선적이라고 생각하지 않느냐?"

신란은 차분하게 대답을 이어갔습니다.

"한편 악인은 처음부터 타력에 의지해 살아가지. 악인이야말로 아미타불이 구원하려고 했던 사람이지 않겠느냐?"

이어서 신란은 "자력으로 막다른 곳에 몰렸을 때 비로소 느끼는 타력을 너는 느낄 수 있겠느냐?"라고 물었습니다. 즉, 진정한 타력을 느끼기 위해서는 자력을 다하는 것이 중요하다는 것을 역설적으로 설명한 것입니다.

이때 신란의 눈이 반짝 빛났고, 저를 포함한 그곳에 있던 모든 사람의 마음을 꿰뚫어 보는 느낌이 들었습니다. 유이엔이 핏대를 세우며 이렇게 말했습니다.

"아아, 아미타불은 독선적인 선인조차 구원할 정도로 자비로우신 분이니 처음부터 아미타불을 의지하는 악인은 무조건 구원한다는 말씀이십니까?"

선행하며 훌륭한 사람처럼 보이는 인간에게조차 자만과 독선이 있음을 드러낸 것입니다. 대단한 사상이라고 느꼈습니다. 유이엔의 이야기를 듣고 신란이 답했습니다.

"원인을 초래하고 인연에 따라서는 생각지 못한 결과를 낳지. 즉, 선이라 생각한 행동(원인)이 선을 가져오기(선과)도 하며 악을 가져오기(악과)도 하지. 어떠한 결과를 가져올지 모르는 사람이야말로 악인이지."

그 말을 들은 유이엔이 대답했습니다.

"큰스님이 항상 하시는 말씀을 떠올려봤습니다. 우리는 혼자서 살아갈 수 없다고 하셨지요. 어떤 인연으로 누구와 이어질지 모르니 우리는 살아 있는 모든 것과의 불가사의한 인연으로 살아간다고요. 악인은 그러한 사실을 완전히 자각하고 있는 사람이라는 말씀이신가요? ……그런데 큰스님."

유이엔이 어쩐지 불안하게 말을 이어나갔습니다.

"하시는 말씀을 듣고 있으면, '악인'이 뛰어난 사람처럼 느껴집니다. 어차피 아미타불의 구원을 받는다면 안심하고 악행을 저질러도 된다고 생각하는 거지요."

꽤 그럴싸한 질문이라고 생각했습니다. 신란은 차분히 고개를 끄덕이더니 낮은 목소리로 말했습니다.

"유이엔아. 그렇다면 밖으로 나가 천 명을 죽이고 오너라. 그래도 너는 구원을 받겠지?"

유이엔은 너무 놀란 나머지 아무 말도 하지 못했습니다.

"내 그런 말은 했다만, 절대로 그런 짓을 벌일 순 없겠지. 악을 행하거나 선을 행하는 것은 네가 결정하는 것이 아니라 운명(숙업)으로 결정되니 말이다."

신란 親鸞(1173-1262)

겨우 말을 할 수 있게 된 유이엔은 비장한 표정으로 신란에게 물었습니다.

"큰스님은 인간이 선도 악도 행할 수 없다고 말씀하시는 겁니까? 그렇다면 우리는 도대체 무엇을 할 수 있다는 말씀이십니까?"

혼란스러워하는 유이엔과 저를 향해 신란은 단호하게 말했습니다.

"아무것도 할 수 없지."

그럴 리 없어! 아무것도 할 수 없다니!! 우리는 평소에 선이라고 생각하는 행동을 하고, 악은 행하지 않으면서 살고 있잖아? 그래서 이 세상은 '잘'이라고는 못 해도 '조금씩 나아지고' 있다고 하잖아? 이것을 '아무것도 할 수 없다'라고 말하다니 도대체 무슨 말이지? 저도 모르게 그렇게 반론하고 싶어졌습니다.

그러니까 신란은 선과 악은 '결과에 대한 사후 평가'에 불과하다고 말하고 싶었던 것이겠죠. 머리로는 이해합니다. 하지만 이 말을 있는 그대로 받아들일 수 있을지, 저는 심장이 두근두근 떨렸습니다.

다시 나타난 빛에 둘러싸이고 있는데 마지막으로 목소리가 들렸습니다.

"아무리 듣기 좋은 말이라도 그건 독선이라고 생각하네. 자각하고 있지 않은 겐가?"

선과 악은 정반대의 개념이 아니라는 것, 그리고 '자신은 선을 한다는 의지를 갖고 있으며, 결코 악은 행하지 않을 것' 이라고 믿는 사람이 사실은 구원받지 못한다는 것, 즉 오히 려 그가 구제해야 할 사람이라는 것. 신란이 하고자 했던 말 은 이런 뜻이 아닐까요?

적극적으로 '선하게 행동'하는 사람은 타인에게도 '선하게 행동'하기를 요구하며, 과도한 정의감에 '왜 선하게 행동하 지 않는 거야?' 하고 타인을 몰아세웁니다. 걸핏하면 '선한 행동을 하지 않는 사람에게 불행이 닥치는 건 어쩔 수 없어. 다 자업자득이니까'라고 생각하기도 합니다. 신란의 말대로 라면 그건 결코 선이 아니지 않을까요? 신란이 저에게 날카 로운 면도날을 들이댄 게 아닐까 싶었습니다.

그런 말을 남긴 신란의 사상은 기존의 불교를 부정했기 때문에 당시의 권력자들로부터 엄청난 탄압을 받았습니다. 1207년에는 염불금지령이 내려졌고, 신란은 에치고越後(지금의 니가타현)로 유배되기도 했습니다. 그때부터 신란은 '비승비속 非僧非俗(승려도 아니고 속인도 아닌 사람)'이 되어 승려의 계율을 깨고 아내를 얻었으며 육식도 서슴지 않았다고 합니다.

우와, 신란 스님 록 스피릿이 넘치는걸!

어쨌든 신란의 역설적이고 반어법적인 표현에서 모두를 구하고자 하는 정신을 엿볼 수 있었습니다. 자력에 의지하는 선인조차도 잠재력이 있으니, 악인에게는 더 큰 성장 잠재력이 있다는 것인데, 이것은 어떠한 구원을 말하는 걸까요?

제가 이 말의 진의를 깨달았을 땐 가슴을 울리는 무언가가 있었습니다. 뒤샹과 같이 여기에도 부정 뒤에 큰 긍정이 있었습니다. 이러한 신란의 사상을 '악인정기'라고 하며, 진짜 의미를 이해했을 때 우리는 그가 폭로한 인간의 본질과 마주하게 됩니다. 하지만 그 이후에는 커다란 구원이 기다리고 있는 매우 넓고 자비로운 사상입니다.

교육은 인간의 모든 활동 중에서도 가장 마음을 넓게 써야 하는 분야입니다. '교육敎育'이라는 말은 '가르치고 키운다'라는 의미지만 저는 이것을 '함께 배우고, 함께 자란다'라는 의미인 '학육學育'으로 바꾸고 싶습니다. 함께 배우고, 함께 자라는 자세에는 어디에도 좁은 마음이 없습니다. 무엇이든, 언제든 배움이 되지 않는 건 없습니다. 배우고 싶다는 호기심과 성장하고 싶다는 마음을 가진 사람이라면 누가 와도 상관없습니다. 그런 새로운 배움의 장을 만들고 싶습니다. 인간은 배우면서 성장하기 때문에 인간입니다. 그리고 이 세상에 쓸모없는 건 없습니다. 사물을 보는 견해를 바꾸면, 즉 자신을 바꾸면 세상은 언제든 바뀝니다. 실제로 그것을 실행한 위대한 선인들이 있습니다. 우리는 혼자가 아닙니다.

우리는 이런 생각을 가슴에 안고 살아야 합니다.

자력보다 타력. 선인보다 악인.

신란이 설파한 건 우리의 상식과 정반대의 것이었다.

처음에는 쉽게 이해할 수 없었지만 진짜 의미를 알면 알수록
깊게, 조용히, 그 생각이 마음속에 울려 퍼졌다.

뒤샹, 장자, 신란의 역설.
부정 뒤에 오는 거대한 긍정은 나에게
사물을 보는 다양한 견해를 알려주었다.

대답하지 마, 오히려 질문해

세상에는 크고 작은 다양한 '문제'가 있습니다.

인종차별을 예로 들면, 그 배경에는 경제 격차와 사회보장 문제 등이 복잡하게 얽혀 있는 '구조적systemic 인종차별'이 있습니다. 법률과 규제 등 구조상 명백한 불평등이 잠재된 '체계적인systematic 불평등'과 달리 시스템을 만드는 모든 요소에 차별이 없음에도 그것이 합쳐졌을 때 차별이 일어납니다.

그런 "체계적인 불평등을 어떻게 개선할 수 있을까?"라고 질문하면 모두 어떻게 대답해야 할지 몰라 곤란해합니다.

과학과 기술 세계에서는 보통 원인을 파헤치기 위해 커다란 요소를 분해하고, 일일이 관찰해서 잘못된 부분을 개선한 다음 다시 조합하는 방식으로 문제를 해결합니다. 이런 환원주의는 이해하기 쉽고 강력한 방법론이기 때문에 대부분의 사람은 사회문제처럼 복잡하고 어려운 문제를 이 방법으로 해결하려고 합니다.

하지만 실제로 이 방법은 전혀 도움이 되지 않습니다. 도움이 되기는커녕 분해해도 뭐가 뭔지 모르거나 애초에 분해할 수 없는 경우가 많으며 실제로 실행에 옮겼을 때 여러 가지 어려움에 부딪혀 결국 포기하게 됩니다.

사실 논리적으로 해결할 수 있는 간단한 문제는 이미 해결되어 있습니다. 반대로 말하면 지금 남아 있는 건 환원주의와 같은 방법론으로는 해결할 수 없는 복잡하고 어려운 문제뿐입니다.

학문과 기술이 진보하고 있지만, 문제가 해결되기는커녕 오히려 증가하고 있는 상황입니다. 수수께끼와도 같은 이 문제의 실마리는 도대체 어디에 있을까요?

답은 '핵심을 찌르는 좋은 질문'에 있습니다.

차별의 문제라면 우선 '애초에 왜 차별이 존재하는가?'라는 근본적인 물음을 던지고, 하나씩 질문의 깊이를 더합니다. '인종차별이라고 말하는데, 애초에 인종은 무엇이지? 유전에 관한 이야기인가? 피부의 멜라닌 색소가 진하고 흐리고의 차이인가?' 등등 다양한 질문을 던집니다.

그러는 사이 '실제로 찾아보거나 손으로 직접 해보지 않으면 모르는' 지점에 도달하게 됩니다. 그때 실제로 손을 움직입니다. 그랬을 때 처음으로 알게 되는 것이 생기고 그동안 해온 질문의 깊이가 더욱 깊어집니다. 그리고 그것을 다시 행동으로 옮깁니다. 거기에서 또 다른 새로운 물음이 생깁니다. 이 과정을 반복합니다.

참고로 생물학적·유전학적 인종은 없습니다. 최근 연구

성과에서는 '어떤 인종에 특유의 DNA 배열은 존재하지 않으며, 개체의 차이만 있다'는 점을 명확히 했습니다. 이것이 바로 실제로 '찾아보았기' 때문에 알게 된 사실입니다.

'그래도 아프리카계나 아시아계처럼 눈에 보이는 경향이 있잖아. 그건 뭐지? 어디에 경계선이 있는 거지?'라는 의문이 자연스럽게 생깁니다. '그건 그냥 단계일 뿐이야'라는 의견도 나올 것입니다. 그러면 '그 단계는 몇 단계야?'라는 질문이 필연적으로 생기고 '5단계야', '6단계야', '17단계야', '아니 256단계야' 등 다양한 의견이 뒤따릅니다. '애초에 인간은 몇 단계를 식별할 수 있지?'라는 물음이 나올지도 모릅니다.

이렇게 질문을 던지고, 가설을 바탕으로 조사와 연구를 하다 거기에서 또 새로운 질문이 생기면 다시 연구하는 과정을 '탐구'라고 하는데, 거쳐온 길을 되돌아보면 제법 여러 가지를 알게 되었다는 사실을 깨닫게 됩니다.

혁신은 바로 이러한 과정에서 태어난 것이 아닐까요? 누군가가 남다른 질문을 던지고 행동하며 끊임없이 탐구를 이어간 끝에 우연히 획기적인 발견과 발명이 탄생했습니다. 이후 그것이 보급되었고 문득 정신을 차려보니 지금까지 문제로 여겨지던 것들이 하나씩 해결되었습니다. 그리고 후대의 우리가 '그건 혁신이었어'라고 평가합니다.

위대한 발명과 발견은 엉뚱한 곳에서 태어났다는 일화를

자주 접합니다. 예를 들어 뉴턴은 사과가 떨어지는 것을 보고 만유인력의 존재를 깨달았다고 하는데 정작 본인은 '혁신을 일으킬 거야!'라고 생각하지 않았습니다. 물리학에서 '중력'이라는 중요한 발견을 한 그를 '과학기술에 공헌한 훌륭한 혁신가'라고 평가한 사람은 후대의 우리입니다. 즉, 새로운 발명과 발견이 훌륭한 혁신이었는지는 후대의 사람들이 평가하는 결과론일 뿐입니다.

그래서 논리적인 사고방식에 근거한 계산 활동에서 혁신이 일어나는 일은 거의 없습니다. 인간의 두뇌로는 매우 복잡한 혁신을 사전에 예측할 수 없기 때문입니다.

'혁신은 사전에 예측할 수 없다'는 사실은 역사를 되돌아보면 얼마든지 찾아볼 수 있습니다. 요하네스 구텐베르크의 활판인쇄기술 발명도 좋은 사례입니다. 그가 발명한 인쇄기 덕분에 독서라는 새로운 습관이 생겼습니다. 그와 동시에 많은 사람이 자신이 원시遠視라는 사실을 알게 되었습니다. 이때 안경이 발명되었습니다. 안경의 수요가 높아지면서 렌즈를 생산하거나 렌즈를 사용해 실험하는 사람이 늘었고, 그것이 현미경의 발명으로 이어졌습니다. 그로 인해 우리는 자신의 몸이 아주 작은 세포로 이루어져 있다는 사실을 알게 되었습니다.

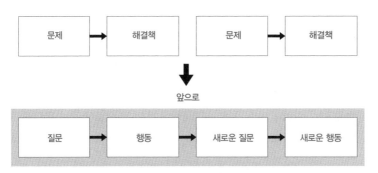

본질적인 질문을 끊임없이 던지고, 거기에서 유발된 행동을 하는 사이에
결과적으로 문제가 해결되는 경우가 있다.

즉, 구텐베르크의 인쇄기가 현미경과 세포생물학을 만들었습니다. 활판인쇄기술과 우리의 시야가 세포 수준까지 넓어진 것이 서로 깊은 관계가 있다는 것을 누가 상상이나 할 수 있었을까요?

'왜일까?'라는 소박한 의문에서 흥미롭게 시작한 것이 뜻밖에 새로운 발명과 발견을 탄생시킬 때가 있습니다. 처음에는 새로운 발명과 발견을 이해하기 어려워도, 재미있고 편리하면 조금씩 전 세계로 확산됩니다. 이것이 전체에 보급되면 사회가 변합니다. 사회가 변하면 그동안 문제로 여겨왔던 일들이 사라지기도 합니다. 즉, 문제가 해결됩니다.

이것을 우리는 후대에 혁신이라고 평가합니다.

따라서 앞을 내다볼 수 없는 어려운 문제만 가득한 앞으로의 시대에서 가장 중요한 건 논리적으로 해결책을 내놓는 것이 아니라 '좋은 질문을 던지는 것'입니다. 사람들은 문제가 좀처럼 해결되지 않으면 자신의 능력이 부족해서라며 실망하는 경향이 있습니다. 하지만 어려운 문제를 풀지 못하는 진짜 이유는 이른바 논리적 사고의 틀에 갇혀 있기 때문이라는 점에 더욱 주목해야 합니다.

학교에서는 생각나는 대로 질문을 던지고 자유롭게 행동하기를 권하기는커녕 '하면 안 된다'고 제한하는 경우가 많습니다. 거기에 불만을 제기한 사람이 학교를 자퇴하거나 퇴학을 당한 후, 자신이 원하는 탐구 여행을 떠나 획기적인 발견과 발명을 한 사례가 많습니다.

요컨대 '어떠한 태도로 세상을 바라볼 것인가?' 하는 자세의 문제입니다.

세상을 변화시켜 후대에 조금이라도 나아진 형태로 바통을 건네주고 싶다, 그런 생각을 가지고 저만의 탐구를 이어가고 있습니다. 그 과정에서 '나 자신'이 주체가 된 학문은 매우 즐겁고, 설레고, 무척 자유롭다는 것을 깨닫게 되었습니다.

학교에 가든, 가지 않든 상관없습니다. 배움의 근본에 흐르는 자유로운 정신이야말로 인간을 자유롭게 하는 기술, 즉

'교양 과목^{liberal arts}'이기 때문입니다.

"대답하지 마. 오히려 질문해."

제가 가장 하고 싶었던 말입니다.

대답하지 마. 오히려 질문해.

본질적으로 계속 질문하고,
그 질문에 깊이를 더하는 행동을 하는 사이에
문제가 해결될 때가 있다.

이러한 상황을 우리는 혁신이라고 부른다.

혁신을 일으키고 세상을 좋아지게 해
미래 세대에게 바통을 넘긴다.

그것을 위해 우리는 배움을 이어간다.

만들어보면 안다

상대방에게 전달하고 싶지만, 말로는 잘 전하지 못한다.

그런 답답함을 느낄 때가 자주 있습니다. 그 이유 중 하나로 전제가 되는 경험과 지식이 달라 상대방이 하는 말의 의미를 이해하지 못하는 경우가 있습니다.

단절을 뛰어넘고 서로를 이해하기 위해서는 어떻게 해야할까요? 그 힌트를 찾아 여러 책을 닥치는 대로 읽던 중에 스토니아 출신의 생물학자이자 철학가인 야콥 폰 윅스퀼Jakob Johann Baron von Uexküll 박사의 《동물의 환경과 내적세계Umwelt und Innenwelt der Tiere》(1909)라는 책을 만났습니다.

생물의 감각에 관한 연구를 정리한 이 책에서 윅스퀼은 "모든 동물은 각자의 방법으로 세상을 느끼며, 자신만의 세계에서 살아간다"라고 말했습니다. 이 내용을 읽고 있을 때였습니다. 또다시 빛이 저를 감쌌습니다.

초목이 무성한 숲속이었습니다. 잠시 주변을 헤맸을 뿐인데 땀이 비 오듯 흘렀습니다. 조금씩 해가 지기 시작하자 불안감이 엄습해 왔지만 계속해서 걷다 보니 거대한 가문비나

무가 즐비한 숲에 도착했습니다.

힐끔힐끔 주변을 둘러보았지만, 사람의 모습은 보이지 않았습니다. 그 순간 무언가 꿈틀거리는 움직임을 느꼈습니다. 자세히 살펴보니 거기에는 저보다 몇 배나 큰 다람쥐 같아 보이는 생물이, 저보다 훨씬 큰 나무 열매를 갉아 먹고 있었습니다. 우와! 큰 나무 숲 속에 들어온 거였네! 내가 이렇게 작아지다니!

깜짝 놀라 어리둥절해 있던 그때였습니다. 갑자기 힘찬 목소리가 숲에 울려 퍼졌습니다.

"보아라! 진드기가 다람쥐를 향해 뛰어내리니!"

나무 위에서 검은 덩어리가 다람쥐 위로 주르르 떨어졌습니다.

"보았느냐? 진드기는 눈과 귀가 없는 대신 부티르산의 향을 맡아내는 힘이 엄청나지."

다행이다, 일단 누구든 사람을 만나서 안심이야. 그런데 이 목소리는…… 윅스퀼? 나무 그림자 쪽에서 흰머리에 수염을 기른 초로의 남성이 천천히 모습을 드러냈습니다. 왼손에는 독일의 초로 신사답게 세련된 지팡이를 쥐고 있었습니다.

"진드기는 동물의 피부샘에서 나오는 부티르산 향을 아주 좋아한다네. 자신의 체온 센서를 이용해 동물의 피부에 다가간 후 촉각 센서로 털이 없는 곳을 찾아 머리부터 파고 들어가 자신의 몸속으로 혈액을 보내는 방식으로 살아가지."

윅스퀼은 흥분한 목소리로 혈액을 빨아 먹고 있는 진드기에 관해 설명하기 시작했습니다.

"진드기는 자신이 나무에서 사는 줄도 모를뿐더러 시간의 흐름조자 느끼지 못해. 진드기에게 세상은 부티르산의 향과 체온, 피부와 체모의 감촉밖에 없어. 알겠는가?"

그는 수염을 매만지며 이야기를 계속했습니다.

"자외선을 보는 꿀벌에게는 꿀벌만이, 초음파로 공간을 파악하는 박쥐에게는 박쥐만이, 후각이 발달한 개에게는 개만이 지각하는 세계가 있어. 각각의 감각을 통해 파악하는 세계를 나는 '환경세계umwelt'라고 이름 붙였지. 즉, 각각의 생물에게는 각자의 환경세계가 있다는 말일세."

음, 그리고 보니 우리가 인식하는 세계와 진드기가 인식하는 세계는 완전히 달라. 가볍게 고개를 끄덕이는 저를 보고 윅스퀼은 확신에 찬 목소리로 이렇게 말했습니다.

"무엇이든 자신에게 '의미 있다'고 지각하지 않으면 해당 생물의 환경세계에는 존재하지 않는 것과 같아. 그래서 우리가 '객관적인 세계'라고 믿는 세계는 사실 전체 중 '주관적인' 부분에 불과하다는 거야. 알겠는가?"

우리는 나무와 꽃 또는 기온과 날씨를 환경이라고 생각합니다. 하지만 윅스퀼이 말하는 환경이란 '자신을 중심으로, 자신에게 의미를 부여하는 것'입니다.

인간의 특징 중 하나가 '정보를 얻어 새로운 정보를 만드

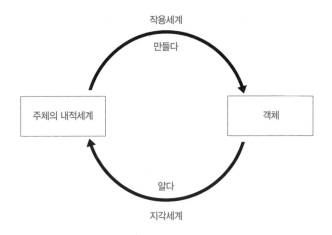

작용세계

만들다

주체의 내적세계

객체

알다

지각세계

기능적 순환

는 것'입니다. 인간은 각각을 둘러싸고 있는 언어와 문화의 '정보환경'을 갖고 있으며, 그것을 통해 각자의 시점으로 세계를 봅니다.

서두에서 '상대방과 서로 이해하기 어렵다'라고 한 말은 우리가 각자의 '정보환경세계'에 살고 있음을 인식하지 못하기 때문입니다.

잠시 그런 생각을 하고 있는데 윅스퀼이 기다렸다는 듯이 이야기하기 시작했습니다.

"한 가지 포인트가 더 있어. 이 그림을 보게."

윅스퀼이 가리킨 곳에 사각형과 동그라미가 그려진 그림

이 나타났습니다.

"감각기관을 통해 지각하는 세계(지각세계Merkwelt)와 몸을 써서 세계를 움직이는 세계(작용세계Wirkwelt)가 연동해서 환경세계를 만들지. 알겠는가?"

이 말인즉 '세계를 어떻게 볼 것인가?'라고만 입력하지 말고 '세계를 어떻게 움직일 것인가?'까지 출력했을 때 비로소 환경세계가 탄생한다는 말인가? 진드기라면 부티르산 향을 맡음으로써 나무에서 뛰어내리는 행동으로 연동되고, 꿀벌과 나비는 자외선으로 구별한 꽃을 향해 날아들어 꿀을 빠는 행동으로 연동되는 거구나…….

"이 연동을 난 '기능적 순환Funktionskreis'이라 이름 붙였지."

다시 정신을 차렸을 땐 윅스퀼이 보이지 않았습니다.

우리 인간은 '이런 게 있으면 좋을 텐데'라고 생각하며 형태를 '만듭니다'. 이러한 내적 지각세계와 외적 지각세계 사이의 틈새를 채워 양쪽을 일치시켰을 때 비로소 새로운 환경세계가 탄생합니다.

이 환경세계가 새롭게 태어난 상태가 '안다'고 하는 것이 아닐까요? 즉, '만드는 것'이 '아는 것'으로 이어집니다.

다른 사람에게 전하고 싶지만, 말로는 잘 전달하지 못한다, 그래서 쉽게 전하기 위해 어떠한 형태를 만든다, 하지만 만드는 과정을 통해 더욱 본질을 잘 알게 되는 사람은 바로 자신이기 때문에 이전보다 더 잘 전달할 수 있게 된다, 또한 만드는 과정에서 '모르는 것'이 많이 생긴다. 모르기 때문에 알기 위해 만든다. 이러한 '만들기'와 '알기'는 톱니바퀴처럼 연결되어 있다.

지금까지 몰랐던 것을 안다, 안다고 생각했던 것을 알 수 없게 된다, 이런 과정을 재미있게 바라보며 자신이 얻은 새로운 세계의 관점과 의미를 다른 사람들도 흥미롭게 느끼지 않을까 기대하는 것. 그리고 스스로도 새로운 관점을 누군가에게 전달할 수 있지 않을까 희망을 품는 것.

이것이야말로 개개인의 환경세계가 어울리게 되는 계기가 되지 않을까요? 즉, 각각의 정보환경세계로 분단된 우리를 연결하는 건 만드는 행위와 아는 상태의 고리, 즉 기능적 순환입니다.

작은 '질문'으로 시작해 '만들어' 보고 '알게' 된다, 동시에 '모르는 것'이 수없이 생기고 거기에서 또 '물음'이 생긴다, 이를 반복하는 사이에 무언가 '형태'가 탄생한다. 무언가를 해결하면 '혁신'이라 부르고, 전에 없던 인류에 새로운 지식을 연다면 '발명'이라 하며, 사람의 마음을 움직이면 '예술'이라 부른다.

이는 창조의 풍부한 버라이어티라 할 수 있습니다. 그리고 모든 창조는 '칭찬'이 뒷받침되어 더욱 훌륭한 것으로 성장합니다.

가끔 듣던 "머리만 쓰지 말고 몸을 써서 생각해"라는 말이 이런 뜻이었구나.

만들어보면 안다, 저는 이것이 사회를 연결하는 중요한 자원임을 이해하게 되었습니다.

우리는 검색사이트나 SNS의 알고리즘을 통해
자신이 보고 싶은 정보밖에 볼 수 없는
'필터버블Filter Bubble' 속에 갇혀 살고 있다.

윅스퀼이 말하는 환경세계는 이런 시대를
100년 전에 예측했다.

환경세계가 다른 사람들은 전혀 다른 의견을 갖고 있다.

사람들이 분단된 세계에서 서로 교감하려면
'만들'면 '안다'라는 기능적 순환을 통해 배움의 깊이를
더욱 깊게 파고들고, 함께 만들기를 통해 연결되어야 한다.

윅스퀼은 창조성이란 무엇인지, 창조가 얼마나 중요한 것인지
를 남들과 다른 단면에서 가르쳐준 위대한 모험가였다.

전문가와 아마추어

세간에서는 '평가'와 '사정査定'이라는 말을 심심찮게 사용합니다.

능력주의가 사회에 침투하면서 사람들은 '돈과 시간 등 예산에는 한계가 있으니 누구에게 얼마만큼 나눠줄지 실적 검정과 실력 평가로 결정하자'고 생각하게 되었습니다. 언뜻 보기에 합리적으로 보이지만 이런 사고방식이야말로 사회를 힘들게 합니다.

사정하기 위해서는 하나의 기준으로 활동을 수치화해야만 하기 때문입니다. 모두에게 같은 기준을 적용하려면 모두 같은 일을 해야만 합니다. 돌발행동을 하면 곤란해집니다. 즉, 평가와 사정은 '남과 다른 일을 하지 마라'라는 '또래압력peer pressure'을 강화시킵니다.

또래압력이 강한 사회는 살아가기가 무척 힘듭니다. 남들과 다르게 말하면 사람들의 눈총을 받고, 비난을 받으면 자책을 하므로 사람들은 입을 다물고 남들과 똑같이 행동하며 가능한 한 눈에 띄지 않으려고 합니다. 즉, 자유롭고 느긋하게 살 수 없어 결국 히스테릭한 사회가 됩니다.

예를 들어 학교에서 학생은 선생님에게 좋은 평가를 받기 위해 선생님이 시키는 대로 행동합니다. 그러지 않으면 학부모 면담을 통해 '다른 친구들처럼 공부하지 않으면 높은 평가를 받을 수 없어, 그렇게 되면 진로에서 좋은 선택지가 없어질 거야'와 같은 협박을 당합니다. 본래 모두 다르고 다양해야 할 개개인이 위협을 받아 똑같은 행동을 하게 되고, 아무 말도 하지 않는 사람이 좋은 평가를 받게 됩니다. 이런 세계에서라면 가능한 한 눈에 띄지 않는 편이 좋다고 생각할 수밖에 없습니다.

이러한 상황을 타개하기 위해서는 지금까지 이야기해 왔듯이 타인의 평가에 신경 쓰지 않아야 합니다. 칭찬을 받든, 욕을 먹든 무시하면 됩니다. 칭찬을 받아 기분이 좋아지는 것도, 욕을 먹어 기분이 우울해지는 것도 아무런 의미가 없습니다. 또래압력은 신경을 쓰면 쓸수록 자신도 모르는 사이에 주변에 압력을 가하는 성질이 있습니다. 그러므로 타인의 평가는 신경 쓰지 말고 오히려 무시해야 합니다.

예를 들면 팬데믹(감염증의 대유행) 등 모두의 관심이 쏠린 일에는 모든 사람이 평론가처럼 한마디씩 거들려고 합니다. 개개인이 직접 피해를 보고 있고, 전체에 큰 영향을 주는 만큼 어찌 보면 당연한 일입니다.

그런데 감염증에 관해 '아마추어'인 우리가 이야기하면

"아마추어인 주제에 전문가 영역에 대해 뭘 안다고 말을 해"라고 비난하거나 "아마추어가 생각해 봤자 소용없어. 전문가의 말을 따라야 해"라고 다그치는 사람이 있습니다.

하지만 그런 말을 하는 '전문가'는 진정한 의미에서 전문가가 아니며, 전문가가 아니더라도 그렇게 생각하는 사람은 전문가의 존재 의의와 진정한 가치를 제대로 이해하지 못한 것입니다.

전문가가 사회에 존재하는 의의는 해당 분야의 발전에 공헌하는 일뿐만 아니라 아마추어인 일반인과는 다른 견해, 다른 의견을 내놓는 데 있습니다.

전문가는 일반 대중의 직감과 감정에 끌려가지 않고, 그들만의 추론과 결론을 자신 있게 내놓습니다. 역대 전문가들이 쌓아온 지식을 바탕으로 자신의 견해를 설명하며, 만약 잘못됐다면 다른 전문가로부터 공식적으로 비판을 받는 것이 직업적으로 보장되기 때문입니다.

그런 점에서 '아마추어는 아무 말도 하지 마'라고 비판하는 사람은 '일반인들과 다른 견해, 다른 의견을 내는' 전문가의 가치를 부정하는 것입니다. 다양한 의견을 모아야 서로 다른 견해가 나오는데 그것을 거부하면 전문가의 존재 의의가 사라지게 되기 때문입니다. 그런 사람들은 전문가도 아니고 전문가를 존경하는 사람도 아닙니다.

또한 지식을 과시하고 이를 토대로 '이것은 이거다'라며 단정하는 전문가가 있는데, 이런 사람도 훌륭한 전문가라고 말할 수 없습니다.

어떤 분야든 광대한 지식의 세계가 펼쳐지며, 배움에는 끝이 없습니다. 전문가는 내용을 깊이 있게 알고, 무언가를 주장하기 위해서는 다양한 전제가 필요하다는 것을 알기 때문에 단정적으로 이야기하지 않습니다. 그에 반해 사이비 전문가는 '무언가를 이야기하는데 이 이상은 필요 없다'며 지식의 체계를 과소평가하고, '나는 뭐 거의 다 알고 있어'라며 자신을 과대평가합니다. 또한 자신이 알고 있는 부분만 단정적으로 이야기합니다.

이처럼 잘 모르는 사람일수록 '자신은 뛰어나다'며 스스로를 과대평가하고, 잘 아는 사람일수록 '저는 잘 몰라요'라며 스스로를 과소평가하는 경향을 이를 발견한 두 심리학자의 이름을 따서 '더닝 크루거 효과Dunning-Kruger effect'라고 합니다.

진짜 전문가는 의견을 단정적으로 말하지 않기 때문에 일반인의 입장에서는 '그래서 결론이 뭐예요?'라며 답답해하기도 합니다. 하지만 그들에게 귀를 기울여야 할 부분은 결론이 아닙니다. 그보다 '지금 무엇을 알고, 무엇을 모르는가(알고 있지 않은가)'입니다. 그걸 알면 '우리가 스스로 생각해야 할 것이 무엇인지' 분명해지기 때문입니다.

인류 전체를 놓고 봤을 때 앞으로 어떤 일이 벌어질지 모릅니다. '앞으로 어떻게 해야 할지 아무도 모르는' 미개척 분야에서 전문가와 아마추어는 모두 같은 출발선상에 있으며, '어떻게 해야 하는가'라는 가치판단은 전문 분야를 뛰어넘어 모든 관점에서 종합적으로 생각해야 하기에 전문가만이 아니라 모두 함께 해야 합니다.

그래서 '지금 무엇을 알고, 무엇을 모르는지' 아는 것이 매우 중요합니다. 그리고 우수한 전문가의 훌륭한 점은 바로 그것에 제대로 대답할 수 있다는 데 있습니다.

즉, 우리는 전문가에게 "지식의 미개척 분야가 어디에 있는가?", "상식과 다른 견해는 무엇인가?"를 물어야 합니다. 전문가에게 묻고 그것을 알 수 있다면 생각의 범위가 좁혀져 새로운 아이디어를 떠올릴 수도 있고, 자신들만으로는 생각하지 못했던 새로운 선택지를 만들 수도 있습니다. 이것이 전문가와 우리의 이상적인 관계입니다.

그런데도 우리는 아무 생각 없이 그저 전문가에게 의견을 구하고 그들의 의견을 곧이곧대로 받아들이는 경향이 있습니다. 전문가로서의 뛰어난 식견을 바탕으로 한 의견이 틀릴 리 없다며 전문가의 의견을 과도하게 높이 평가하고 고맙게 받아들이기 때문입니다. 이것을 후광이라는 의미의 'halo'에서 따와 '후광효과halo effect'라고 합니다. 사회적 동물인 인간은 권위에 약한 측면이 있습니다.

까다롭게도 거기에는 능력주의가 얽혀 있습니다. 능력주의는 실적을 낸 사람, 능력이 높은 사람이 훌륭한 사회이기 때문에 성공한 경험과 사례에만 주목하고 성공하지 않은 사람의 목소리나 사례에는 눈길도 주지 않는 경향이 강합니다. 성공한 사람의 의견만 듣는 미디어를 적절한 예로 꼽을 수 있습니다. 이를 '생존자 편향의 오류survivorship bias'라고 하는데, 이로 인해 '아마추어는 조용히 해'라는 또래압력에 걸려 다들 하고 싶은 말을 하지 않는 사회가 되었습니다.

능력주의 사회이기 때문에 이런 편견이 생긴 걸까, 아니면 인간에게 이러한 편견이 있었기 때문에 능력주의와 잘 맞아떨어진 걸까. 어느 쪽일까? 어느 쪽이든 서로에게 복잡하게 얽혀 있어서 이렇게 된 거겠지.

인간이 가지고 있는 수많은 편향(일부)

기준점 편향	가용성 편향	밴드왜건 효과
Anchoring bias	Availability heuristic	Bandwagon effect
먼저 주어진 정보에 이후의 판단이 영향을 미치는 성향	머릿속에 떠올리기 쉬운 것이나 눈에 잘 띄는 것을 선택한다	많은 사람이 갖고 있으면 더욱 많은 사람이 갖게 되는 효과
편견에 대한 맹점	**선택 지지 편향**	**클러스터 착각**
Blind-spot bias	Choice-supportive bias	Clustering illusion
자신의 판단에 걸려 있는 편향의 영향을 꿰뚫어 보지 못하는 현상	자신의 선택을 실제보다 좋게 기억하는 성향	우연히 발생한 사건이지만 거기에 어떤 패턴이 있다고 여기는 착각
확증 편향	**보수주의 편향**	**타조 효과**
Confirmation bias	Conservation bias	Ostrich effect
자신에게 유리한 정보만 무의식적으로 수집하는 성향	새로운 증거가 나타나도 자신의 견해를 고집하는 성향	위험한 상황이 생겨도 위험이 없다고 무시하고 회피하는 경향
결과 편향	**과잉 확신**	**현저성 편향**
Outcome bias	Overconfidence	Salience bias
눈에 보이는 결과만으로 사물의 장단점을 판단하는 성향	자신의 능력과 자성을 사실보다 뛰어나게 평가하는 경향	눈에 띄는 부분만 보며 객관성이 빠진 판단을 하는 성향
상동적 태도	**생존 편향**	**제로 리스크 편향**
Stereotyping	Survivorship bias	Zero-risk bias
고정화된 이미지로 사물을 바라보는 경향	성공한 경험과 사례에만 집중하고, 실패 사례는 보지 않는 성향	작은 위험을 제로로 만드는 데 주목하고, 큰 위험을 보지 않는 경향

그렇다면 어떻게 해야 할까요? 애초에 '전문가'와 '아마추어'를 구별하지 않으면 됩니다. 지금까지 어른과 아이, 배움과 놀이를 구별하면서 문제가 생겼다고 이야기했는데 애초에 나눠서 생각하기 때문에 문제가 생긴 것입니다. 전문가만 발언할 수 있는 세상보다 아마추어가 관심을 가지고 조금씩 아이디어를 낼 수 있는 세상이 훨씬 재미있고, 학술적으로나 사회적으로도 좋은 성과를 낼 것입니다.

아마추어이기 때문에 떠올릴 수 있는 아이디어가 있고, 그 안에는 전문가도 받아들일 수 있는 내용이 있습니다. 애초에 혁신이란 기준이 존재하지 않는 곳에서 생기며, 전문가든 아마추어든 떠올린 아이디어를 구분 없이 검토하면 됩니다. 그렇게 되면 전문가와 아마추어를 일부러 나눌 필요가 없습니다.

모두 같은 생각을 하고, 같은 행동을 하기 때문에 세상의 다양성이 사라지고 또래압력이 강해집니다. 같은 장소에 모이기 때문에 감염병이 더욱 확산됩니다. 앞선 예처럼 학교는 물론 회사나 관공서에서도 학생과 회사원, 공무원을 같은 장소에 모아두고 똑같은 생각을 하며 똑같은 일을 하도록 무의식중에 강요합니다.

이것이야말로 또래압력을 강화시키고 사고정지를 감염시킨다고 자각해야 합니다.

우리 안에 만연해 있는 편견이라니 무서워. 그건 그렇고 편견에도 여러 가지 종류가 있네. 메타인지를 가지는 것, 즉 자신의 생각을 객관적으로 보는 것이 정말 중요하겠어.

수많은 학교, 특히 대학은 '쓸모 있는 인재'를 육성하기 위해
전문가를 키우려는 경향이 있다.
하지만 그렇게 되면 자신의 전문 분야 외에는
아무것도 모르는 사람이 생겨난다.

현대사회의 문제는 다양한 요인으로 얽히고설켜 있다.
전문 교육만 받은 사람이 '쓸모 있는' 건 아니다.
오히려 폭넓은 식견을 가진 사람이 필요하다.

그렇기 때문에 아마추어의 신선한 발상을
중요하게 여기는 사회를 만들어가야 하지 않을까?

즉, 전문가에게 맡기고 대부분의 사람은
생각하지 않는 사회보다 누구나 자유롭게
발상을 떠올리는 사회가 중요하다.

Q. 왜 좋아하는 일만 하면서 살 수 없을까?

지금까지 다양한 질문을 탐구하면서 우리가 당연하게 생각
하던 일들이 당연하지 않고, 진리라고 생각했던 일들이 신앙
에 불과하다는 사실을 알게 되었습니다. 사회에 필요한 사람
이 되기 위해 능력을 익히고 열심히 노력한 행동들이 결국 삭
막한 사회를 만들었다는 사실을 알게 된 저는 애초에 '쓸모 있
다'와 '쓸모없다'라는 것은 무엇일까, 하는 의문을 안게 되었
습니다.

그때 〈자전거 바퀴〉라는 작품을 통해 의문을 던진 뒤샹과 '무
용지용'을 설파한 장자, '타락본원'과 '악인정기'라는 역설적
사상을 추궁한 신란의 가르침을 접하며 '세상에 쓸모없는 건
없다. 사물을 보는 견해를 바꿔 자신을 바꿀 수 있으면 의미는
언제든 바뀐다'는 사고방식을 손에 넣게 되었습니다.

그 결과 쓸모 있고 없고를 알 수 없으니 일단 뭐든 즐기는 자세
가 매우 중요하다는 사실을 깨달았습니다.

즉, 우리는 좋아하는 일만 하며 살아야 합니다.

하지만 그렇게 하지 못하는 이유는 현대사회가 능력신앙이 침
투된 능력주의에 물들어 있기 때문입니다. 그것이 꼭 바람직
한 사회라고는 할 수 없다는 걸 알게 되면서 지금까지의 상식
을 버리고 새로운 의미를 찾아가는 것이야말로 배움의 진정한
의미라는 것을 깨닫게 되었습니다.

또한 세상의 어려운 문제를 풀기 위한 실마리는 좋은 질문을 던지는 데 있다는 것도 배웠습니다. 손을 움직여 무언가를 만들고, 거기에서 무언가를 깨달은 다음 새로운 질문을 던진다는 사이클을 반복해 가며 어려운 문제를 풀어가는 자세가 중요합니다.

제5장

배운 것을 잊어버리자

그럼 앞으로 어떻게 해야 할까?

나는 기업가로서 지금까지 새로운 가치를 만드는 데
열정을 쏟으며 살아왔다.
나름대로 보다 나은 미래를 위해 공헌해 왔다는 자부심이 있었다.

하지만 정말로 그럴까, 라는 근본적 의문이 생겼다.

'언러닝unlearning'이라는 말을 알게 되면서부터다.
언러닝은 지금까지 배워온 상식과 쌓아왔던 생각을 버리고,
모든 것을 새롭게 다시 배우는 자세를 말한다.

이런 생각을 강하게 느꼈을 때의 일을 이야기하며
이 장을 시작하려고 한다.

부모가 하는 말은 듣지 마

예전에 저는 여러 고등학교와 대학교에서 '기업론'을 강의했습니다.

"기업起業이란 '성공한다는 보장이 있으면 하겠지만 실패한다면 하지 않을래'라는 생각으로 뛰어드는 일이 아니에요. 새로운 가치를 창조해 조금이라도 더 나은 세상을 만들기 위해 하는 일이죠. 그 말인즉 기업가는 직업이 아니라 살아가는 방식이라는 뜻입니다."

이런 메시지를 전달하기 위한 강의였지만, 강의를 마무리할 때마다 매번 학생들에게 이렇게 말했습니다.

"마지막으로 꼭 하고 싶은 말이 있습니다. 말 그대로 여러분은 자신의 인생을 즐기며 살아가길 바라요. 진정한 의미에서 자유롭게, 자신이 좋아하는 일을, 자신이 하고 싶은 것만 하며 살아가길요."

이렇게 말하면 진지한 눈빛으로 강의를 듣고 있던 학생들이 고개를 끄덕입니다.

"지금 고개를 끄덕인 학생들, 그렇게 하겠다고는 했지만 다들 착한 학생들이니 부모님의 기대를 한 몸에 받고 있죠? 딱히 부모님이 뭐라고 말씀하시진 않았어도 느껴지는 무언의 부담감이 있죠? 좋은 대학에 가라, 졸업 후에는 이름만 들어도 알 만한 대기업에 들어가라, 안정적인 공무원이 됐으면 좋겠다, 또는 빨리 결혼해서 아이 낳고 행복한 가정을 꾸렸으면 좋겠다, 같은 말요. 사실은 부모님의 바람과는 달리 자기가 하고 싶은 일이 있지만 부모님을 기쁘게 해드리고 싶고 걱정 끼쳐드리고 싶지 않은 마음에 혼자 고민하고 있지 않나요?"

이렇게 물으면 대부분 이전보다 훨씬 더 크게 고개를 끄덕입니다.

"그 마음 충분히 이해해요. 지금까지 어머니와 아버지를 비롯해 모든 가족이 자신에게 준 사랑에 크게 보답하고 싶을 테니까요. 그런데 말이죠. 지금부터 여러분에게 한 가지 중요한 메시지를 전하려고 해요. 이렇게까지 말한 이상, 진심으로 여러분에게 말하고 싶어요. 해도 괜찮을까요?"

그렇게 말한 후 호흡을 가다듬고 있으면 모두 조용히 저를 쳐다봅니다. 그때 저는 다시 한번 호흡을 깊게 들이마시고 이렇게 말합니다.

"부모님이 하는 말 절대로 듣지 마세요!! 진짜로!!"

절반 정도의 아이가 흠칫 놀라 싸늘해집니다.

"농담처럼 들릴 수도 있고 황당해하는 친구들도 있겠지

만, 저는 지금 아주 진지하게 말하는 거예요. 무슨 말이냐면 적어도 자신의 인생을 부모가 말하는 대로 살지 말라는 이야기예요."

언뜻 보면 해설 같아 보이지만, 사실은 해설이 아닌 굳이 같은 말을 두 번 반복해서 강조하는 내 화술 중에서도 상당히 고난도 기술^^.

"무슨 말이냐면 여러분도 언젠가 부모가 되면 알겠지만, 아이의 행복을 바라지 않는 부모는 없거든요. 부모란 존재가 원래 그래요. 궁극적으로 자신의 아이가 즐겁고 행복하게 사는 것을 자신들의 가장 큰 행복으로 느껴요. 부모도 사람이기에 가업을 이어주길 바라기도 하고 거기엔 부모로서의 기대와 바람, 이기심이 있을지도 모르죠. 하지만 아이의 바람과 자신의 바람이 다르면 부모는 '네 인생은 너의 것이니까'라며 결국 인정해 줄 거예요.

그런데도 여러분은 부모의 바람에 맞추려고 하잖아요. 예를 들어 선생님이나 어른들이 '일단 부모님이 하시는 말씀을 들어보고 그래도 싫으면 그때 네가 결정해도 돼'라고 하면 '그렇게 하는 게 좋겠지?'라며 자신을 납득시키잖아요? 그렇지 않나요?"

이쯤 되면 모든 학생이 제 말에 집중합니다. 이런 일로 고
민하는 아이가 많다는 뜻이겠지요.

"하지만 좀 전에도 말했듯이 부모란 존재는 결국 자신의
아이가 선택한 길을 응원해 주게 되어 있어요. 그런데도 자
신의 속마음을 숨기면 결국 여러분과 부모님 모두 불행해질
수밖에 없습니다. '나중에 얼마든지 고칠 수 있어'라는 말이
틀린 건 아니에요. 하지만 저는 바라지 않았던 환경에 놓여
결국 초심을 잃게 되거나 포기하는 사람을 지금까지 수없이
봐왔어요! 결국에는 죽은 물고기 같은 눈을 하고, 불평불만
만 늘어놓으며, 선술집 근처에서 주정을 부리는 인생을 보내
게 되더군요. (웃음)

그러니까 부모님이 하는 말을 듣지 마세요. 정확히 말하
면, '자신의 인생은 다른 사람이 뭐라 하든 스스로 결정하세
요.' 스스로 생각하고 결정하면 어떤 어려움이 닥쳐도 다른
사람을 탓하지 않고 스스로 뛰어넘을 수 있게 될 거예요."

이 이야기를 지금까지 몇 번이고 반복해서 수많은 학생에
게 했습니다. 강의가 끝나면 저를 찾아와 "덕분에 마음이 한
결 가벼워졌어요"라고 울면서 인사하는 아이들이 한두 명이
아니었습니다.

사실 저는 진심으로 진지하게 이런 이야기를 하긴 했지만,
학생들은 참고할 정도로만 들으면 충분하다고 생각합니다.

'부모가 하는 말을 듣지 말라!'고 해놓고 '내가 하는 말은 들어!'라고 하는 것 자체가 말도 안 되는 모순이니까요.

정말로 전하고 싶은 메시지는 '자신의 인생은 자신이 진지하게 생각하기'라는 너무나도 당연한 말입니다. 그러니 제가 하는 말 또한 너무 진지하게 들을 필요는 없습니다. 하지만 이 말을 할 때마다 무너지듯 눈물을 흘리는 아이들을 보면 '아, 부모가 옭아매는 무언의 속박에 괴로워하는 아이가 이렇게 많구나' 실감합니다.

사실 이 이야기는 학생들만이 아니라 저 자신에게 하는 이야기이기도 합니다. 저도 오랜 기간 부모님 기대에 부응해야 한다, 기쁘게 해드려야 한다는 마음으로 살아왔기 때문입니다.

이 강박에서 벗어날 수 있었던 건 '언러닝'을 배우게 되면서입니다. 언러닝이란 자신이 익혀왔던 가치관과 상식을 모두 버리고, 다시 근본부터 질문해 가며 새로운 배움을 익히고, 모든 것을 다시 편성하며 '배운 것을 잊어버리는' 태도를 말합니다.

이 사고방식을 알고 난 이후부터 저는 항상 언러닝을 의식하게 되었습니다. 그러는 사이 자연스럽게 곧바로 답하지 못하는 질문을 끊임없이 되묻는 자세를 갖게 되었습니다.

사실 지금까지 해온 모든 이야기가 언러닝입니다. 저는 자신이 가지고 있는 상식을 버리고 근본부터 다시 질문을 던지는 동안 '어떻게 그렇게 된 걸까?'라고 물으며 현상을 객관적으로 보고 '왜 그랬던 걸까?'라며 뿌리를 찾아가는 탐구 여행도 떠날 수 있게 되었습니다.

우선 작은 의문에 시선을 돌린다. 거기에서 새로운 질문이 태어난다. 질문에 깊이를 더하기 위해 손을 움직이고, 그 과정에서 깨달은 점과 상식을 의심한다. 그리고 새롭게 태어난 질문에 대해 생각한다.

이 일련의 행위를 반복하는 것이 자신의 인생을 스스로 생각하게 합니다.

사물에는 다양한 견해가 있다.
그 사실을 알고, 내가 하지 못한 생각을
배우는 것이 매우 중요하다.

다양한 관점이 생기는 것은
'타인의 말을 곧이곧대로 받아들이지 않는 것'이기도 하다.

똑똑한 사람이 한 말이 반드시 옳은 건 아니다.
어떤 시대, 어떤 장소에서는 맞았던 말이
다른 곳에서는 통하지 않을 수 있다.

그래서 누군가의 말을 있는 그대로 믿을 것이 아니라
자신의 머리로 생각하고, 느끼고, 행동해서
온몸으로 판단하는 것이 중요하다.

무엇을 하고 싶은지 모르겠다?

이제 막 사회인이 된 사람들에게 "왜 이 일을 하게 됐어요?"라고 물으면 "남을 돕는 일을 하고 싶어서요"라고 두루뭉술하게 답하거나 "마케팅 관련 일을 하고 싶어서요"처럼 표면적인 이유를 대는 경우가 대부분입니다.

다시 "왜 이 일을 하고 싶은데요?"라고 질문하면 한결같이 "……사실은 뭘 하고 싶은지 잘 모르겠어요"라며 시선을 돌립니다.

한편 초등학생 아이들에게는 하고 싶은 일이 너무나 많습니다. 이것도 하고 싶고 저것도 하고 싶고 시야에 들어오는 모든 일에 관심을 보입니다. 음악을 틀면 자연스레 춤을 추고 갑자기 노래를 부르다가 무언가를 만지고 부수고 만들어냅니다. 물론 어른 중에서도 항상 하고 싶은 일이 있고 새롭게 시작하는 일에 설레는 사람도 있지만, 제가 아는 한 그런 사람은 많지 않습니다. 왜일까요?

'어릴 때는 하고 싶은 일이 많았는데 사회인이 되고부터는 하고 싶은 게 없어졌어'라는 점에서 비춰보면 지금까지 우리가 받아온 교육과 사회 환경에 그 이유가 있다고 생각할 수밖에 없습니다. 우리가 사는 사회는 많은 사람이 자신이 하고 싶은 일, 해야 할 일을 모르게 하는 구조의 시스템으로 움직이고 있습니다.

'무엇을 하고 싶은지 모르는' 사람들이 '아무것도 하고 싶지 않은 건' 결코 아닙니다. 하고 싶은 일이 없는 게 아니라 '자신의 존재 가치가 어디에 있는지 모르겠다'고 하는 것입니다. 다시 말해, '나에게는 다른 사람에게 인정받을 만큼의 가치를 생산할 능력이 없다'고 여깁니다. 왜 그렇게 생각하게 되었을까요?

사실 거기에는 우리를 둘러싸고 있는 '자본주의capitalism'의 성질이 관련되어 있습니다. 원래 '자본capital'이란 회사가 비즈니스를 통해 축적하는 모든 것을 말하며 구체적으로 돈, 설비, 원재료 등을 가리킵니다. 또한 '자본주의'는 '자본'을 밑천으로 노동자를 고용하고 그들에게 지불하는 임금 이상의 '가치'를 지닌 상품을 만들어 이익을 얻은 뒤에, 그것을 '자본' 삼아 더욱 비즈니스를 확장하는 경제체제를 말합니다. 이 체제는 250년 전 시작된 산업혁명에 의해 만들어졌습니다.

자본주의는 원래 자본을 늘리려는 성질을 지니고 있습니다. 한마디로 자본주의에 참가한 사람은 모두 '벌 수 있다면, 계속 벌 거야!'라고 생각합니다. 그 결과 돈을 벌 수 있다면 무엇이든 '상품'으로 만들어 '가치'로 바꿉니다. 그런 사고방식에 완전히 잠식된 사람들은 결국 '돈으로 사지 못하는 세계는 불평등하다'고 생각하며 '돈으로 살 수 없는 게 있다고 생각하는 사람이 잘못된 거야!'라고 주장합니다.

왜 그럴까요? 그건 자본주의가 '기회의 평등'으로 이어진다고 믿기 때문입니다. 돈은 누구나 노력하면 모을 수 있습니다. '노력의 성과'인 돈으로 뭐든지 손에 넣을 수 있다면, 그것이 가장 공정하고 공평한 사회이지 않은가? 오히려 돈으로 사지 못하는 게 불투명하고 불공평하지 않은가? 이것이 자본주의의 세계관입니다.

자본주의의 영향을 많이 받은 사람들, 예를 들어 앞서 소개했던 사람들은 노동자로서 자신의 존재 가치를 높여야만 한다고 생각합니다. 그렇게 하지 않으면 이 사회에서 살아갈 수 없다고 믿기 때문입니다. 참고로 여기서 말하는 존재 가치란 자기 자신을 상품으로 판단했을 때 돈을 지불할 만한 가치를 말합니다.

제가 생각했을 때 하고 싶은 일이 딱히 없다고 말하는 사람들은 하고 싶은 일의 정의를 돈이 되는 것 중에서 자신이 하고 싶은 일이라고 한정해서 인식합니다.

인간은 원래 '상품'이 아닙니다. 아이는 자신을 상품이라고 생각하지 않기 때문에 존재 가치를 부여하지 않고 하고 싶은 일을 계속합니다. 하지만 10대가 되어 아르바이트로 돈을 벌기 시작하면 자본주의에 편입되고 자신도 모르는 사이에 자신을 상품으로 만듭니다. 그리고 사회인이 되면 자본주의 아래서 탐욕으로 뭉친 존재 가치를 가늠하게 됩니다.

'자신의 상품 가치를 높이는 동시에 자신이 정말로 하고 싶은 일.' 이것을 자본주의 사회에서는 '하고 싶은 일'로 인정합니다. 까다로운 제약 조건 때문에 하고 싶은 일을 찾기 어려운 것도 어찌 보면 당연합니다.

이렇게 사람마저 상품으로 바꿔버리는 자본주의를 인간은 왜 선택했을까요? 거기에는 모든 사람이 중요하게 생각하는 '자유'가 있기 때문입니다. 자본주의 세계에서는 돈만 있으면 무엇이든 원하는 대로 살 수 있습니다. 즉, 자신이 원하는 대로 뭐든지 선택할 수 있는 자유를 얻습니다. 그런 이유에서 자본주의는 '세상을 더욱 자유롭게 만드는 위대한 힘'으로 지금까지 이어져 온 것입니다.

자유를 등에 업고 전 세계의 모든 것을 상품화하는 강력한 힘, 그것이 자본주의입니다.

다만 여기서 말하는 자유에는 주의사항이 따릅니다. 사람들이 선택의 자유를 구할 수 있는 것은 가치를 공정하게 교환할 때뿐입니다. 이를 '등가교환'이라 합니다.

기브 앤 테이크give&take라는 말을 들어본 적이 있을 텐데요. 무언가를 주는 대신 무언가를 받는, 무언가를 받는 대신 무언가를 주는 대등한 관계를 말합니다. 자본주의에서 살아가는 사람에게는 상식 중의 상식이며, 무언가 받고 싶다면 자신이 먼저 상대방이 원하는 무언가를 줘야 한다고 많은 사람이 이야기합니다.

하지만 이러한 사고방식은 관점을 바꿔 보면 내가 원하는 것을 상대방이 주지 않으면 나도 주지 않는다는 말이기도 합니다. 즉, 무엇이든 대가를 바라는 심리가 반드시 작용합니다. 교환할 수 있는 것은 모두 상품이 되고, 상품은 돈으로 살 수 있으므로 글자 그대로 '돈이 떨어지면 정도 떨어진다'라는 말입니다.

거기에서 그치지 않고 애초에 대가를 바라지 않는 선물조차 사람들은 '일방적으로 받기만 하면 미안하고 예의에 어긋나니까, 무언가를 받았다면 반드시 돌려줘야 해, 당연한 순리야'라고 생각하게 되었습니다.

즉, 우리는 누군가에게 무언가를 받으면 '빚을 졌다'는 부채감을 갖습니다. 사람들은 부채는 언젠가 갚아야 하는 것, 게다가 이자가 붙으니까 가능한 한 빨리 갚아야 하는 것이라고 생각합니다. 너무 많이 받고, 많은 빚을 지게 되면 그 부채를 제대로 갚을 자신이 없어지기 때문입니다.

등가교환을 좋게 생각하는 사회에서 사람은 누구에게도 의지할 수 없습니다. 쓸쓸한 사회처럼 들리겠지만, 아무에게도 의지할 수 없는 사회는 귀찮은 일이 없는 사회라고도 합니다. 오히려 사람들은 그런 세계가 '얽매이지 않는 자유로운 세계'라며 크게 기뻐했습니다. 궁극적으로 전 세계 모두와 거래할 수 있는 자유로운 사회, 이른바 글로벌 자본주의를 만들었습니다.

혼자서 살아가는 것이야말로 진정한 의미의 자립이라고 믿으며, 자립이야말로 자유로운 인간에게 필요한 것이라고 시치미를 뗍니다. 누구에게도 의지할 수 없기에 사소한 순간에도 매우 불안을 느끼지만, 그 불안은 자유의 대가라며 자신을 속이고 타인에게도 자립을 요구합니다. 이것이 오늘날 어른의 모습입니다.

아무도 필요하지 않고, 누구도 필요로 하지 않는 사회를 '무연사회'라고 합니다. 거기에는 어떠한 '필연성'도 '사명'도 없습니다. 그래서 사람들은 자신이 무엇을 하고 싶은지, 무엇을 위해 사는지 알 수 없게 되었습니다.

이처럼 무엇을 하고 싶은지 모르겠다고 말하는 사람이 생기는 원인은 매우 뿌리 깊은 데 있으며, 아무리 문제점을 지적하더라도 세상은 아무것도 변하지 않을 것입니다.

그렇다면 어떻게 해야 할까요? 이 질문에 대해서 더욱 깊이 생각해 보기로 했습니다.

기브 앤 테이크와 같은 등가교환의 사고방식은
언뜻 보기에 공평해 보이지만
사실은 세계를 굉장히 차갑게 한다.

그 세계관이 '자립'이라는 사고방식을 만들었다.
하지만 그것은 누구에게도 의지하지 않는
무연사회를 초래할 뿐이었다.

자립해서 자유를 손에 넣는다.
이런 사고방식에 영향을 받은 젊은이들은
자신이 정말로 무엇을 하고 싶은지 알 수 없게 되었다.

어떻게 하면 이 뿌리 깊은 구조를 타개할 수 있을까?
탐구의 여행을 계속하던 중 큰 힌트를 준 사람을 만났다.

기브 앤 기븐

앞에서 사람들은 누군가에게 의지하지 않고도 혼자서 잘 살아가는 것을 자립이라고 하며, 자립을 자유를 즐길 자격이 있는 사회인의 조건으로 생각한다고 이야기했습니다. 하지만 정말로 그럴까요?

아니요, 원리적으로 틀렸다고 생각합니다. 사람은 혼자서 살아갈 수 없는 동물입니다. 그래서 사회를 만들고 함께 살아가는 것이지요. 원래부터 자립할 수 없는 것입니다. 그런데도 사람들이 자립할 수 있다고 생각하는 이유는 무엇일까요?

여기에 자본주의의 속임수가 있습니다. 샐러리맨은 자기 자신을 상품으로 만들어 회사에 팔고, 노동의 대가로 월급을 받습니다. 뭐든지 상품화하는 자본주의 사회에서는 살아가는 데 필요한 모든 것을 돈으로 사기 때문에 월급만 받으면 혼자서 충분히 살아갈 수 있다고 생각합니다. 실제로 사람과의 관계가 옅은 무연사회에서 사람은 '누구에게도 의지하지 않고 완전히 자유로운 독립된 존재로 살 수 있다'는 망상에 쉽게 젖습니다.

이에 대해 뇌성마비 장애를 가지고 의사로 활약하는 일본의 연구가 구마가야 신이치로熊谷晋一郎는 '자립이란 의지할 사람을 늘리는 것'이라고 말했습니다.

응? 무슨 말이지? 자립은 아무에게도 의지하지 않으며 살아가는 거 아니었어?

뇌성마비 장애가 있는 구마가야는 예전부터 의지할 수 있는 사람이 부모님뿐이었습니다. 그래서 부모님이 돌아가시면 혼자서 살아갈 수 없다는 불안감에서 벗어날 수 없었다고 합니다. 그런데 막상 혼자 살아보니 부탁할 수 있는 친구와 지인을 늘리면 어떻게든 살아갈 수 있다는 사실을 깨닫게 되었다며 이렇게 말했습니다.

> '자립'이란 의존하지 않는 거라고 생각하는 경향이 있습니다. 하지만 사실은 그렇지 않습니다. '의존할 곳을 늘리는 것'이야말로 자립입니다. 저는 이것이 장애의 유무를 떠나 모든 사람에게 해당하는 보편적인 사실이라고 생각합니다.

어떤 사람이든 누구에게도 의지하지 않고 살아갈 수는 없습니다. 부모에게만 의존하던 상태에서 서서히 사회에서 의지할 수 있는 사람을 늘려가는 것. 이것이 구마가야가 말하는 자립입니다. 평소에 의식하지 않아도 우리는 다양한 물건과 환경에 의지하고 있습니다. 'A가 없어도 살아갈 수 있다'라는 말은 '누구의 도움 없이도 혼자 살아갈 수 있다'는 것이 아니라 '어떤 순간이 왔을 때 B에게, C에게, D에게 부탁할 수 있다'는 것입니다.

오언을 비롯한 많은 교육자가 환경이 인간에게 가장 큰 영향을 미친다고 강조했습니다. 사람들을 '자립'의 저주에서 해방시키기 위해서는 어린 시절부터 자신이 좋아하는 것을 추구할 수 있는 환경을 만들어주고, 일단 자신을 만족시키는 것이 가장 좋다고 확신했습니다.

인간은 '무언가를 풍족하게 갖고 있으면 타인에게 적극적으로 나눠주고 싶어 하는' 본성을 지니고 있습니다. 아이들을 보면 알 수 있습니다. 아이들은 언뜻 보기에 욕심이 많고 제멋대로인 것 같지만, 자신이 원하는 것을 얻으면 그 이상에 대해서는 뭐든지 나눕니다. 일본의 연구가이자 교육자인 사이토 켄지斉藤賢爾는 《신용의 신세계信用の新世紀》(2017)에서 아이들에 대해 이렇게 말했습니다.

인간은 주변 사람을 따라 한다. 사람은 그렇게 자란

다. 그리고 주변 사람은 나에게 나눠준다. 인간은 완전 무력한 상태로 태어나기 때문에 반드시 그렇게 시작한다. 사람은 주는 것밖에 모르는 상태로 시작한다.(유아는 자신에게 무언가를 주는 주변을 따라 하며 살아가기 때문에 '주는 것밖에 모른다'.)

갓 태어났을 때는 누군가의 손을 빌리지 않으면 살아갈 수 없어. 즉, 인간은 이 세상에서 생명을 부여받은 처음부터 주는 것밖에 모르는 존재야. 그래서 남에게 나눠주는 것을 인간의 본성이라고 하는구나!

인간은 서로에게 무언가를 주고 나누면서 살아가는 존재라는 사실은, 너무 당연한 말이라 생각조차 해본 적 없던 저에게는 엄청난 발견이었습니다. 그 이후 '증여야말로 가장 인간답고 숭고하며 아름다운 것'이라고 자각하게 되었습니다.

감사하게도 저에게는 좋아하는 일을 끝까지 할 수 있는 환경이 있습니다. 그래서 아이들에게도 그런 환경을 만들어주고 싶습니다. 다음 세대에게도 풍요롭도록 노력하면 모두 지금보다 훨씬 풍요로워질 것이라고 믿습니다.

즉, 자신이 받은 풍요로움을 다른 사람에게 주는 것입니다. 이러한 행위를 '선행나누기pay forward'라고 부르는데, 저는 이것이 특별한 선행나누기가 아니라 '대가 없는 사랑'이어도 된다고 생각합니다. 그저 순수하게 젊은 친구들이 기뻐하는 모습을 보고 싶기 때문입니다. 그 친구들이 제 선물을 받으면 저와 연결되는 것입니다. 거기에서 행복을 느낍니다. 우리가 평소에는 잘 의식하지 못하지만, 사실 선물은 받는 것보다 주는 기쁨이 더 큽니다. 그리고 그것은 예전 사회에서는 매우 당연한 일이었습니다.

일본의 교육자이자 연구가인 지카우치 유타近内悠太는《세계는 증여로 이루어져 있다世界は贈与でできている》(2020)에서 "주는 사람에게 받는 사람은 구원의 존재다"라고 말했습니다.

이 세상에 태어난 의미는 이것이다. 주기 때문에 받는다. 아니, 주기 때문에 내가 받게 된다.

받는 사람의 존재야말로 우리가 태어나 인생을 살아가는 의미가 된다, 즉 우리는 존재만으로도 타인에게 무언가를 줄 수 있다는 뜻입니다.

줌으로써 받는다, 그러니 '기브 앤 테이크give and take' 같은 치사한 말보다 그냥 '기브 앤 기븐give and given'의 관계가 좋다,

그렇게 해도, 아니 그렇게 해야 사회가 잘 돌아갈 것이라고 믿습니다.

다음 세대에게 풍요로움을 주면 모두 풍요로워질 것입니다. 세상을 증여, 즉 나눔으로 채우는 것이 세상이 잘 돌아가게 하는 최고의 방법이며, 세상을 반갑고 새로운 곳으로 바꿀 것이라고 믿습니다.

그래서 저는 묵묵히 풍요로움을 나누려고 합니다. 대가를 바라지 않고 그저 묵묵히. 그것이 진정한 '풍요'이므로.

자립이란 의존할 곳을 늘리는 것.

역설적인 사고방식에 눈이 번쩍 뜨였다.

그리고 인간은 본래 홉스가 말한 이기적인 존재가 아니라
서로에게 무언가를 주고 나누며 사는 존재라고 인식하게 되었다.

보내고 받음으로써 경제가 돌아가는 사회를
만들 수 있지 않을까?

지나친 자본주의로 사회가 삭막해진 지금이야말로
그런 세계를 진지하게 구상해야 한다고 강하게 생각했다.

만약 내일 죽는다면

지금까지 해왔던 이야기를 되짚어보겠습니다.

우선 가혹한 상황에 놓여 있는 아이들을 보호하기 위해 실시한 아이와 어른 구별하기는 실제로 아이들의 자유를 제한하고, 사회를 빈곤하게 만들었습니다.

이어서 모든 아이의 능력을 동등하게 높이고, 사회에서 잘 적응하며 살아가기 위해 만든 학교는 능력의 차이를 줄이기는커녕 오히려 늘리는 장소가 되었습니다.

능력주의는 '학생중심'의 자유와 '기회평등'을 노래했지만 실제로는 부자유와 불평등을 더욱 키웠다고 지적했습니다.

사람들은 '평등'이라는 이름으로 능력의 존재를 믿었고, 사회가 '자유'라는 이름으로 사람들에게 자기 책임을 강요하자 능력이 낮은 사람은 능력이 없는 이유를 자신의 탓으로 돌리게 되었습니다.

물론 그 안에 장점도 많이 있다는 걸 부정할 생각은 없습니다. 하지만 밝은 빛에는 반드시 짙은 그림자가 드리우고, 그 그림자에 시선을 돌렸을 때 거기에 커다란 모순이 있다는 사실을 잊어서는 안 됩니다.

그렇다면 미래를 만들어갈 아이들을 키우는 데 가장 중요한 것은 무엇일까요? 사람은 무엇을 배우며 성장해 가야 할까요?

그런 생각을 어렴풋이 하고 있을 때였습니다. 수염을 길게 늘어뜨린 노인이 갑자기 제 앞에 나타났습니다. 코메니우스였습니다.

"큰 시대의 변화 속에서 다음 세대를 담당할 아이들에게 무엇을 전해야겠는가? 그리고 그 생각은 무엇을 뒷받침하고 있는가?"

질문을 받았지만, 어떻게 대답해야 좋을지 모르겠다고 생각하며 코메니우스의 무거운 질문에 어찌할 바를 모르고 있는데, 문득 '어려운 질문은 그 질문으로 이어지는 다른 질문을 던지면 돼'라는 배움이 떠올랐습니다. 그래서 이런 질문을 던졌습니다.

'만약 내일 죽는다면, 내 아이에게 한마디의 유언만 남길 수 있다면 어떤 말을 남겨야 할까?'

이 질문을 던진 이유는 질문에 대답하려고 했을 때, 저 자신이 무엇을 가장 중요하게 생각하는지 알 수 있었기 때문입니다.

교육의 사명 중에 '인류가 알게 된 것을 후대에 전한다'라는 항목이 있습니다. 이처럼 궁극의 질문을 던지면 후대에 전해야 할 가장 중요한 것이 무엇인지 알게 되고, 바로 이것이 '무엇을 배워야만 하는가?'라는 질문에 대한 대답이 될지도 모릅니다.

만약 내가 내일 죽는다면.

부모로서, 인생의 선배로서, 아직 이 아이에게 알려준 것이 아무것도 없다. 앞으로 이 아이와 많은 시간을 보내며 아이의 성공과 실패, 기쁨과 슬픔을 함께하고 중요한 걸 알려주고 싶다. 하지만 내일 죽게 될 나는 아무것도 할 수 없다.

딱 한마디로 중요한 것을 알려줄 수 없다. 어떤 말로도 사랑하는 내 아이에 대한 마음을 표현할 수 없다. 하지만 이 아이가 평생 '아버지가 남긴 말'의 의미로 곱씹게 될 말을 남길 수 있다면 부모로서 이만큼 기쁜 일이 있을까?

이 말의 의미를 바로 이해하기는 어려울지 모른다. 하지만 아이가 어른이 되어 나처럼 한 아이의 부모가 되었을 때, '아, 아버지는 이런 마음으로 나에게 그런 말을 남겨주셨구나!'라고 알아준다면 매우 기쁠 것 같다. 그런 말이란 무엇일까? 도대체 어떤 말은 남기면 '아버지는 왜 나에게 이런 말을 남겼을까?'라고 계속 생각하게 할 수 있을까?

사실 저는 이 질문에 대해 오랫동안 생각해 왔습니다만, 지금 제가 말할 수 있는 메시지는 이것입니다.

"세상은 스스로 바꿀 수 있단다."

'너무 멋있는 척하는 거 아니야?'라는 목소리가 들리는 것 같습니다. 하지만 지금까지 다양한 아이디어를 떠올리며 곰곰이 생각해 본 결과, 이 말이 가장 최고라고 생각합니다. 결국 부모는 아이가 행복하게 살길 바랄 뿐 그 이상은 바라지 않기 때문입니다. 즉, 이 질문은 '행복이란 무엇인가?'라는 물음에 대한 대답입니다.

행복은 사람의 수만큼 다양한 정의가 있는데, 뭉뚱그려 '자신의 인생을 활기차게 사는 것'이라고 말하면 어느 정의에서도 크게 벗어나지 않을 것입니다. 누구나 자신의 인생을 활기차게 산다면 행복한 상태라고 할 수 있을 테니까요.

'자신의 인생을 활기차게 살고 싶다', 즉 자신의 인생을 자신의 의지로 사는 그런 아이로 자라길 바라는 마음은 '희망을 품고 미래를 헤쳐 나갈 아이가 되길 바란다'라고 바꿔 말할 수 있습니다.

그렇다면 그렇게 생각하기 위해서는 무엇이 필요할까요?

'미래에 대한 희망을 품는 것'과 '헤쳐 나가려고 생각했다면 실제로 헤쳐 나갈 것' 두 가지 조건을 만족시켜야 합니다. 즉, '희망을 품고 자신의 손으로 미래를 헤쳐 나가는' 자세는 '세상을 스스로 바꿀 수 있다'라고 생각하지 않으면 가질 수 없습니다.

지극히 당연한 이야기입니다. 구태여 언급해야 할 필요가 없는 이 이야기를 왜 저는 글로 썼을까요? 가슴에 손을 얹고 진지하게 물었을 때, 진심으로 '세상은 스스로 바꿀 수 있어'

라고 생각하는 사람은 많지 않다고 생각했기 때문입니다.

당연하다고 생각하지만, 누구도 그렇게 느끼지는 않는다, 이런 현대사회에서 어떻게 자신의 손으로 미래를 헤쳐 나갈 아이를 키울 수 있을까요? 그래서 저는 이 말을 다음 세대를 짊어질 아이들에게 말해주고 싶습니다.

……이렇게 생각하고 있는데 어떤가요? 코메니우스 선생님. 제가 이렇게 답하자 고개를 숙이고 있던 코메니우스는 고개를 들어 똑바로 저를 쳐다보았습니다.

그리고 아무 말도 하지 않고 스르륵 사라졌습니다.

내일이면 죽겠지. 만약 죽을 때를 알게 된다면 저는 있는 힘을 다해, 온 마음을 다해 내 아이의 손을 잡고 이렇게 말할 것입니다.

"네가 진심으로 바란다면 또 진심으로 된다고 믿고 행동으로 옮긴다면 세상은 스스로 바꿀 수 있어. 진짜야."

아버지는 왜, 죽기 전에 이런 말을 남겼을까? 그 의미를 꼭 너에게 알려주고 싶어. 네가 훗날 부모가 되었을 때 네 아이에게도 똑같이 알려주렴. 그런 마음을 담아 이 말을 남기고 싶었습니다.

그리고 이 말은 제 아이만이 아닌 전 세계의 모든 아이에게 하고 싶습니다.

저는 진심으로 그렇게 생각합니다.

세상은 스스로 바꿀 수 있다.

이 메시지 자체도 중요하지만, 진심으로
그렇게 생각할 수 있는 환경을 만들어주는 것이 중요하다.

만약 학교가 '자신의 인생을 스스로 헤쳐 나가는 인간을 키운다'
를 사명으로 여긴다면 '세상을 바꿀 수 있다'라고
진심으로 생각할 수 있는 환경이어야만 한다.

거기에 학교의 새로운 의미를 발견할 힌트가 숨겨져 있다.

세상을 바꾸는 마법

"세상은 스스로 바꿀 수 있다."

아이들에게 진심을 담아 이야기해도 "정작 아버지는 지금 세상을 바꿀 수 없다고 생각하죠? 그런데 왜 그런 말씀을 하세요?"라는 질문이 되돌아올지도 모릅니다. 이런 직설적인 질문에 우리는 어떻게 대답해야 할까요?

이때 떠오른 사람이 브라질의 교육자이자 사회활동가인 파울루 프레이리입니다. 프레이리는 교육뿐만 아니라 농촌 개발과 의료분야에서도 활약했으며 제가 가장 큰 영향을 받은 사람 중 한 명이기도 합니다.

프레이리는 먼저 교육문화국에서 가난으로 억눌려왔던 사람들의 지원과 교육을 담당했습니다. 그러는 사이 빈곤한 사람들에게는 특유의 내향적인 성격, 즉 배우지 못한 것에 대한 콤플렉스로 우울감이 있다는 사실을 알게 되었습니다.

먹고사는 데 급급해 읽고 쓰기의 중요함을 인지하지 못한 사람들은 지배자의 영향을 받아 스스로를 부정적으로 인식했습니다. 이것을 그는 '침묵의 문화'라고 말했습니다.

파울루 프레이리 Paulo Freire(1887-1968)

프레이리는 '침묵의 문화'를 극복할 방법을 탐구하며 읽고
쓰지 못하는 수천만 명의 가난한 사람에게 독자적인 교육을
펼쳤습니다. 침략자가 나라를 지배하던 시절, 선거에 참여
하는 데 필요한 읽고 쓰는 법을 가르쳐준 것입니다.

먼저 그림과 이야기로 배움의 동기를 만든 다음, 생활과
일에 관련된 표현을 가르쳤습니다. 한발 더 나아가 국외 송
금 등 관심이 높은 내용에 대해 함께 이야기하며 그 말의 의
미와 그를 둘러싼 문제에 대해 알려주었습니다.

예를 들어, 빈민 지역에 사는 사람들에게는 슬럼가를 의미

하는 단어 'favela'를 먼저 알려주고, 그들이 부당하게 혹사당하고 있는 상황을 자각하게 해 스스로 행동해서 바꿀 수 있게 만들었습니다.

프레이리에게 배운 노동자는 어느새 읽고 쓸 수 있게 되었고, 사회 민주화에 큰 공헌을 했습니다. 그 성공의 크기는 군사정부가 '정치적으로 위험한 인물'이라고 낙인찍어 국외로 추방할 정도였습니다.

프레이리는 읽고 쓰는 교육뿐만 아니라 종래의 지식주입형 교육법이나 학습자의 생활 현실과 관련이 적은 교육 내용을 《페다고지 Pedagogy of the Oppressed》(1968)을 통해 신랄하게 비판했습니다.

프레이리의 교육사상이 담긴 책을 정신없이 읽어 내려가고 있는데, 다시 새하얀 빛이 저를 감싸기 시작했습니다.

정신이 들자 그곳은 기분 좋은 나무 그늘 밑이었습니다. 눈앞에는 서른 명 남짓 되는 사람이 원을 그리고 앉아 있었습니다. 원의 중심에서 누군가가 이야기하고 있었습니다. 그 모습을 뒤에서 지켜보고 있는 두 남자의 대화 소리가 들렸습니다.

"프레이리 선생님, 이 문화 모임의 대화 말인데요. 조금 답답하지 않으세요? 저 사람들은 비즈니스의 방식은커녕 산수조차 몰라요. 다른 걸 배워야 하지 않을까요?"

이렇게 묻는 사무관에게 턱 전체가 하얀 수염으로 덮인 프레이리가 대답했습니다.

"물론 자네가 말한 것을 배우면 좋겠지. 하지만 지식을 일 방적으로 가르치면 가르칠수록 그들은 스스로 생각하기를 멈추고, 단순히 남이 하는 말을 따르는 인간이 될 거야. 그 것이 '침묵의 문화'를 낳았지. 그런 교육은 지배자와 그들의 대립을 없애기는커녕 더욱 심화시킬 뿐이야."

프레이리의 답에 사무관은 여전히 납득하지 못한 모습이 었습니다.

"음…… 하지만 이렇게 느긋하게 해서는 그들의 괴로운 현 실이 바뀌지 않을 거예요."

사무관의 초조함을 이해했지만 프레이리는 의연하게 대답 했습니다.

"자네의 초조한 마음은 이해하네. 하지만 돈을 쌓아두기 만 하는 은행처럼 단순히 지식을 쌓는 교육만 지속한다면 그 들에게서 '비판적 의식critical consciousness'이 사라져 스스로 세상 을 바꿀 수 없게 될 걸세. 그들은 현실을 바꾸기 위해 도전 하는 대신 그저 현상에 순응하는 인간이 될 거야. 내가 가장 두려워하는 일이지."

"그래서 이렇게 답답한 방식을 고수하고 계시는 거예요?"

"말에는 여러 가지 의미가 있다네. 다양한 질문도 담겨 있 지. 동료와 토론해 가며 하나씩 이해해야지 거기에 내 의견 따위는 필요 없다네. 그들 스스로 생각하는 것에 의미가 있지."

이것이 프레이리의 방식입니다.

"그들과 마음을 주고받는 대신 지식을 계속 밀어 넣기만 하면 본래의 탐구는 사라지고 개개인에게서 본래의 인간이 될 기회를 빼앗게 되지. 그렇게 생각하지 않는가?"

프레이리는 지식을 밀어 넣는 대신 배움을 지원하는 역할에 충실했습니다. 이것은 당시에는 매우 획기적인 일이었습니다. 그 기초에는 '대화'가 있었습니다. 지금 제 눈앞에서 벌어지고 있는 일이 딱 그렇습니다.

"저들은 지금 대화를 통해 스스로 배우고 있다는 걸 깨달으며, 자신들이 얼마나 억눌려왔는지 자각하는 길을 걷고 있어. '인간화humanization'의 프로세스를 밟지 않으면 그들이 세상을 스스로 바꾸는 일은 일어나지 않을 걸세."

프레이리의 말에는 뜨거운 열정이 담겨 있었습니다.

"'무엇을 배울 것인가?(what)'와 '어떻게 배울 것인가?(how)'도 중요하지만, 그보다 '왜 배우는가?(why)'가 가장 중요해. 그리고 그것은 그들이 처한 현실을 정면으로 마주하게 하지. 자신들이 사는 세상을 바꾸기 위해서는 자신들의 문제의식에서 태어나는 대화가 가장 중요하니까."

그러자 사무관은 한숨을 내쉬며 이렇게 말했습니다.

"'왜 배우는가?'를 생각하는 것은 고사하고 애초에 저 사람들은 아무것도 몰라요. 그런 사람들에게 왜 배우는가 따위를 생각할 여력이 있겠어요? 일단 최소한의 기초를 알려줘야 하지 않을까요?"

그의 강력한 어조에서 사무관 나름의 생각이 엿보였습니다.

"물론 자네의 생각도 존중하네. 하지만 '아무것도 모르는 사람에게 무언가를 가르쳐주는' 태도는 무의식중에 배우는 사람을 억누르고 무력하게 만들 거야. 그것은 '거짓 관용'이라고밖에 할 수 없어. 그런 태도는 가르치는 사람까지 인간성을 잃게 할 거야."

프레이리는 사무관의 눈을 지그시 바라보더니 진지한 표정으로 이야기했습니다.

"만약 자네가 자네 스스로와 저 사람들이 진심으로 인간답게 살기를 바란다면 거짓 관용을 멈추고 대화를 통해 함께 인간화하는 것을 목표로 삼아야 할 걸세, 어떤가?"

그렇게 묻자 사무관은 입을 다문 채 생각에 잠겼습니다.

저는 사무관이 아무 말도 하지 않는 기분을 이해할 수 있었습니다. 그리고 프레이리의 대화를 중시하는 자세에도 진심으로 공감했습니다. 하지만 아무리 많은 대화를 나눠도 입장과 생각이 다르면 둘 사이의 틈새는 도저히 좁혀질 것 같지 않았습니다.

결정적으로 서로를 이해하지 못하는 상황에서 어떻게 대화를 성립시킬 수 있을까?

그런 생각을 하고 있는데 다시 새하얀 빛이 저를 감쌌고,

제 책상 앞에 돌아와 있었습니다.

프레이리의 이야기를 회상하다 일본의 사상가이자 무도인인 우치다 다쓰루內田樹의 이야기가 떠올랐습니다. 그는 "입장이 크게 다른 사람이 서로를 이해하기 위해서는 각각이 처한 상황의 판단 기준과 논리의 '규정'을 깨는 것이 중요하다"라고 말했습니다.

또한 서로 다른 규정을 가진 사람들 사이에서 대화를 성립시키기 위해서는 우선 "당신이 하고 싶은 말은 무엇인가요? 잠시 귀를 기울여 들을 테니 제가 이해할 수 있게 설명해 주세요"라며 상대방에게 발언권을 양보하는 것이 중요하다고 말합니다. 먼저 서로를 인정하고, 서로 인정한 논리에 맞춰 이야기를 진행하다 보면 언젠가 같은 결론에 도달한다고 생각하는 자세가 대화를 성립시키는 중요한 전제가 되기 때문입니다.

하지만 현대사회에서는 이러한 전제가 공유되지 않으며, 상대방에게 자신을 설득시킬 기회를 주는 사람보다 큰 목소리로 자신이 하고 싶은 말만 하며 상대방에게는 말할 기회조차 주지 않는 사람이 사회적으로 높은 평가를 받는다고 지적했습니다.

그는 이런 상황에서 대화를 성립시키고 서로를 이해하기 위해서는 상대방의 지성을 신뢰하고 자신이 처한 상황을 결정하는 규정을 깨뜨린 후 적극적이고 성실하게 상대방의 품에 뛰어들 필요가 있다고 했습니다. 무도인다운 표현입니다.

사람은 누구나 자신의 규정을 깨기 어려워합니다. 자신의 규정을 지키는 것이 내가 나로 존재하기 위한 가장 중요한 방법이라고 생각하기 때문입니다.

그런데도 상대방의 지성을 믿고, 자신의 규정을 깨뜨린 후 상대의 품에 뛰어들면 상대방은 '당신은 나를 이만큼 믿어주는군요' 하며 마음을 움직여 나에게 경의를 표하게 됩니다. 그렇게 막다른 곳에서 막혀 있던 대화는 숨통이 트이고 단절된 장벽에 다리가 놓이게 됩니다.

여기서 첫 번째 물음으로 되돌아가 보겠습니다. '세상은 스스로 바꿀 수 있다'라는 말은 사실 '자신의 힘으로 세상을 바꾼다'는 의미가 아닙니다. '내가 세상을 바꿀 거야'라는 자세는 오히려 프레이리가 말한 사람들을 비인간화할 뿐입니다. 그리고 독선적인 열정은 아무도 받아들이지 않을 것이며, 결국 세상을 바꾸지도 못합니다.

그렇다면 '세상은 스스로 바꿀 수 있다'라는 것은 무엇일까요? 그건 '자기 자신이 변하는 것'입니다. 대화를 나누는 상대방의 지성을 진심으로 믿고 자신이 소중하게 생각하는 규정을 깨뜨려가며 상대방의 숨소리와 체온을 느낄 수 있는 곳까지 힘껏 파고들었을 때 이미 우리는 이전의 자신과 달라집니다. 그리고 상대방도 변합니다. 즉, 자신이 변하면 주변 사람들도 변합니다.

대화를 하려고 노력하고 이러한 변화를 끊임없이 지속할

마하트마 간디

때, 수면에 물결이 출렁이듯 우리는 커다란 변화를 마주할
수 있습니다. 그리고 그것이 누군가의 눈에도 명확히 보일
때 사람은 '세상이 변했다'라고 평가합니다.

프레이리가 말한 '대화야말로 자신이 사는 세상을 바꾸는
최선의 방법이다'는 바로 이런 것입니다.

비폭력·불복종으로 압제에 대한 저항운동을 홀로 실천해
마침내 인도를 식민지 지배에서 해방시킨, 말 그대로 세상을

바꾼 마하트마 간디도 같은 말을 했습니다.

세상에 존재하는 모든 경향은 자기 자신 안에 있다. 자신을 바꿀 수 있으면 세상도 바뀐다. 자신의 근성을 바꾼 인간에게는 세상도 태도를 바꾼다. 이것이야말로 가르침의 비법이다. 이보다 훌륭한 것은 없다. 행복은 여기에서 시작한다.

이 말을 바탕으로 프레이리의 생각을 되새겨 보면 대화에 담긴 그의 진의를 깊게 이해할 수 있습니다.
프레이리는 이렇게 말했습니다.

세상과 대립하기를 두려워하지 말기. 세상에서 일어나는 일에 귀 기울이기를 두려워하지 말기. 세상에서 표면적으로 일어나는 일들의 껍질을 벗겨내기를 두려워하지 말기. 사람과 만나기를 두려워하지 말기. 대화하기를 두려워하지 말기. 대화를 통해 서로가 더욱 성장하기. 자신이 역사를 움직인다고 생각하거나 인간을 지배할 수 있다고 생각하기. 혹은 반대의 의미로 자신이 억압당하고 있는 사람들의 해방자가 될 수 있다고 생각하지 말기. 역사 속에 있음을 느끼고 서로 연결되어 함께 싸우기. 그런 일일 뿐이라고 생각한다.

억눌렸던 사람들에게 깊고 따스한 눈빛을 보내며 교육으로 사람들을 해방시키고 인간성 회복에 평생을 바친 프레이리. 그의 말을 가슴에 새기고, 앞으로 어떤 배움의 장을 만들어야 할 것인가에 대해 생각하게 되었습니다.

프레이리는 읽고 쓰지 못하는 빈곤층에게 그들이 직접
느낄 수 있는 토론을 시작으로 읽고 쓰기를 가르치는 한편,
그들이 선거에 참여할 수 있게 도와 세상을 바꿨다.

그것은 사막에 물을 채워 숲을 만들 만큼의 엄청난 일이었다.
결국 그는 이론과 실천, 두 가지 측면에서 대성공을 거뒀다.

프레이리는 마지막까지 대화의 힘을 믿었다.

대화를 통해 자신을 바꾸면 상대가 바뀌고 사회가 바뀐다.
이것이야말로 세상을 바꾸는 마법이라고 알려주었다.

나선으로 이어진 작은 호

'무엇을 위해 교육을 하는가?'라는 교육의 목적과 '무엇을 위해 학교가 존재하는가?'라는 학교의 존재의의에 대해 지금 까지 다양한 사람의 가르침을 살펴보았습니다.

주로 차이점에 주목했지만, 한편으론 그들의 공통점에서 도 큰 배움을 얻었습니다. 바로 올바른 교육의 모습을 구상 할 때 '이상적인 사회는 어때야 하는가?'에 대한 진지한 생각 이었습니다. 루소는 《에밀》과 《사회계약론》(1762)을 같은 해 에 출판했고, 오언도 노동자를 빈곤에서 구제하기 위해 교육 개혁을 일으켰으며, 프레이리 또한 사회구조의 이론과 실천 을 동시에 진행한 교육학자였습니다.

역시 교육과 사회는 서로 맞물려 양쪽 바퀴로 굴러갑니다. 사회를 바꾸고 싶으면 교육도 동시에 바꿔야 합니다. 생각해 보면 당연한 이야기지만, 한참이 지나서야 크게 공감하게 된 것이 저에게는 큰 배움이었습니다.

근대 유럽이 내세운 '교육의 목적은 자유롭고 평등한 민주 국가 만들기'라는 이상에는 공감했으나 그것은 아무도 믿지 않는 허구일 뿐이었습니다. 앞에서 지적한 대로 '민주사회의 책임자'를 만들기 위해 아이들을 보호한 것은 아이에게 자유와 평등을 가져다주기는커녕 오히려 불평등을 숨기는 일이 되었습니다. 그렇게 사람들은 평등이라는 이름으로 능력을 절대화시키고, 자유라는 이름으로 사람들에게 자기 책임을 강조하는 능력주의 사회를 만들었습니다.

어떤 시대의 교육 목적도, 학교의 존재 의의도 앞으로의 교육에서는 사용할 수 없습니다. 그 사실을 알게 된 후 저는 망연자실해졌습니다.

무언가 참고가 되겠지, 라는 생각에 지금까지 탐구 여행을 이어왔는데, 맙소사 아무짝에도 쓸모가 없다니……. 새롭게 만드는 방법밖에 없다는 걸 알게 된 것도 어떻게 보면 큰 수확이지만, 정말로 아무것도 사용할 수 없는 걸까.

'아니, 잠깐만.' 문득 이런 생각이 들었습니다.

애초에 그들이 주제로 삼았던 '물음'이 뭐였지? 그 물음에서 유추한 것이 비록 시대에 맞지 않더라도 물음 자체는 낡은 게 아니잖아? 그들이 출발선에서 던진 물음까지 일단 거슬러 올라가 다시 출발해 보면 어떨까?

~~~~~~

모험을 이어가다 막다른 길에 가로막힌 느낌이 들 때는 첫 번째 물음까지 거슬러 올라가 보는 것이 좋다고 배웠기 때문에 이번에도 그렇게 해보았습니다.

먼저 선인들이 '어떤 새로운 질문을 던지고 생각했는가?'에 주목했습니다. 그리고 '인간으로서 잘사는 것이란 무엇인가?'와 '공공의 이익이란 도대체 무엇인가?'라는 두 가지 근본적인 질문에 있다는 것을 알았습니다.

클론이나 맞춤형 아기designer baby, 연명치료 등 윤리적 판단이 어려운 기술이 차례로 탄생하고 있는 오늘날은 인간의 삶과 죽음이 모호해지는 시대이기도 합니다. 이런 시대일수록 '인간으로서 잘사는 것이란?'이라는 질문이 매우 중요합니다.

또한 현대문명과 자본주의가 일으키는 환경위기 문제는 '공공이익'의 새로운 의미를 생각해야 한다고 시사합니다. 현재 대량생산과 대량소비를 추진하며 이익만 좇는 자본주의 상태에서 인류는 환경위기를 극복할 수 없습니다. 루소가 제시한 '좋은 개인과 좋은 사회인, 두 가지가 양립하는 진정한 의미의 자유로운 인간을 키운다'는 과제를 해결하는 것만으로는 이 질문의 답이 될 수 없습니다. 우리가 '인간중심주의anthropocentrism'를 넘어 새로운 선善과 새로운 공공의 이익에 대해 진지하게 생각해야 할 상황이라는 것은 틀림없습니다.

빈곤층에게 저금리·무담보 대출을 실시하는 은행을 만들어 생활이 어려운 수많은 사람을 도운 방글라데시의 기업가이자 경제학자인 무함마드 유누스Muhammad Yunus는 한 강연회에서 젊은이들에게 이렇게 말했습니다.

> 지금까지의 경제학은 인간을 단순히 이기적인 존재로 간주하며 사람들에게 이익을 극대화하라고 재촉했습니다. 우리는 경제 이론에 맞춘 교육을 받고, 훈련해 왔습니다. 그 결과 인간은 '돈을 만드는 기계'가 되었습니다. 즉, 경제 이론이 전 세계의 사고를 결정하게 된 것입니다.
>
> 당신들은 무한한 가능성을 갖고 있으며, 인류 역사상 가장 강한 힘을 가진 세대입니다. 기술의 발전으로 마법을 사용하듯 자신의 창조적인 힘을 이용해 세상의 여러 문제를 해결할 수 있습니다. 당신들이 해야 할 일은 과거의 생각에 발목 잡히지 말고, 늘 문제 해결을 향해 나아가는 것입니다.

유누스의 말대로 우리가 인류역사상 가장 큰 힘을 가진 세대라면 그 힘을 인류 최대의 과제인 '지구 전체의 환경 개선'

에 쏟아부으며, 뒤따르는 모든 생명에 대한 책임을 다해야 합니다.

이때 저는 앞으로의 교육 목적을 찾은 기분이 들었습니다. 지금까지는 사람들을 빈곤에서 구제하고 자유롭고 평등한 민주사회 만들기를 목표로 한 교육이 이루어져 왔습니다. 하지만 '인간으로서 얼마나 잘살 것인가?', '공공의 이익이란 무엇인가?'라는 질문에 따라 저는 다음과 같이 교육의 목적을 업데이트하고자 합니다.

우선 '잘사는 것'이란 '인류가 자연의 생태계를 파괴해 왔음을 반성하고 다양한 자연을 사랑으로 지키며 사는 것', '공공의 이익'이란 '모든 종이 건강하게 사는 지구를 만들기 위해 세상을 바꾸는 것'이라고 규정했습니다. 그리고 그것이야말로 '행복한 삶을 산다'는 것의 새로운 정의이자 교육의 목적이어야 합니다.

그것이 '지구 전체를 좋게 만드는 일'이고 다가올 시대에 '인간만이 할 수 있는 최고의 일'이기 때문입니다. 제아무리 뛰어난 인공지능과 로봇이 등장해도 가치판단과 창조는 인간만이 할 수 있습니다. 어디에 가치를 두고, 어떤 의미가 있는지 판단하며 거기에서 창조성을 느끼는 것은 오직 인간뿐입니다.

그러니까 경제적인 성공만을 목표로 두고, 이미 알고 있으면서도 인공지능과 로봇으로 대체될 인간을 키울 것이 아니라 오히려 그것을 활용해 '인간만이 할 수 있는 일'을 즐기는 인간, 그런 일을 새롭게 만들어내는 인간을 함께 육성해야 합니다.

'지구 전체를 좋게 만드는' 일은 결코 한두 사람의 영웅이 하는 것이 아닙니다. 그래서 그런 일과 관련된 사람을 한 명이라도 더 많이 늘리는 것이 21세기를 살아가는 우리의 의무이자 책임입니다.

이러한 인간의 존재 방식은 현대를 살아가는 우리뿐만 아니라 뒤를 이을 미래 세대에게도 요구될 것입니다. 지구 전체를 좋게 하는 일은 몇 세대에 걸쳐 이어져야 하며 '그 시대에 이런 노력을 해왔기 때문에 현재를 살아가는 우리는 더 많은 대책을 세울 수 있었다'고 생각하게 하는 것에 큰 의미가 있기 때문입니다.

미래의 시점으로 사물을 생각하는 자세를 배워야 합니다.

인간은 당장 눈앞에 벌어진 일만 보는 경향이 있습니다. 자신의 삶을 통해 무언가를 달성하려고 생각하지 않습니다. 생각은커녕 불과 몇 년 후의 일조차 생각하지 않습니다. 그런데도 여러 세대에 걸쳐 무언가를 만들거나 달성하는 일이 가능할까요?

저는 반드시 할 수 있다고 생각합니다. 할 수 있다고 믿습니다.

영국의 시인 로버트 브라우닝의 〈압트 보글러Abt Vogler〉(1864)

라는 시에 이런 구절이 있습니다.

땅에서는 부서진 호, 하늘에서는 완벽한 원
On the earth the broken arcs; in the heaven, a
perfect round

일본의 의학자로 터미널케어에 평생을 바친 히노하라 시게아키日野原重明는 목사인 아버지에게 이 시를 배웠다고 합니다. 그리고 항상 자신을 이렇게 타일렀다고 합니다.

큰 비전을 그려라. 비록 자신이 사는 동안 실현하지 못하더라도, 원의 일부밖에 그리지 못하더라도, 뒤를 따르는 사람들이 언젠가 그 원을 완성할 것이다.

우리는 큰 원의 극히 일부인, 작게 부서진 호에 불과합니다. 하지만 '부서진 호'이기 때문에 큰 원을 그릴 수 있습니다. 커다란 원에서 첫 번째로 부서진 호가 되는 것. 또는 비록 자신이 첫 번째 호가 되지 못하더라도 누군가 그린 큰 원에 연결된 호가 되는 것.
그것이 교육이자 탐구이지 않을까요?

인간으로서 잘사는 것이란 무엇일까?
그리고 사람들에게 공공의 이익이란 무엇일까?

이 두 가지 물음이야말로
'교육은 무엇을 위해 존재하는가?'
'학교의 존재의의는 어디에 있는가?'를 생각하는 데
중요한 질문이라는 사실을 깨달았다.

이러한 뜻을 지닌 개인에게 아낌없이 지원하는 것이
교육의 목적이며, 모두의 힘을 모으기 위해 공동체를 만드는
기점이 되는 것이 학교의 존재 의의라고 확신했다.

라이프롱 언러닝

인간만이 할 수 있는 최고의 일인 '지구 전체를 좋게 만드는 일'을 현대와 미래의 시점에서 생각하기. 이것이야말로 인간으로서 잘 살아가는 모습이라고 이야기했습니다. 하지만 또 다른 방향에서 봐야 할 시점이 있습니다. 바로 과거에서 본 시점입니다.

구체적으로 이야기하면 과거에는 칭송을 받았지만, 시대가 바뀌면서 나쁜 평가를 받거나 시들해진 것에 생명을 불어넣는 일입니다. 예를 들어, 어떤 기술에 새로운 의미를 부여함으로써 '과거에 만들어졌던 그 기술은 더욱 훌륭한 이 기술을 만드는 데 필요했다'라고 재평가받게 하는 것입니다.

예를 들어, 플라스틱 제품은 '비용이 저렴하고 가공하기 쉬우며 내구성이 뛰어나다'는 이유로 일회용 의료기구 등에 사용합니다. 하지만 플라스틱이 심각한 해양오염의 원인이 되면서 무분별한 사용을 금지하고 있습니다. 그런 의미에서 플라스틱의 평판은 점점 낮아지고 있습니다.

한편 '그린 플라스틱'이라 불리는 새로운 소재가 주목을 받고 있습니다. 정식 명칭은 '바이오매스 생 분해성 플라스틱biomass- based biodegradable plastic'으로 미  생물에 의해 완전 분해 · 소 비되는 식물 기반의 신소재 입니다. 플라스틱의 장점은 살리면서 환경 부담이 없어 사회를 크게 바꿀 가능성이 있는 소재로 기대를 한몸에 받고 있습니다. 이 소재가 보 급되면 '석유 기반의 플라스틱 기술도 그린 플라스틱을 만들기 위한 중요한 과정이었다'라고 재평가되겠죠. 만약 '환경을 나쁘게 만들기는커녕 오히려 좋게 만드는 플라스틱'을 발명 하게 된다면 그 평가는 또다시 바뀔 것입니다.

새로운 기술로 선인들이 만들어왔던 것에 좋은 영향 주기. 새로운 가치를 창출하기 위해 노력한 모든 사람을 나쁜 사람 으로 만들지 말고 모든 기술의 다양성을 사랑하기. 이런 자 세가 '지구 전체를 좋게 만드는' 일에 필요하지 않을까요?

그때는 상식을 버리고, 근본부터 다시 물으며 새로운 배움 에 몰두하는 '언러닝'이 학습 이상으로 중요한 배움의 태도가 될 것입니다. 러닝과 언러닝을 반복합니다. 이 자세야말로 '탐구하다explore'의 진정한 의미입니다.

그렇다면 그런 배움의 장소는 어때야 할까요?

결론부터 말하면 '세상을 좋게 만들기 위해 모인 탐구자들의 공동체'여야 합니다. 같은 뜻을 지닌 사람들로 구성된, 서로를 도우며 자신들끼리 운영해 나갈 수 있는 공동체이자 '언런unlearn하기 위해 모인 공동체'라고 재정의하고자 합니다.

지금까지 교육기관은 '배우기 위해 가는 곳'이었으나 저는 완전히 반대된 의미로 바꾸고 싶습니다. 솔직히 러닝은 혼자서든, 어디서든 할 수 있습니다. 하지만 언러닝은 혼자서는 하기 어렵습니다. 언러닝하려는 사람과 어울리며 대화를 나눌 때 비로소 할 수 있습니다. 그래서 일부러 모여야 합니다.

또한 아이들은 언러닝할 필요가 없는 상태입니다. 오히려 언러닝해야 할 사람은 지금까지 러닝만 해왔던 어른들입니다. 반면 아이들은 다양한 관점에서 행동의 제한을 받는데, 그때 어른의 도움을 받습니다. 즉, 서로를 돕습니다. 그러니까 어른과 아이는 가능한 한 함께 러닝과 언러닝을 반복해야만 합니다. 이것이 초등교육의 장소를 '나이에 상관없이 새로운 탐구와 학문을 원하는 초심자들이 모이는 장소'로 재발명하는 의미입니다.

언젠가, '옛날 학교에서는 같은 나이의 아이들만 한 반에 모아놓고 수업을 했었대', '진짜? 왜?'라며 사람들이 놀라는 시대가 반드시 올 것이라고 확신합니다. 언러닝을 촉구하려면 탐구하는 환경이 다양해야 한다. 비슷한 사람들끼리의 모임은 언러닝에 적합하지 않다는 생각이 상식이 될 것이기 때문입니다.

일반적으로 사람은 나이가 들고 경험이 쌓일수록 언러닝하기 어려워집니다. 그래서 평생 탐구하기 위한 기술로 언러닝을 체득하는 것이 매우 중요합니다. 그런데도 우리는 여전히 언러닝을 중요하게 생각하고 있지 않습니다. 언러닝과 러닝은 앞면과 뒷면의 관계인 만큼 앞으로의 학교는 '라이프롱 러닝'의 장소라기보다 '라이프롱 언러닝'의 장소라고 강조하는 것이 맞지 않을까요?

여기에서 떠오른 에피소드가 어릴 적 아버지와의 기억입니다. 아버지는 제2차 세계대전 후 혼돈의 시대에 아무것도 없이 사업을 일으키고 스스로 길을 개척해 나간 사람이었습니다. 저는 그런 가정에서 사형제의 막내로 태어났습니다. 부모님이 제법 나이가 있을 때 낳은 막내였기 때문에 아버지와 어머니의 사랑을 듬뿍 받았습니다. 다만 가업을 위해 부모님이 맞벌이를 하셨던 탓에 어릴 때부터 일터에서 보내는 날이 많았던 것으로 기억합니다.

당시 아버지는 사업을 한창 벌이고 있던 때라 새로운 가게를 열 기회를 항상 찾고 있었고, 마음에 드는 장소를 발견하면 저를 자주 데리고 가셨습니다. 그곳에서 아버지는 큰 지도를 펼치며 "태장아, 여기는 이런 입지로 이런 손님들이 있고 시장으로서 이 정도의 규모가 예상되는데 너는 어떻게 생각하니?"라며 제 의견을 묻곤 하셨습니다. 아버지의 진지한 눈빛에서 진심이 느껴졌습니다.

'여기에서 내가 말도 안 되는 소리를 하고, 혹시나 아버지가 내 말대로 하면 우리 집은 큰일이 나겠지'라는 생각에 정신을 바짝 차리고 나름대로 진지하게 질문을 던지며 솔직한 제 생각을 이야기했던 기억이 납니다.

"이런 식으로 하면 괜찮지 않을까요?" 저의 허무맹랑한 아이디어를 아버지는 "오호, 내가 생각도 못 했던 걸! 아주 좋은 아이디어구나!"라며 일일이 반응해 주고 참신한 발상이라며 기뻐해 주셨습니다. 아버지가 좋아하는 모습에 신이 나 이런저런 아이디어를 마구 쏟아냈습니다. 아버지는 그중에서 가장 엉뚱한 아이디어를, 그 기발함을 유지한 채로 실현해 주셨습니다.

아버지는 사람들이 반대하면 할수록 밀어붙이고 이까짓 것 못할 게 뭐 있어, 라는 생각을 강하게 하는 독특한 기업가였습니다. 실패를 두려워하지 않았고 저의 별거 아닌 아이디어를 여러 번 실현시켜 주셨는데, 그것은 저에게 '세상은 진짜로 바꿀 수 있어!'를 몸소 깨닫게 해준 매우 소중한 체험이 되었습니다.

지금 생각해 보면 아버지가 저를 현장에 자주 데리고 간

이유는 물론 자신의 아이와 함께 있고 싶은 마음도 있었을 테지만, 아들을 일하는 현장에 데려가는 것이 좋은 교육이라는 것을 알았던 부모의 마음 때문이었을 것입니다. 하지만 동시에 저의 존재가 아버지의 언러닝에 어느 정도 도움을 주었을 거라 믿습니다.

아버지는 저를 한 번도 어린애 취급하지 않으셨고 스승과 제자 같은 상하 관계로 대하지도 않으셨습니다. 둘 사이에는 대등한 파트너로서 신뢰 관계만 있었을 뿐입니다. '우리 중에 누구든 훌륭한 아이디어를 내면 그것은 우리의 승리야!'라는 생각을 공유하고 있었기 때문에 좋은 아이디어가 나오면 기뻐하고, 칭찬하며 존경하는 최고의 관계를 유지했습니다.

이처럼 관계성에서 새로운 탐구의 공동체를 만들어야 합니다. 진심으로 그렇게 생각합니다. 그리고 그것을 반드시 만들 수 있다고 자신합니다. 제가 어릴 때 실제로 경험했기 때문입니다. 동시에 이를 실감하게 해준 아버지에게 진심으로 감사하게 생각합니다. 저는 이 일 자체를 앞으로 가능한 한 많은 아이에게 알려주고 싶습니다.

반드시 전해질 것입니다. 제가 아버지에게 물려받은 마음을 다른 아이들도 분명 공감할 테니까요.

지금까지 배워왔던 가치관과 행동,
생각 등을 버리고 새로운 것을 다시 학습하는 자세, 언러닝.

평생에 걸쳐, 세상의 새로운 의미를 발견하고 성장해 가는 것.
이것이 인간답게 살아가는 방식이다.

라이프롱 언러너가 모여 함께 즐기며 탐구하는 공동체를 만들고,
언러닝에 바람직한 환경을 만드는 것.

그것이야말로 새로운 학교라고 나는 확신했다.

일에서도 초심자만이 될 수 있는 라이프롱 언러너는
언제나 즐겁게 함께할 수 있는 최고의 학습자다.

후대에 보내는 위대한 유산

마지막으로 이 장의 모험을 되돌아보려고 합니다. 제가 항상 품고 있던 질문은 '무엇을 위해 교육을 하는가?' 그리고 '무엇을 위해 학교는 존재하는가?'였습니다. 그리고 그것이 '잘사는 것이란?'과 '공공의 이익이란?'이라는 두 가지 질문의 근본에 있다는 사실을 알게 되었습니다.

거기에서 선인들이 도출한 교육의 목적은 다음의 두 가지, '아이들이 자유롭게 살아갈 힘을 기르기 위해'와 '민주적 시민사회의 일원으로 키우기 위해'였습니다. 전자는 아이에게 주목한 것이고 후자는 사회의 관점에서 본 것인데, 이 두 가지를 궁극의 목적으로 두고 교육이 이루어진 것입니다. 그런데 '살아가는 힘'이란 결국 '자본주의 사회에서 잘 행동할 수 있는 능력'일 뿐이며, 그 능력 또한 허구에 불과합니다. 즉, 실체가 없는 것을 목적으로 두고 교육을 시행한 결과, 다양한 불행이 발생한 것입니다.

이러한 능력은 능력주의의 최종병기인 인공지능에게 대체될 것이므로 이대로 있다가는 막다른 곳에 내몰리게 됩니다.

그래서 지금까지 좋게 생각했던 교육의 목적을 '언런'해야 합니다. 이는 구체적으로 인공지능 덕분에 더는 능력을 살아갈 힘이라고 강력하게 주장할 필요가 없어졌다고 긍정적으로 인식하게 하고, 교육에 의미의 혁신을 가져왔습니다.

여기에서 다시 한번 깨닫게 된 것은 '살아갈 힘을 배우지 않아도 모두 잘살 수 있다'라는 당연한 사실이었습니다. 백번 양보해서 살아갈 힘이 필요한 세상이라 하더라도 아이들이 그런 사회에 적응하게 하는 것이 아니라 아이들이 그런 사회를 바꿀 수 있게 가르치는 것이 교육의 사명입니다.

그것은 아이들뿐만 아니라 모든 사람에게 필요합니다. 그래서 우리는 평생에 걸쳐 '러닝'과 동시에 '언러닝'을 반복하며 탐구를 이어가야 합니다. 그 목적은 인류가 자연의 다양성을 지키는 존재로서 지구를 조금이라도 좋게 만들어 미래 세대에게 넘기는 것입니다. 그것이 잘사는 것의 새로운 의미이며 이는 결과적으로 공공의 이익으로 이어집니다.

나이에 상관없이 함께 탐구하는 공동체 만들기. 그것이 앞으로 학교가 존재해야 할 방식이라는 비전을 그렸습니다. '사회의 일원으로서 필요한 자질을 배우는 장소'라는 학교의 낡은 의미를 '자신이 계속 변화하기 위해 가는 장소'라는 새로운 의미로 바꾼다는 뜻입니다. 즉, '사회가 자신을 바꾸는 장소'였던 학교를 '자신이 사회를 바꾸는 장소'로 그 뜻을 역전시키는 혁신입니다.

공원을 걸으면서 머릿속을 정리하던 그때 문득 한 책이 떠올랐습니다. 그러고 보니 선생님은 어떤 말씀을 하셨었지? 그 책을 다시 한번 읽어봐야겠다는 생각을 했습니다.

그 책은 일본의 교육자이자 문학가인 우치무라 간조內村鑑三의 《후대에 보내는 위대한 유산後世への最大遺物》(1894)입니다. 대학생이던 시절 추천을 받아 읽었었는데 당시에는 '강연을 기록한 문체가 재밌네'라고 생각한 정도였을 뿐 큰 감동은 없었던 것으로 기억합니다.

하지만 지금은 알 것 같은 기분이 들었습니다. 당장 책이 읽고 싶어진 저는 발길을 돌려 서둘러 집으로 향했습니다. 공원 출구 쪽 모퉁이를 돌면 초록색의 작은 연못이 있어야 했습니다. 그런데 제 눈앞에 짙은 푸른빛의 거대한 호수가 펼쳐졌습니다!

숨 막힐 듯한 초목의 향에 정신을 차려보니 울창한 초록빛 속에 둘러싸여 있었습니다. 불안한 마음으로 주위를 둘러보자 해 질 녘 호숫가 한쪽 구석에서 여러 사람의 웃음소리가 들렸습니다.

저기는 뭐지? 서둘러 다가가 보니 거대한 강연장이었습니다. 열기로 가득 찬 청년들 너머로 한 남자가 의자에 앉아 조용히 이야기하고 있었습니다.

"열세 살 무렵, 아버지에게 물려받은 이 책 라이 산요賴山陽의 한시漢詩를 만나 나 또한 역사에 이름을 남기는 사람이 되고 싶다는 마음이 생겼습니다."

남자는 손에 든 책을 소개하며 이야기를 이어갔습니다.

"그런데 이후 그리스도교를 접하면서 기독교 신자는 공명_{功名}을 바라서는 안 된다는 생각을 하게 되었죠."

남자는 뚜렷한 이목구비에 콧수염이 나 있었습니다.

"하지만 저에게는 한 가지 희망이 있었습니다. 편안하게 천국에 가면 그걸로 충분하냐고 저 자신에게 물었을 때 제 마음속에 순수한 욕심 하나가 생기더군요."

틀림없는 우치무라였습니다. 저는 그렇게 그의 강의를 직관했습니다.

"죽은 후에 그저 천국에 갈 것이 아니라 이 세상에 무엇이든 하나라도 남기고 싶다고 말이죠. 후대의 칭찬을 바라는 것도, 명예를 남기고 싶은 것도 아닙니다. 다만 제가 얼마나 이 지구를 사랑하고, 얼마나 이 세상을 사랑했으며, 얼마나 나의 동포를 생각했는지 그 기념품을 세상에 두고 가고 싶은 것입니다."

우치무라는 청년들을 바라보며 힘 있게 외쳤습니다. 우치무라의 놀라운 세계관과 강한 집념에 빨려 들어갔습니다.

"우리가 죽기 전까지 이 세상을 조금이라도 좋게 해놓고 죽고 싶지 않나요? 무언가 하나의 사업을 완수하고, 가능하다면 우리가 태어났을 때보다 이 나라를 조금이라도 좋게 만들고 싶지 않나요?"

우치무라 간조 内村鑑三 (1861-1930)

　그렇게 말하며 우치무라는 남겨야 할 두 가지를 먼저 알려
주었습니다. 하나는 '돈'입니다. 평생에 걸쳐 모은 재산을 보
육원과 흑인 아이들의 교육에 쾌척한 미국의 자산가들을 예
로 들며 많은 돈을 나라를 위해, 사회를 위해 남기고 죽는

것이 순수한 희망이라고 했습니다. 하지만 돈을 모으기 어려워 그 방법이 불가능하다면 사업을 남기는 것이 좋다며, 치수 사업이나 탐험 사업을 예로 들어 이야기했습니다.

그때 주변이 갑자기 어두워졌고, 조금씩 밝은 빛에 휩싸이더니 어느새 저는 제 방 한쪽 구석에 서 있었습니다. 발밑에 떨어져 있던 책을 주워 가볍게 먼지를 털고 침대 옆 테이블에 놓고 잠을 청했습니다.

정신이 들었을 때 저는 다시 강연장에 있었습니다. 다음 날 아침인 듯했습니다.

우치무라는 어젯밤 이야기를 이어갔습니다. "돈을 모으기 어렵고, 사업을 남기는 일도 쉽지 않습니다. 그렇다면 사상을 남기는 것이 좋습니다. 다음 세대에 좋은 영향을 주는 책을 남기거나 청년에게 학문을 가르쳐 사람을 남기는 것, 이 또한 위대한 유산입니다"라고 설파했습니다.

우선은 돈, 돈을 남기지 못하면 사업, 그것도 힘들다면 사상을 남긴다. 말이 쉽지 하나같이 다 어려운 일들이네……. 내심 그렇게 생각하고 있는데 제 마음을 읽은 듯 우치무라가 청중에게 물었습니다.

"사업가가 되기도 어렵고, 돈을 모으지도 못하고, 무언가를 가르칠 수도 없다. 그렇다면 나는 쓸모없는 인간, 평범한 인간으로 사라져야 할까요?"

거기서 그는 "아니요"라고 답했습니다. 인간이라면 누구나 이익만 있고 손해는 없이, 후대에 남길 수 있는 '위대한 유산the Great Legacy'이 있다는 것입니다.

"그것은 바로 용감하고 고상한 생애입니다. 이것이 진정한 유물이지 않을까요?"

청년들이 진지한 눈빛으로 바라보는 가운데 우치무라의 목소리가 강연장 안에 울려 퍼졌습니다.

"우리가 후대에 남길 수 있는 것이 아무것도 없고 후대 사람들이 우리를 특별하게 기억할 만한 업적이 없어도, 저 사람은 이 세상에 사는 동안 성실하게 삶을 보낸 사람이라고 이야기할 만한 일을 후대 사람에게 남기고 싶습니다."

박수갈채를 받으며 강연을 마치고 강단을 내려온 우치무라를 저는 책을 들고 쫓아갔습니다. 무슨 말을 하고 싶었던 건 아니지만 어떻게 해서든 우치무라 옆에 가고 싶었습니다. 우치무라는 제게 등을 진 채 이렇게 말했습니다.

"다행히 나는 오늘까지 살면서 이 책에 쓰여 있는 것을 많이 어기지 않으며 살아오게 되어 신께 감사하고 있습니다. 이 책이야말로 제가 '후대에 보내는 위대한 유산' 중 하나가 된 것을 감사하게 생각하고 있습니다."

우치무라는 《후대에 보내는 위대한 유산》이라는 책을 남겼다. 그리고 '용감하고 고상한 생애'를 '위대한 유산'으로 남겼다. "저도 선생님의 정신을 반드시 잇겠습니다."

눈물을 닦으며 그렇게 중얼거리는 제 목소리가 닿은 듯 우치무라는 조용히 멈춰 섰습니다.

그때 눈이 떠졌습니다. 그곳은 늘 그렇듯 제 침실이었고 옆에는 펼쳐진 책이 있었습니다.

그는 '후대에 보내는 위대한 유산이란 무엇일까?'라는 물음의 답으로 돈, 사업, 사상을 언급하며 청중에게 실망감을 안겨준 뒤에 '그중 아무것도 하지 못하는 자신이 사실은 가장 용감하고 고상한 생애를 보낼 기회를 얻는다'라고 설명했습니다. 얼마나 흥미로운 전개이고, 용기를 주는 말인가요?

'후대에 무엇을 남길 것인가?'라는 질문은 자신의 인생에 대해 묻는 것과 같습니다. 그렇다면 우리는 어떤 삶을 살아야 할까요? 조금 더 구체적으로 말하면 어떻게 마지막을 맞이해야 할까요?

우리는 자신의 인생을 깊게 생각할 기회가 많지 않습니다. 하물며 '죽음'에 대해 생각하는 일은 거의 없습니다. 그래서 죽음이란 '자신에게 흐르는 시간이 멈추는 종착점'이라고밖에 생각하지 못하는 것이 아닐까요? 마지막에 찾아온 죽음만큼은 어떻게 해서든 '한 권의 끝'으로 차지하고 싶은 게 아닐까요? 그래서 우리는 어떻게 해서든 죽고 싶지 않다며 죽음을 두려워합니다.

우리는 왜 죽고 싶지 않을까요? 우치무라가 말했듯이 우리의 마음속 어딘가에 내가 이 세상에 살았던 증거를 남기고 싶다는 마음이 있기 때문이지 않을까요? 그렇게 생각하면서도 무엇을 어떻게 준비해야 할지 잘 모르고, 애초에 생각하기 귀찮아서 무의식중에 죽음에 대한 준비를 미루게 됩니다.

하지만 죽음은 어느 날 갑자기 찾아옵니다. 그래서 죽음이 다가왔을 때 '아직 아무것도 준비하지 못했는데!'라며 절망하고 쓸쓸해지는 것이 아닐까요?

그렇다면 왜 준비하지 못했다고 생각할까요? 그것은 우리가 무의식중에 '결론'이라는 완성형의 무언가를 남기려고 하기 때문입니다. 하지만 우리는 언제까지나 말 그대로 '죽을 때까지' 결론이나 완성형을 준비할 수 없습니다. 그런데도 우리는 그렇게 해야 하고, 하고 싶다고 여기면서 아직 누구에게도 아무것도 남길 준비가 되어 있지 않은데 이대로 사라지고 싶지 않다고 생각하게 됩니다.

그러니까 애초에 무언가 완성형으로 남기려고 하면 안 됩니다. 우치무라가 말한 '용감하고 고상한 생애를 보내면 된다'고 생각해야 합니다.

다시 한번 되짚어 보겠습니다. 교육이란 무엇인가? 그것은 커다란 질문에 맞서는 모습을 다음 세대에게 보여주는 것이 아닐까? 시대와 맞지 않는 것, 이상한 방향으로 가버린 것을 바꿔 '사람들을 구하기 위해서는 어떻게 해야 할까?', '이 지구를 좋게 만들기 위해서 무엇을 해야 할까?'를 평생에 걸쳐 탐구하는 것이 아닐까? 그것이야말로 '용감하고 고상한 생애'이며 그 자체를 후대의 사람들에게 남겨야 하는 것이 아닐까?

저는 그렇게 생각합니다. 우치무라도 이렇게 이야기했습니다.

이 세상은 비탄의 세상이 아니라 환희의 세상이라는 생각으로 살아가며, 이 삶을 세상의 선물로 남기고 세상을 떠난다는 것이다. 이 유물은 누구나 남길 수 있다.

제가 이 책을 통해 수많은 선인을 소개한 이유는 그들의 삶을 알게 되면서 얼마나 많은 용기를 얻었는지 알리고, 이 책을 읽는 사람에게 용기를 주고 싶었기 때문입니다.

위대한 선인들, 동시대의 동지들 그리고 동료들의 인생이 얼마나 '용감하고 고상한 생애'였는지 전하는 것, 그리고 자신의 삶을 통해 자신이 살았던 의미의 변화를 보여주는 것, 그것이 교육이자 잘 사는 것이며 공공의 이익이고 인생을 걸고 뛰어들 만한 일이라고 결론짓고 싶습니다.

세상은 바꿀 수 있다.

자신이 바뀌면 언제든지 바꿀 수 있다.

현재와 과거, 미래의 동료들과 함께라면 무엇이든 할 수 있다.

우리는 땅에서는 부서진 호. 창공에서는 큰 나선으로 이어진 한 변의 작은 호.

비록 일부지만 뒤를 잇는 사람이 언젠가 그것을 완성할 것이다.

진심으로 그렇게 생각한다면 죽음은 '책 한 권의 끝'이 아니며 결코 쓸쓸하지도 않을 것입니다.

……아니, 그러니까. 솔직히 말하면 잘 모르겠습니다. (웃음)

모르기 때문에 생명이 있는 한, 앞으로도 즐겁게 탐구를 이어갈 생각입니다.

후대에 무엇을 남길 것인가?

이것이 교육에 관한 궁극의 질문이었다는 것을
우치무라와 함께 재확인할 수 있었다.

자신의 삶을 통해 자신이 살아온 '의미'의 변천을 보여주는 것.
이것이 배움이자 교육이며 인생을 걸고 뛰어들 만한 일이다.

우치무라의 가르침은 '세상은 스스로 바꿀 수 있다'라고 믿으며,
세상을 좋게 만드는 일에 평생에 걸쳐 매달려야 한다는
내 생각을 다른 형태로 표현한 것임을 깨달았다.

'용감하고 고상한 생애'를 남긴다.
이제 망설일 필요 없다.

이것으로 나의 여정은 일단 끝을 맞이했다.

Q. 다시 한번 사람은 무엇을 위해 배우는가?

드디어 근본적인 물음에 정면으로 맞붙을 준비가 되었습니다.

긴 여행을 하며 저는 그렇게 느꼈습니다.

되돌아보면 이 여행은 생각보다 장대한 여행이 되었습니다.

동서고금의 다양한 사상을 접하며 새로운 세상을 구상해 온

길에는 지적 호기심이 가득했고 매우 즐거웠습니다.

그리고 마침내 결론을 내릴 때가 왔습니다.

사람이 배우는 이유, 그것은,

마 치 며

새로운 모험을 향해

저의 탐구 여행의 계기가 된, 지금도 여전히 가지고 있는 질문은 다음과 같습니다. "사회를 좋은 방향으로 바꿀 '쐐기'가 될 한 방을 어디로 날려야 할까?" 그것은 '교육 업데이트'에 있다는 생각이 이 책을 쓰게 된 계기가 되었습니다.

거기에 새로운 질문이 하나씩 더해졌고 저 나름대로 답을 찾아가던 중 다양한 역사와 선인의 식견을 알게 되면서 그것들이 모두 깊이 관련되어 있다는 사실을 깨달았습니다. 여행을 자유롭게 다닌 결과 이 책이 완성되었습니다.

미국의 작가 대니얼 퀸Daniel Quinn은 이렇게 말했습니다.

'낡은 비전'과 '새로운 계획'으로는 세상을 구할 수 없다. 세상을 구하는 것은 '새로운 비전'과 '계획의 부재'에 있다.

여행의 장점은 무계획에 있습니다. 대신 무언가 재미있는 신호를 발견했을 때 대담하게 행동할 수 있도록 발걸음을 가볍게 해두는 것이 중요합니다. 저는 그런 마음가짐으로 많은 것을 배웠고 두근거리는 아이디어를 얻었습니다. 이런저런 내용을 썼지만 결국 제가 하고 싶은 말은 간단합니다. 하고 싶지 않은 공부 따위 하지 않아도, 인상을 찌푸리며 일하지 않아도, 미래를 생각하며 불안해하지 않아도 된다. 그냥 재밌는 놀이를 신나게 하면 된다.

뭐가 도움이 될지 모른다고 해서 일단 세상이 좋다고 말하는 것을 그대로 따르지 않아도, 누군가 결정한 평가의 기준에 맞추지 않아도 된다.

자신이 좋아하는 일을 추구하면 결국 자신과 모두에게 도움이 된다. 아이를 어린아이 취급하지 않고, 어른을 어른 취급하지 않으면서 뭐든지 함께 만들고 나누면 분명 잘될 것이다. 즐거운 인생을 보내면 그걸로 충분하지 않을까?

그뿐입니다. 그런 사람을 몽상가라고 말하는데, 이런 생각을 한 사람은 저뿐만이 아닐 것입니다.

탐구 여행을 하면서 진지하게 생각하게 된 최고의 아이디어는 동료들과 함께 즐기면서 '어떻게 하면 이 세상이 좋아질까?'를 탐구하는 장소, 즉 '탐험가를 위한 놀이터' 만들기였습니다. '놀이터'의 공통 테마는 세상을 지금보다 좋게 만들어 '결과적으로' 새로운 세상을 만드는 것, 현대사회의 개

정판이 아닌 '전혀 다른 새로운 세계'를 만들어 지금의 커다란 과제를 한 번에 날려버리는 것입니다.

그 모습이 아직은 희미하지만 '분명 이런 게 아닐까?', '이런 느낌이면 엄청 재미있겠지!'라는 비전이 조금씩 보이고 있습니다.

함께 새로운 것을 만드는 기쁨에 빠져 시간에 얽매이지도, 불안을 느끼지도 않으면서 창작자와 소비자가 서로 칭찬하며 함께 만드는 행복한 신뢰 관계로 연결된 세계. 세상이 잘 돌아가게 하기 위한 최고의 방법은 세상을 증여로 채우는 것이라고 믿고, 다양한 공동체에 소속되어 개개인이 좋아하는 대로 살아가는 세계.

글로는 쉽게 와닿지 않겠지만 이러한 세계를 실제로 만드는 활동을 무작정 시작해 보려고 합니다. 먼저 새로운 세계를 만드는 기점이 될 작은 생태계 만들기로 하고 거기에 '라이프롱 플레이그라운드Lifelong Playground'라고 이름 붙였습니다.

어떤 의도를 가지고 다니는 것이 아니라 일단 가서 뭘 하며 놀지 정할 수 있는 특별한 장소. 어떤 일이 일어날지 모르기 때문에 새로운 놀이, 즉 새로운 탐구의 종이 태어나는 장소. 이곳은 사람들이 항상 러닝과 언러닝을 반복하며 자신이 만든 '틀'을 열고 나와 가능성을 해방시킬 장소가 될 것입니다. 그것이야말로 '학교'의 새로운 모습이자 의미이지 않을까요?

저는 라이프롱 플레이그라운드를 만드는 여행을 서둘러 떠나려고 합니다.

　여행지 어딘가에서 만나기를 기대하며.

　이번에는 당신이 《모험의 서》를 쓸 차례입니다.

감사의 말

여행의 동반자들에게 전하는
감사의 말씀

저는 사회와 교육에 대한 소박한 의문이 생기면 '탐구 노트'에 적어두곤 합니다. 처음에는 나 자신을 위해서만 메모했는데, 언제부턴가 그 질문에서 배우고 생각한 것을 같은 문제의식을 지닌 동료들과 공유할 수 있도록 에세이 형식으로 표현하게 되었습니다. 그것이 저에게는 좋은 아웃풋이 될 수 있고, 다른 사람들에게도 도움이 될 수 있다고 생각했기 때문입니다. 실제로 해보니 효과가 엄청나서 지금도 누가 시키지 않아도 즐겁게 에세이를 쓰고 있습니다.

어느 날, 제가 쓴 에세이를 읽은 편집자 나카가와 히로미 씨에게 "이거 책으로 만들면 어떨까요?"라는 제안을 받았고, 거기서부터 이 책의 제작이 시작됐습니다. 그녀와 이야기를 나누면서 '책을 만든다면 미래를 만들어가는 젊은이들에게 가장 먼저 전달하고 싶다'는 생각을 하게 됐고, 그 전까지 몇 년 동안 거의 매일 썼던 에세이집을 새로운 대상을 위해 처음부터 다시 쓰기로 했습니다. 그리고 그로부터 1년여가 지나 책이 완성됐습니다.

철학자나 사상가, 연구자들의 저서나 논문은 정확한 설명에 치중하다 보니 사전 지식이 없는 사람이 이해하기에는 어려운 부분이 있습니다. 그래서 그 인용이나 참고 문헌의 의미가 독자에게 쉽게 전달될 수 있게 제가 마치 그 책의 저자들과 대화하는 것처럼 각색을 시도해 보는 것은 어떨까 하는 생각을 하게 되었습니다. 그 아이디어를 함께 구상하고 집필을 도와준 시 이이 씨, 후쿠치 미키 씨, 호리이 아키코 씨, 와타나베 켄타로 씨는 '공동 집필자'라고 해도 무방할 정도로 큰 공헌을 했습니다. 등장인물의 대사는 대부분 각 인물의 저술을 바탕으로 하고 있으며, 과도한 연출로 참조나 인용에서 크게 벗어나지 않고자 노력하면서 대화하는 듯한 느낌을 주기 위해 말투와 어조에 특히 신경을 썼습니다. 예를 들어, 신란은 교토 지방 어투, 유이엔은 가와다(현 이바라키현 미토시) 지방의 어투로 표현했는데, 감수해 주신 오가사와라 오사무 씨와 코이케 히데토시 씨 덕분에 그들이 실제 대화하는 듯한 느낌을 낼 수 있었다고 생각합니다.

이 책에는 제가 생각하는 교육론이자 사회론, 언러닝 unlearning론이 담겨 있지만, 동시에 사물을 비판적으로 바라보고 세상을 바꾼 위대한 선배들의 책을 소개하는 가이드북으로 만들고 싶었습니다. 앞서 말씀드린 분들과 더불어, 책 말미에 소개글을 써주고 편찬을 도와준 사키나 야스아키 씨와 오카다 히로코 씨 덕분에 '모험의 서들'을 잘 소개할 수 있었습니다.

또한, 제가 다양한 문헌을 참고하여 제멋대로 쓴 탓에 교정에도 많은 노력이 필요했는데, 앞서 말씀드린 분들과 더불어 사토 키미히코 씨의 꼼꼼한 작업에 큰 도움을 받았습니다. 또한 오탈자나 표현의 일관성 확인은 물론이고, 단어의 선택과 어순, 읽었을 때의 리듬감까지 세심하게 신경 써서 문장 전체를 다듬어준 세토 쿠미코 씨에게 특별히 감사의 말씀을 드리고 싶습니다. 다소 난해한 표현이 될 수밖에 없는 내용임에도 이렇게 읽기 쉽게 완성할 수 있었던 것은 오로지 그녀의 감수 덕분이라고 해도 과언이 아닐 것입니다.

한편, 책 내용이 독자들에게 받아들여질지 불안해서 어느 정도 글을 쓴 단계에서 다양한 사람들과 좌담회, 스터디, 인터뷰 등을 거치며 시행착오를 바로잡았습니다. 그 준비와 조율에 힘써준 호리이 아키코 씨에게도 특별히 감사의 말씀을 드리고 싶습니다. 그 과정에서 도움을 주신 이시이 리쿠 씨, 이나다 료스케 씨, 오츠카 타쿠야 씨, 오치아이 노조미 씨, 가네코 토루 씨, 타자와 에미 씨, 마츠모토 아리사 씨, 모리야마 카이 씨, 야마자키 마코토 씨, 그리고 미국 젊은이들의 생각에 대해 유익한 시사점을 주고 한 차례 공동 집필을 해준 요시히라 키코 씨와 요시히라 켄지 씨에게도 진심으로 감사의 말씀을 전하고 싶습니다. 글을 다 쓴 지금도 이 책이 대중에게 받아들여질지 자신은 없지만, 그들의 훌륭한 지원 덕분에 큰 용기를 얻어 여기까지 올 수 있었습니다.

제가 처음 탐구를 시작할 수 있는 계기를 마련해 주고, 그 탐구에 길잡이와 맥락을 부여하고 논점을 구체화해 준 아이다 다이야 씨는 글 속에서 다소 각색된 모습으로 등장하지만, 아무리 감사를 표해도 부족할 정도로 유일무이한 동지라고 생각합니다. 또한, 루소나 프레이리 등의 교육 사상을 가르쳐준 후지와라 사토시 씨와 타케무라 에미 씨, 카네기의 'appreciation'을 가르쳐준 기무라 카즈미 씨와 기무라 하지메 씨, '의미의 혁신'에 대해 생각하게 해주신 우에마치 다츠야 씨와 야나이 유이치 씨, 안자이 히로유키 씨, 글에는 나오지 않았지만 제 사고방식에 큰 영향을 끼친 시간관념에 관한 논의를 함께해 준 카타야마 타카시 씨, 시오야 준이치 씨, 타키자와 테루요시 씨, 모리모토 유키 씨, 제가 투고한 에세이를 부탁하지도 않았는데 편집하여 전체를 조망하는 관점을 익히게 해준 히라노 토모야스 씨, 오가사와라 오사무 씨, 저와의 대화와 토론의 장을 여러 번 마련해 주었으며, 전체적으로 여러 가지 영감을 가져다주면서 여행을 함께해 준 오쿠야마 나오코 씨, 코지마 사치요 씨, 시게토미 켄이치로 씨, 서예에 대한 멋진 응용으로 용기를 준 이이다 사야카 씨, 우에하라 코다이 씨, 오쿠모토 나오코 씨, 오바나 카요 씨, 쿠리오카 다이스케 씨, 후루카와 하루카 씨, 미야구치 레이코 씨 등 여러분의 공헌이 매우 컸다는 것을 여기서 강조하고 싶습니다.

또한 《모험의 서》에 앞서 쓴 에세이집을 영어로 번역하는 작업을 시게타 나호, 타이라 아츠시, 니시데 카오리, 미야케 다이스케, 야마자키 메구미, 이회룡 씨와 함께 한 달 동안 거의 매일 했는데, 다른 언어로 번역하는 것이 이렇게나 이해를 깊게 하는 일인가를 새삼 깨달았습니다. 그런 번역의 일상 자체가 저에게는 생각과 탐구의 과정이었으며, 덕분에 많은 깨달음을 얻을 수 있었습니다. 그분들도 이 책을 만드는 여정의 동반자처럼 느껴집니다.

그리고 보니, 제가 매일 올린 에세이에 댓글을 달아주고 다양한 피드백을 주신 분들께도 꼭 감사의 말씀을 드리고 싶습니다. 특히 아리타 유조 씨, 카지오카 히데 씨, 사라시나 야스하루 씨, 신시로 켄이치 씨, 타니구치 신지 씨, 하라다 토모 씨, 마루야마 후지오 선생님, 미우라 켄타로 씨, 야스카와 신이치로 씨는 날카로운 지적과 질문으로 저 혼자서는 깨닫지 못할 다각적인 관점을 알려주셨습니다.

여기서 서예의 예술적 측면에 대해서도 꼭 짚고 넘어가고 싶습니다. 먼저, 첫눈에 반하고, 한참을 보고 있으면 여러 가지가 궁금해지기 시작하고, 결국에는 그 속에 그려진 세계에 푹 빠져들게 되는 말로는 설명할 수 없는 매력을 찬양하며, '모험의 서'라는 제목에 압도적인 설득력과 끝없는 상상력을 부여하는 핵심 이미지를 그려준 코믹스 웨이브 필름의 감독 미키 요우코 씨, 작화의 니시무라 타카요 씨, 미술의 타키노

카오루 씨에게 최대한의 찬사와 경의를 표하고 싶습니다. 처음 원화를 봤을 때 소름이 돋았습니다. 이렇게 훌륭한 크리에이티브 팀을 프로듀싱해 준 카와구치 노리타카 씨, 코디네이터를 맡아준 쿠라타 다이스케 씨에 대한 은혜도 평생 잊지 못할 것 같습니다.

다음으로, 미술사나 음악사의 맥락을 감안한 장난기와 재치가 넘치는 모티브, 글을 읽는 눈과 손이 멈출 정도로 그림 하나하나에 담긴 그림에 대한 열정, 작가로서의 독창성과 '삽화'라는 기능의 제약이 가져다준 절묘한 창의성 균형 등 책의 삽화로서 이보다 더 좋은 것은 없을 것 같은 그림을 그려준 아케타라시로메 씨에게도 아낌없는 찬사와 함께 손이 아플 정도로 박수를 보내고 싶습니다.

그들의 작품이야말로 그림을 그리는 것이 좋아서 즐겁게 그리는 동안 만들어졌다는 것을 보여주는 좋은 예라고 생각합니다. 그것을 구현하여 멋진 작품을 만들어준 것 자체가 제 글보다 더 큰 설득력을 갖는다고 생각합니다.

또한 표지 그림의 매력을 최대한 살리고, 삽화가 가진 힘을 레이아웃의 묘미로 읽는 추진력으로 바꾸고, 폰트 선택으로 신뢰성을 담보하면서 선의 굵기와 색의 배치로 부드러움과 유희를 더하고, 복잡하게 얽힌 요소들을 깔끔하게 정리해 제작자의 의도를 쉽게 전달할 수 있게 해줬습니다.

오구치 쇼헤이 씨, 하타나카 아카네 씨, 아오야마 카자네 씨의 북 디자이너로서 훌륭한 작업에도 크게 감명받았습니다.

'이것밖에 없다'라는 카피를 써준 동지, 코니시 토시유키 씨에게도 고개 숙여 감사드립니다. 평소 '코니탄'이라는 애칭으로 편하게 불렀던 것이 부끄러워질 정도로 멋진 카피는 그가 크리에이티브 세계의 일선에서 뛰고 있는 일류임을 증명했습니다. 마찬가지로 공과 사를 막론하고 최고의 '놀이 친구'인 빅 브러더 타이라 아츠시 씨와 미야타 히토시 씨는 서예 제작의 모든 면에서 최고의 조언을 해줬습니다. 그리고 저에게는 서예 사상의 실천이라고 할 수 있는 VIVIT A의 동료들, 특히 이에바 마츄리오니테, 오노 아유미, 사카이 리에, 사토 모모코, 마리 리스 린드에게 항상 실천적인 피드백을 받고 있으며, 그것이 이 책의 메시지에 큰 영향을 미쳤습니다.

그리고 함께 즐겁게 놀았기 때문이기도 하지만, 저의 여러 가지 사심을 따뜻하게 받아주고 더 나은 작품을 만들기 위해 노력해 주신 나카가와 히로미 씨, 후쿠치 미키 씨도 굳이 다시 한번 이름을 올리려고 합니다.

여기까지 《모험의 서》 제작에 직접적, 구체적으로 기여해 주신 분들만 언급했는데도 이토록 많은 분이 참여해 주셨습니다. 다시 한번 얼마나 많은 분의 도움으로 책이 만들어졌는지를 실감하며, 이 감사의 글을 쓰면서 눈물이 났습니다.

여러분 모두 저를 변화시켜 준 소중한 존재입니다. 여러분이 없었다면 이 책은 존재하지 않았을 것입니다. 동시에 아키요시 코키 씨, 위에 요시미 씨, 키타가와 리키 씨, 다카기 신이치로 씨, 츠츠미 다이스케 씨, 모토기 다이스케 씨, 셜리 크리스털 츄아 씨, 제러미 심 씨, 조안나 L. 위즈, 마이클 김을 비롯해 지금의 저를 있게 해준 많은 기업가, 아티스트, 소중한 친구들, 사랑하는 사람들을 떠올리지 않을 수 없습니다. 모든 분을 일일이 다 언급할 수는 없지만, 한 분 한 분의 얼굴을 떠올리며 정중히 감사의 말씀을 전하고 싶습니다.

더불어 '아버지로부터의 편지'를 쓸 때 염두에 두었던 카이세이, 켄, 코키, 타이토, 다이고, 하루, 미아, 유미, 렌, 그리고 힌드릭, 카롤린, 슌스케, 쇼헤이, 미나, 미나토, 루이를 비롯하여, VIVINAUT의 '무용지용無用之用'과 '라이프롱언러닝 LIFELONG UNLEARNING'에 글을 써주신 미츠노리, 그리고 세이아, 타마코, 마사아키, 마사요시, 마사노리를 꼽으며, 그 바통을 이어가는 행복을 맛보려 합니다.

마지막으로 한국판 발행을 위해 애써주신 분들께 깊은 감사를 드립니다. 번역이라는 어렵고 힘든 작업을 놀라운 열정과 속도로 이루어 낸 번역가 김은혜 씨, 원작을 존중하면서도 멋지게 재해석해 준 디자이너 소요 이경란 씨, 저와 저의 소중한 나라인 한국과의 소중한 가교가 되어준 기획의 김윤래 씨, 편집의 김정현 씨, 그리고 발행인 박찬규 씨에게 진심으로 감사드립니다. 훌륭한 책으로 만들어주셔서 감사합니다.

여러분, 정말 정말 감사합니다.

세계에 흩어져 있는 모험의 서들

①

세계도해
요한 아모스 코메니우스

리바이어던
토머스 홉스

감시와 처벌
미셸 푸코

학교 없는 사회
이반 일리치

인지과학 혁명
사에키 유타카

아동의 탄생
필리프 아리에스

교육에 관한 고찰
존 로크

에밀
장 자크 루소

오언의 자서전
로버트 오언

**데일 카네기
인간관계론**
데일 카네기

절제의 사회
이반 일리치

오후의 인터뷰
마르셀 뒤샹

장자
장자

탄이초
유이엔

**동물의 환경과
내적세계**
야콥 폰 윅스퀼

**피억압자의
교육학**
파울루 프레이리

**후대에 보내는
위대한 유산**
우치무라 간조

《세계도해》Orbis Sensualium Pictus
초판: 독일, 1658
저자: 요한 아모스 코메니우스Johann Amos Comenius(1592-1670)

인간은 모든 것을 제대로 알면 당연히 똑똑해진다. 똑똑해지면 분쟁이 없는 평화로운 세상을 만들 수 있을 것이다. 이를 위해 누구나 즐겁게 배울 수 있는 책을 써보자! 이 책은 그런 생각으로 1658년에 출판되어 18세기에는 성경 다음으로 베스트셀러가 되었다. 소박한 목판화와 친근한 문장으로 자연과 문화를 배울 수 있는 세계 최초의 그림책이자 교과서다.

《리바이어던》Leviathan
초판: 영국, 1651
저자: 토머스 홉스Thomas Hobbes(1588-1679) **번역:** 진석용
나남, 2018

우리가 당연하게 받아들이고 있는 '국가'가 발명되는 과정을 직접 확인할 수 있는 책이다. 전쟁 시기 영국에 살았던 저자가 평화로운 세상을 추구하며 사람들의 의지로 만들어지는 '국가'의 성립을 위해 고안한 세계관과 논리가 고스란히 담겨 있다. 인간은 생존을 위해 타인에게 폭력을 행사할 권리가 있는가. 그것을 통제하는 것은 누구인가. 국가의 의미는 무엇인가. 페이지를 넘기는 손이 멈추지 않는다.

《감시와 처벌》Discipline and Punish: The Birth of the Prison
초판: 프랑스, 1975
저자: 미셸 푸코Michel Foucault(1926-1984) **번역:** 오생근
나남, 2020

우리는 말하자면 스스로 '감옥'에 스스로 들어가 있는 죄수인 것이다. 이런 통렬한 지적에 당신도 동요하지 않을 수 없을 것이다. 더 이상 지키고 있다는 것을 의식하지 못할 정도로 당연하게 여겨지는 '규율'. 그 뿌리는 감옥에 있고, 거기서 사람들을 감시하고 관리하는 기술이 생겨났으며, 학교, 군대, 병원, 공장으로 퍼져나가 관리사회가 만들어졌다는 것을 폭로했다. 눈을 돌리지 말고 마주해야 할 책이다.

《학교 없는 사회》Deschooling Society

초판: Harper & Row, 미국, 1971
저자: 이반 일리치Ivan Illich(1926-2002) **번역:** 안희곤
사월의책, 2023

"학교는 준비된 내용을 배우러 가는 곳인데, 그것으로 충분할까? 애초에 배운다는 것은 어떤 의미일까?" 저자는 그런 대답하기 어려운 질문을 우리에게 거침없이 던진다. 자신의 내면에서 자연스럽게 솟아나는 욕구에 따라 배우는 것의 중요성, 그리고 그런 환경을 조성하기 위한 새로운 아이디어를 제시하고 있어, 읽느냐 안 읽느냐에 따라 앞으로의 인생에 큰 차이가 나는 한 권의 책이라고 할 수 있다.

《인지과학 혁명》「わかり方」の探究

초판: 小学館, 일본, 2004
저자: 사에키 유타카佐伯 胖(1939~)

"진정으로 행복하고 마음속 깊이 즐거울 수 있는 삶은 어떤 것일까?" 이 질문에 대한 답을 이 책에서 명쾌하게 제시하고 있다. 저자에 따르면, 인생의 묘미는 '알아가려고' 여러 가지를 탐구하는 것이라고 한다. '공부'가 아닌 '탐구'. 누구에게나 도움이 되는, 풍미가 깊은 즐거운 삶을 살기 위한 팁이 많이 담겨 있는 동시에 교육이라는 관점에서 현대의 과제를 예리하게 꿰뚫어 본 책이라고 할 수 있다.

《아동의 탄생》Centuries of Childhood

초판: 프랑스, 1960
저자: 필리프 아리에스Philippe Ariès(1914-1984) **번역:** 문지영
새물결, 2003

한때 '어린 시절'이라는 개념은 존재하지 않았다. 이 충격적인 사실을 처음으로 지적한 책이 바로 이 책이다. '아이'가 자본주의에 의해 인위적으로 만들어졌다는 사실이 부각되면서 당연하게 생각했던 어른과 아이의 구분이 오히려 부자연스러워진다. '아이를 교육한다'는 상식을 다시 생각하게 만드는 독서 경험은 다른 책에서는 쉽게 맛볼 수 없는 경험이다.

《교육에 관한 고찰》Some Thoughts Concerning Education
초판: 영국, 1963
저자: 존 로크John Locke(1632-1704)

왕과 귀족을 대신해 시민이 주체가 되어가는 영국 명예혁명의 시대. 이러한 큰 변화의 시기에 '앞으로의 시대에 필요한 시민이란?', '그런 시민을 길러내는 교육이란 어떤 것이어야 하는가?'라는 질문을 고민한 것이 이 책이다. 보다 근본적인 '인간이란 어떤 존재인가?'라는 질문에서 얻은 참신한 발상과 그로부터 도출된 획기적인 개념은 격변의 시대를 살아가는 우리에게 여러 힌트를 줄 것이다.

《에밀》Emile, or On Education
초판: 프랑스, 1762
저자: 장 자크 루소Jean-Jacques Rousseau(1712-1778) **번역:** 이환
돋을새김, 2015

"모든 사람에게 필요한 교육은 어떤 것일까?"라는 어려운 질문에 '자연인'이라는 새로운 개념으로 생각을 이끌어낸 것이 이 책이다. 세계 최초로 아이들의 인격을 존중하고, 개인차를 인정하며, 초등교육의 중요성을 설파해 전 세계에 충격을 안겨주었다. 너무 참신해서 금서로 지정되어 체포영장이 발부될 정도로 위험한 책이다. 현대까지 이어지는 교육의 초석이 된 이 책은 내용은 물론이고 그 발상과 표현 방식까지 숙독할 가치가 있다.

《오언의 자서전》The Life of Robert Owen
초판: 영국, 1857
저자: 로버트 오언Robert Owen(1771-1858)

노동자가 행복하게 일할 수 있는 이상적인 공장을 만들자. 그렇게 결심한 저자는 고군분투하며 실천에 옮겼고, 큰 성공을 거두었다. 세계 최초의 생활협동조합, 유아학교, 체육관, 서머타임 제도 등 획기적인 제도를 그려낸 혁신가의 자서전인 이 책은 어떤 성공자의 책을 읽는 것보다 우리에게 많은 영감을 준다. 저자를 알면 알수록 여러모로 감탄하게 되는 책이다.

《데일 카네기 인간관계론》How to Win Friends and Influence People
초판: 미국, 1936
저자: 데일 카네기Dale Carnegie(1888~1955) **번역:** 임상훈
현대지성, 2019

저자는 성공한 사람들의 공통된 사고방식, 즉 "남을 바꾸려고 하는 것이 아니라 자신의 행동을 바꾸면 다른 사람의 행동을 바꿀 수 있다"고 믿고 행동하는 것이라고 말한다. 그리고 "타인과 어떻게 관계를 맺어야 하는가?"라는 누구나 궁금해하는 질문에 대해 고민하는 것이야말로 자기 변화의 시작임을 깨닫게 해준다. 시대를 초월해 오래도록 읽힐 수 있는 보편성을 지닌, 평생을 함께할 수 있는 책이다.

《절제의 사회》Tools for Conviviality
초판: 프랑스, 1973
저자: 이반 일리치Ivan Illich **번역:** 박홍규
생각의 나무, 2010

편리한 기계를 발명해 인간은 편해져야 했다. 하지만 결국 그 기계를 수동적으로 어쩔 수 없이 계속 사용해야 하는 노예가 되어버렸다. 저자는 현대사회를 그렇게 비판하며, 인간 본연의 생동감 있는 삶을 살 수 있는 사회를 만들어야 한다고 말한다. 그러기 위해서는 도구를 그냥 방치하지 말고 인간의 삶 곁에 계속 두는 것이 중요하는 것이다. 새로운 사회를 구상하기 위한 힌트가 담긴 필독서다.

《오후의 인터뷰》Marcel Duchamp:The Afternoon Interviews
초판: 미국, 1964~1966
저자: 마르셀 뒤샹Marcel Duchamp **번역:** 나카노 쯔토무
河出書房新社, 2018

'컨템포러리 아트'라고 하면 왠지 낯설고 무슨 뜻인지 잘 모르겠다. 그런 사람도 이 책을 읽으면 그 배경이 되는 사상을 엿볼 수 있을 것이다. 서양미술사를 뒤흔들고 현대미술에 결정적인 영향을 끼친 뒤샹의 예리한 직관, 독특한 발상, 새로운 개념, 대담한 행동, 그리고 이를 뒷받침하는 그의 인간적인 면모를 담은 이 책은 모든 창작자가 꼭 읽어볼 만한 가치가 있다.

《장자》莊子

초판: 중국, BC200년 경
저자: 장자莊子 **번역:** 김원중
휴머니스트, 2023

방해가 되는 큰 나무도 '멋지지 않느냐, 저 나무 그늘에서 낮잠을 자겠다'고 웃어넘기면 된다. 있는 그대로 무아(無我)의 유(遊)의 경지에서 보면 남들이 '쓸모없다'고 말하는 것에도 쓰임새가 있는 법. 장자는 이렇게 상식을 뒤집어 놓은 곳에서 가치를 발견했다. 있는 그대로를 받아들이는 것이 삶을 즐기는 것으로 이어진다는 그의 사상은 지금도 여전히 근현대 철학을 압도하고 있다.

《탄이초》歎異抄

초판: 일본, 1288경
저자: 유이엔Yuien **번역:** 오영은
지식을만드는지식, 2008

아무리 지혜를 얻어도 인간의 지식이 미치지 못하는 영역이 있다. 그래서 인간은 불완전하고 고민이 끊이지 않는 존재인 것이다. 그런 나약한 인간이기 때문에 번뇌를 버릴 필요는 없다. 오히려 번뇌와 함께 살라. 위험한 사상으로 간주되어 극심한 탄압을 받으면서도 어려운 시대를 살아가는 사람들에게 받아들여진 이 가르침의 본질을 여러분도 꼭 직접 찾아보기 바란다. 면도날처럼 날카로운 말들이 즐비한 자비의 책이다.

《동물의 환경과 내적세계》Umwelt und Innenwelt der Tiere

초판: 독일, 1934
저자: 야콥 폰 윅스퀼Jakob Johann Baron von Uexküll **번역:** 정지은
도서출판 b, 2012

곤충이나 동물이 인식하는 세계는 인간이 인식하는 세계와 전혀 다르다. 이 책은 다양한 생물이 세계를 어떻게 인지하는지 설명하면서 '환세계'라는 개념을 소개하고 있다. 20세기 이후의 생물학과 생명과학에 급격한 변화를 가져와 21세기 철학적 사고의 선구자로 평가받고 있는 이 책을 읽으면, 인간이 이해하는 세계가 전부가 아니라는 시각에 놀라게 될 것이다.

《페다고지》Pedagogy of the Oppressed
초판: 브라질, 1968
저자: 파울루 프레이리Paulo Freire(1887-1968) **번역:** 남경태, 허진
그린비, 2018

억압받는 사람은 억압하는 사람과의 대화를 통해 비로소 자신의 현재를 자각하고 무엇을 배워야 하는지 알 수 있다. 대화를 거듭하는 것만이 현재를 바꿀 수 있고, 인간다움을 되찾을 수 있다. 저자는 그렇게 말하고, 대화를 실천하며 세상에 큰 변화를 가져왔다. 현실을 직시하고 세상에 귀를 기울이는 것을 두려워하지 말라는 그의 조언은 자신을 변화시키고자 하는 당신에게 큰 힘이 될 것이다.

《후대에 보내는 위대한 유산》後世への最大遺物
초판: 일본, 1894
저자: 우치무라 간조内村鑑三
岩波文庫, 2011

돈도 없다. 더군다나 훌륭한 업적이나 사상 따위는 있을 리가 없다. 그런 내가 도대체 이 세상을 위해 무엇을 할 수 있을까. 그렇게 생각하니 이 책. 나 같은 별 볼일 없는 인간이 도대체 이 세상에 무엇을 남길 수 있을까. 그런 생각이 떠오르면, 몇 번이고 이 책을 읽어보자. 메이지27년 여름, 저자가 청년들에게 유머를 섞어가며 솔직하게 이야기한, 당신의 인생을 바꾸는 계기가 될 명언이 여기에 있다.

이 책에 나온 질문

3장 생각을 입 밖으로 말하자

4장 탐구하자

5장 배운 것을 잊어버리자

참고 문헌

시작하며

우치다 아키라&사이토 코헤이 〈인류신세(人新世): 인류멸망 위기에 마르크스 경제학이 필요한 이유〉西岡千史構成, AERA.dot, 朝日新聞出版, https://dot.asahi.com/wa/2020122500035.htm (참조 2023.1.2)

아버지로부터의 편지

〈비상일본의 직언非常日本の直言〉 키요자와 요시노리清沢洌 저, 1933. 3. 14,
원본: 하시카와 분조 편 「암흑일기1」ちくま学芸文庫

1장

어느 모험가의 신탁

《요한 아모스 코메니우스의 세계도해》(범지출판사, 2021)
원제: Orbis Sensualium Pictus
초판: 독일, 1658
저자: 요한 아모스 코메니우스Johann Amos Comenius(1592-1670)

300년 이어온 주문

《시민론: 정부와 사회에 관한 철학적 기초》(서광사, 2013)
원제: On Citizen
초판: 프랑스, 1642
저자: 토머스 홉스Thomas Hobbes(1588-1679)

《리바이어던》(나남, 2018)

원제: Leviathan

초판: 영국, 1651

저자: 토머스 홉스Thomas Hobbes(1588–1679)

파놉티콘의 우울

《감시와 처벌》(나남, 2020)

원제: Discipline and Punish: The Birth of the Prison

초판: 프랑스, 1975

저자: 미셸 푸코Michel Foucault(1926–1984)

번역: 오생근

《절제의 사회》(생각의 나무, 2010)

원제: Tools for Conviviality

초판: 프랑스, 1973

저자: 이반 일리치Ivan Illich(1926–2002)

매듭을 풀어라

《유년기와 사회》(연암서가, 2014)

원제: Childhood and Society

초판: W W Norton & Co., 미국, 1950

저자: 에릭 H. 에릭슨Erik Erikson(1902–1994)

천천히 배우자

《언어의 생물학적 기초》

원제: Biological Foundations of Language

초판: John Wiley and Sons, 미국, 1967

저자: 에릭 H. 르네버그Eric Heinz Lenneberg(1921–1975)

실패할 권리

〈실패와 시행착오를 겪으면 센스가 없어도 모두 성공하는 AI 시대에 '창발'을 일으

키는 방법〉ログミ, https://logmi.jp/business/articles/322126 (참조2023.1.2)

2장

위대한 탈출

〈칭찬받고 자란다는 것은?〉하마다 히사미오, 不登校新聞, https://futoko.
publishers.fm/article/3479/(참조2023.1.2)

《학교 없는 사회》(사월의 책, 2023)
원제: Deschooling Society
초판: Harper & Row, 미국, 1971
저자: 이반 일리치Ivan Illich(1926–2002)

세 가지로 나뉜 비극

《인지과학 혁명》
원제: 'わかり方'の探究
초판: 小学館, 일본, 2004
저자: 사에키 유타카佐伯 胖(1939–)

《몰입》(한울림, 2004)
원제: Flow: the psychology of optimal experience
초판: Harper & Row, 미국, 1990
저자: 미하이 칙센트미하이Mihály Csíkszentmihályi(1934–2021)

폭로된 비밀

《아동의 탄생》(새물결, 2003)
원제: Centuries of Childhood
초판: 프랑스, 1960
저자: 필리프 아리에스Philippe Ariès(1914–1984)

《일본유아사》(吉川弘文館,2013)

원제: 日本幼故

초판: 일본, 2012

저자: 시바타 쥰柴田純

타불라 라사

《자녀교육 명품의 원칙》(리더북스, 2015)

원제: Some Thoughts Concerning Education

초판: 영국, 1963

저자: 존 로크John Locke(1632–1704)

《인간지성론》(동서문화사, 2016)

원제: An Essay Concerning Human Understanding

초판: 영국, 1689

저자: 존 로크John Locke(1632–1704)

아이는 아이?

《사회계약론》(돋을새김, 2018)

원제: Du Contract Social ou Principes du droit politique

초판: 프랑스, 1762

저자: 장 자크 루소Jean-Jacques Rousseau(1712–1778)

《에밀》(돋을새김, 2015)

원제: Emile, or On Education

초판: 프랑스, 1762

저자: 장 자크 루소Jean-Jacques Rousseau(1712–1778)

《학교혁명》(21세기북스, 2015)

원제: Creative Schools: The Grassroots Revolution That's Transforming Education

초판: 영국, 펭귄북스, 2015

저자: 켄 로빈슨Sir Ken Robinson(1950–2020), 루 아로니카(Lou Aronica)(1958–)

아이를 책으로 괴롭히지 마라

《오언의 자서전》
원제: The Life of Robert Owen
초판: 영국, 1857
저자: 로버트 오언Robert Owen(1771–1858)

3장

능력이란 이름의 신앙

《유전적 천재》
원제: Hereditary Genius
초판: 영국, 1869
저자: 프랜시스 골턴Sir Fransis Galton(1822–1911)

《증보 책임이라는 허구》(ちくま学芸文庫、2020)
원제: 増補責任という虚構
초판: 일본, 2020
저자: 오사카이 토시아키(小坂井敏晶)

〈학교의 역할이란 무엇인가?〉 신지 이와키, https://note.com/shinji_iwaki/n/
na47be051d2c7 (참조 2023.1.9)
오사카이 토시아키(小坂井敏晶)의 온라인 강연회 〈교육이라는 허구〉 We-Steins
Japan, https://www.youtube.com/watch?v=7jlqCjHi8Yo&feature=share&fbclid
=IwAR0CCn5gGnTc4DTDVHwMLV59ioYSgu2ja_qGck3rOZyLncAH2NM1XEML
5nc&app=desktop (참조2023.1.9)

《IQ란 정말 무엇일까?》(日経BP、2007)
원제: IQってホントは何なんだ?
저자: 무라카미 노리히로村上宣寛

순환논법의 속임수

《절제의 사회》(생각의 나무, 2010)

원제: Tools for Conviviality

초판: 프랑스, 1973

저자: 이반 일리치Ivan Illich(1926–2002)

우열의 선을 넘어

《데일 카네기 인간관계론》(현대지성, 2019)

원제: How to Win Friends and Influence People

초판: 미국, 1936

저자: 데일 카네기Dale Carnegie(1888–1955)

I+E=M

《능력주의의 출현》

원제: The Rise of the Meritocracy

초판: 영국, 1958

저자: 마이클 영Michael Dunlop Young(1915–2002)

〈능력주의의 여러 문제〉 G.H. 골드소프, 오우치 토모노리 역, A. H. 하르제 외 편 (《교육사회학 제3의 솔루션教育社会学第三のソリューション》(九州大学出版会, 2006)

학력 따위 높여서 뭐 할 건데?

《2049년 돈 소멸》(中公新書ラクレ, 2019)

원제: 2049年 'お金' 消滅

저자: 사이토 켄지斉藤賢爾(1964–)

다른 점과 점을 연결하다

〈피앤지(P&G)도 실천하는 'Connecting the Dots' 혁신을 일으키는 새로운 연결 방식〉 요네다 에미코米田恵美子, https://agenda-note.com/brands/detail/id=827(참조2023.1.2)

4장

바퀴의 '무의미'
《오후의 인터뷰》(河出書房新社, 2018)
원제: Marcel Duchamp: The Afternoon Interviews
초판: 미국, 1964-1966
저자: 마르셀 뒤샹Marcel Duchamp(1887-1968)

쓸모없는 것의 쓸모
《장자: 자유로운 삶을 위한 고전》(휴머니스트, 2023)
초판: 중국, BC200년경
저자: 장자莊子

무엇을 선이라고 할 것인가
《탄이초》(岩波文庫, 1931)
원제: 歎異抄
초판: 일본, 1931
저자: 가네코 다이에이金子大栄

대답하지 마, 오히려 질문해
《인종은 존재하지 않는다 - 인종문제와 유전학》(中央公論新社, 2013)
원제: L'Humanité au pluriel: La génétique et la question des races
저자: 베르트랑 조르당Bertrand Jordan

《세상을 만든 6가지 혁명 이야기》(Penguin Group USA, 2015)
원제: How We Got to Now - Six Innovations That Made the Modern World
초판: 미국, 2014
저자: 스티븐 존슨Steven Johnson(1968-)

만들어보면 안다

《동물의 환경과 내적세계》(도서출판 b, 2012)
원제: Umwelt und Innenwelt der Tiere
초판: 독일, 1934
저자: 야콥 폰 윅스퀼Jakob Johann Baron von Uexküll(1864–1944)

〈세상에 휘둘리지 않으려면〉緒方壽人, https://note.com/ogatahisato/n/
n3e0da74d14da (참조 2023.1.2)

5장

기브 앤 기븐

〈자립이란 의존처를 늘리는 것〉全国大学生活協同組合連合会, https://www.
univcoop.or.jp/parents/kyosai/parents_guide01.htm (참조 2023.1.2)

《새로운 세기의 신용》(임프레스R&D, 2017)
원제: 信用の新世紀
저자: 사이토 켄지(斉藤賢爾)(1964–)

《세상은 선물로 이루어져 있다》(NewsPicks퍼블리싱, 2020)
원제: 世界は贈与でできている
저자: 킨나이 유타近内悠太

세상을 바꾸는 마법

〈커뮤니케이션 능력이란 무엇인가〉
우치다키 연구실(内田樹の研究室)/12/29_1149.html (참조2023.1.2)

《페다고지》(그린비, 2018)
원제: Pedagogy of the Oppressed
초판: 브라질, 1968
저자: 파울루 프레이리Paulo Freire(1887–1968)

나선으로 이어진 작은 호

〈거짓된 말은 한 번도 말한 적이 없다〉 (뉴욕타임스, 2011.8.29), 원제: Falser
Words Were Never Spoken, 브라이언 모튼Brian Morton, https://www.nytimes.
com/2011/08/30/opinion/falser-words-were-never-spoken.html (참조
2023.1.2)

〈무하마드 유누스 박사의 메시지 '인생을 2단계로 나누어 3 제로를 실현하라'〉
펠릭스 키요카(취재, 구성), Biz/Zine https://bizzine.jp/article/detail/2707 (참조
2023.1.2)

〈무하마드 유누스 박사와 사회적 기업가의 대화 '아이디어는 크게, 시작은 작
게'〉
펠릭스 키요카(취재, 구성), Biz/Zine https://bizzine.jp/article/detail/2708 (참조
2023.1.2)

《잘 사는 법(生き方上手)》(ユーリーグ, 2001)
원제: 生き方上手
초판: 일본, 2001
저자: 히노하라 시게아키日野原重明

라이프롱 언러닝

《테크니엄》
원제: What Technology Wants
초판: 미국, Viking Press, 2010
저자: 케빈 켈리Kevin Kelly(1952-)

후대에 보내는 위대한 유산

《의미를 파는 디자인》(유엑스리뷰, 2022)
원제: Design-Driven Innovation
초판: 미국, Harvard Business School Press, 2009
저자: 로베르토 베르간티Roberto Verganti

《후대에 보내는 위대한 유산》(岩波文庫, 2011)
원제: 後生への最大遺物
초판: 초판: 일본, 1894
저자: 우치무라 간조内村鑑三

마치며

《The Story of B》(Bantam Dell, 1996)
저자: 대니얼 퀸Daniel Quinn

삽화를 둘러싼 모험

  '학교에 가는 게 당연하다'고 생각하며 멈춰 있는 어른들이야말로 그 생각을 바꾸자는 타이조 씨의 메시지에 저는 마음이 움직였습니다. 그래서 저 역시 이 세상에는 다양한 배움이 있다는 것을 삽화를 통해 독자들에게 전하고 싶었습니다.

  저는 어렸을 때부터 음악을 좋아해서 그림을 그리는 동안에는 음악의 세계로 빠져들게 됩니다. 이 느낌을 좋아해서 음악을 듣기 위해 그림을 그린다고 해도 좋을 것 같아요. 그래서 이 책에 '음악'을 넣으면 재미있을 것 같다는 생각이 자연스럽게 떠올랐습니다.

  예를 들어, 장 자크 루소는 뮤지션으로서는 처음으로 '노벨 문학상'을 받은 밥 딜런을 떠올리게 합니다. 수상 소감에서 딜런은 "노래는 문학과는 다르다"라고 단언했지만, 자신이 쓰는 가사는 책에서 영향을 받았다고 말했습니다. 딜런의 가사에는 스토리가 있다고 저도 느낍니다. 그래서 교육을 위해 평생을 두고 글로 엮어낸 루소와 겹쳐지는 것일지도 모르겠습니다. 그 외에도 이 책의 삽화에는 제가 좋아하는 예술과 다양한 음악가들을 숨겨놓았습니다. 예술과 음악계를 만들어 온 위대한 사람들, 존경하는 분들을 선정했습니다. 여러분이 음악을 듣고 예술에 관심을 갖는 계기가 되면 좋겠습니다.

등장인물에 현대의 예술가들의 이미지를 겹쳐놓은 데는 또 다른 이유가 있습니다. 이 책에서는 과거의 위인들이 타이조 씨와 대화를 나누고 있지만 현실 세계에는 유화 초상화만 남아 있습니다. 어떤 표정, 목소리, 몸짓으로 이야기했을지 상상할 수밖에 없습니다. 그래서 실제로 노래하고 춤추는 현대 뮤지션의 모습을 겹쳐서 인간으로서의 위인을 그려보고 싶었습니다. 예를 들어 '신에게 기도하듯 하늘을 바라보며' 말하는 코메니우스는 「지기 스타더스트^{Ziggy Stardust}」의 데이비드 보위의 이미지가 딱 들어맞았습니다.

저는 지금 그림 그리는 일을 하고 있지만, 몇 년 전까지만 해도 '부모님을 안심시키는 것이 우선'이라는 생각으로 취직해 회사원으로 일했습니다. 그 일에도 보람이 있었지만, 언젠가는 화가로서 활약하고 싶다는 생각을 마음 한구석에 품고 있었어요. 10대에 이 책을 만났더라면 좀 더 일찍 제 마음을 깨달을 수 있었을지도 모릅니다.

문득 들리는 멜로디나 책의 삽화가 소중한 것을 만나는 계기가 되기도 합니다. 저의 '삽화를 둘러싼 모험'도 여러분과 교감할 수 있다면 좋겠습니다.

아케타라시로메 일러스트레이터

1988년생. 흑백 화가, 디자이너, 두 아이의 아버지. 2011년 타마 미술대학 제품 디자인 전공 졸업. 음향기기 제조업체에서 제품 디자인을 담당하면서 2013년부터 시로와 메로라는 쌍둥이 캐릭터를 모티브로 한 작품으로 작가 활동을 시작, 2018년에 일러스트레이터로 독립. 오픈스페이스 아케타라 시로메 아틀리에를 운영하고 있으며, 2020년부터 삿포로로 거점을 옮겨 드로잉, 애니메이션, 만화, 실크스크린 등의 작품 제작을 하고 있다. 꿈은 미술관을 만드는 것이다.

◆도판 출처◆

p. 51
© Rémi Jouan, CC-BY-SA, GNU Free Documentation License, Wikimedia Commons

p. 64
The British system of education: being a complete epitome of the improvements and inventions practised at the Royal free schools 제15권

p. 67
A system for the education of the young
https://archive.org/details/asystemforeduca00wildgoog/page/105/mode/2up

p. 82
Roel Vaeyens, Roel Vaeyens, Chelsea R. Warr, Renaat Philippaerts,
"Talent identification and promotion programmes of Olympic athletes"를 참고

p. 153
Photo by Barney Burstein/Corbis/VCG via Getty Images

p. 231
© Toohool, Bicycle Wheel, a readymade work by w:Marcel Duchamp.
Reproduction created in 1951, displayed at the Philadelphia Museum of Art.
This file is licensed under the Creative Commons Attribution-Share Alike 4.0
International license.

옮긴이 **김은혜**

평범한 직장생활을 하다 원서를 집요하게 파고드는 일본어 번역의 매력에 빠져 번역 세계에 들어오게 되었다. 글밥 아카데미 수료 후 바른번역 소속 번역가로 활동 중이다. 옮긴 책으로는 《영문 조판 가이드북》《1등은 당신처럼 팔지 않는다》《신경 청소 혁명》《비즈니스 모델 혁신의 역사 1, 2》《뱃살이 쏙 빠지는 식사법》《바빌론 부자들의 돈 버는 지혜》《나의 첫 불렛저널》《모세혈관, 건강의 핵심 젊음의 비결》《로봇 시대에 불시착한 문과형 인간》《천연약》 등이 있다.

모험의 서

AI 시대, 무엇을 배우고 어떻게 살 것인가

1쇄 발행 2024년 02월 29일

지은이 손태장

옮긴이 김은혜

펴낸이 박찬규

기획 김윤래 | **편집** 김정현 | **디자인** 소요 이경란

펴낸곳 위키북스 | **전화** 031-955-3658, 3659 | **팩스** 031-955-3660

주소 경기도 파주시 문발로 115, 311호(파주출판도시, 세종출판벤처타운)

등록번호 제406-2006-000036호 | **등록일자** 2006년 05월 19일

홈페이지 wikibook.co.kr | **전자우편** wikibook@wikibook.co.kr

ISBN 979-11-5839-480-6 (03100)

이 책의 내용에 대한 추가 지원과 문의는 위키북스 출판사 홈페이지 wikibook.co.kr이나 이메일 wikibook@wikibook.co.kr을 이용해 주세요.